**진짜
호르몬 때문일까?**

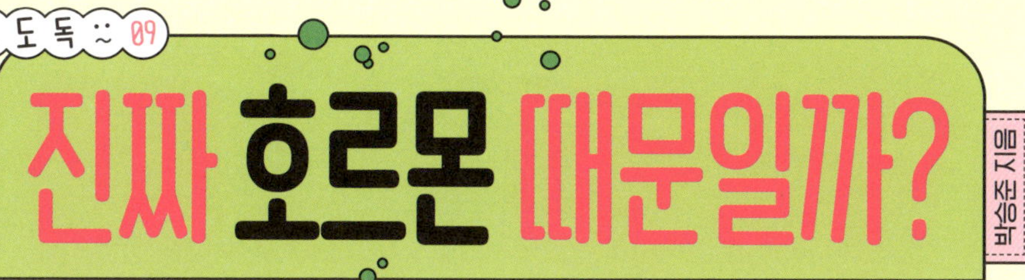

오도독 09
진짜 호르몬 때문일까?
박승준 지음
우울증부터 도파민 중독까지 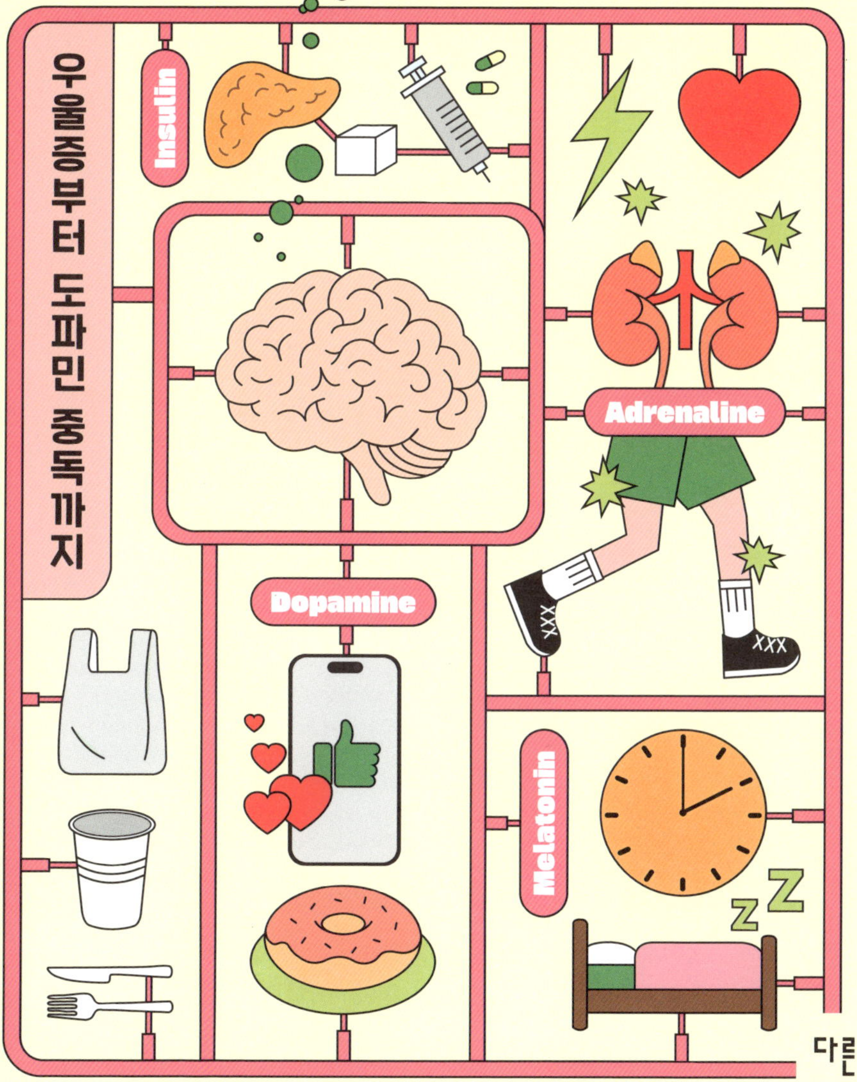
Insulin
Dopamine
Adrenaline
Melatonin
다른

짠!

앉은자리에서
뚝딱 끝낼 수 있는
과학 시리즈가 여기 왔다!

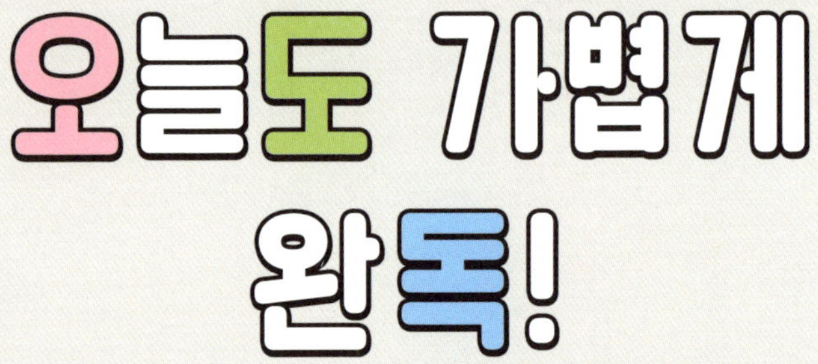

〈오도독〉 시리즈의 출간 소식을
누구보다 빠르게 인스타그램에서 확인하세요!

내 몸에서 일어나는 변화가
궁금하다면 페이지를 넘겨 봐!

호르몬이 답을
알려 줄 거야!

1장

네가 우울한 건 호르몬 때문이야!

#세포 #호르몬 #내분비계 #항상성
#생체시계 #스트레스 #기분 조절

틈새 토론

3장

호르몬을 내 친구로 만들자!

#생활 습관 #혈당 지수 #숙면
#카페인 #도파민 중독

호르몬 치료와 논란 사이에서

#호르몬 치료 #노화 #도핑
#초가공식품 #미세 플라스틱 #환경호르몬

틈새 토론

네가 우울한 건 호르몬 때문이야!

보기만 해도 아찔한

롤러코스터

놀이공원에 가면 뭐가 가장 기대돼?

아마도 어마어마한 속도와 각도로 달리는

롤러코스터일 거야. 롤러코스터를 타고 높은 곳에서

뚝 떨어지면 긴장도 되고 무섭지만

그만큼 커다란 짜릿함과 쾌감이 밀려들지.

그런데 이때 느껴지는 쾌감이

바로 호르몬 때문에 생긴대!

과연 어떤 호르몬일까?

힘을 숨긴 진짜, 호르몬

우리는 주변 사람들과 끊임없이 소통하면서 살고 있어. 직접 만나기도 하고 전화를 하거나 문자 메시지를 보내기도 해. 요즘에는 SNS, 이메일 등 다른 사람과 소통하는 방법이 더 다양해졌지. 그런데 우리 몸의 기관과 세포들은 서로 연락할 일이 있을 때 어떻게 할까?

우리가 먹은 음식은 식도와 위를 거쳐 십이지장으로 가. 십이지장에서는 음식물 속의 탄수화물, 단백질, 지방을 분해하는데, 그 일은 췌장에서 만든 소화액이 담당해. 췌장이 소화액을 십이지장과 연결된 관을 통해 보내서 소화 과정을 도와주지. 췌장은 십이지장과 서로 떨어져 있는데, 음식물이 십이지장을 통과하는 것을 어떻게 알았을까? 19세기 말의 사람들은 신경이 그 역할을 담당한다고 생각했어. 그런데 다른 생각을 하는 사람 둘이 있었지. 바로 영국의 생리학자 어니스트 스탈링과 윌리엄 베일리스였어.

그들은 1902년에 시행한 연구에서, 췌장으로 연결되는 신경이 모두 절단된 동물의 십이지장에 음식물이 도달하면 췌장에서 소화액이 분비되는 것을 관찰했어. 이 발견은 십이지장에 있는 어떤 물질이 혈관을 통해 이동해서 췌장이 소화액을 분비하게 만들었다는 것을 의미했지.

그러니까 십이지장이 "지금 음식물이 들어왔으니, 소화액을 분비해 주세요"라는 메시지를 혈액에 실어 췌장에 보냈다는 거야. 스탈링은 이 역할을 한 물질을 '호르몬hormone'이라고 부르기로 했어. 호르몬은 '자극하다'라는 뜻의 그리스어인 'hormao(호르마오)'에서 온 말이야.

잠깐, 호르몬을 알기 전에 하나 짚고 넘어가자. 우리 집에서 기르는 강아지와 내가 공부하는 책의 차이점은 뭘까? 강아지는 먹고 마시고 숨 쉬고 움직이고 자라는 생명체, 즉 생물이야. 하지만 책은 그렇지 않지. 이런 걸 무생물이라고 불러. 생물과 무생물의 가장 큰 차이점은 '세포가 있느냐 없느냐'라고 할 수 있어. 생물은 세포가 있어야만 살아갈 수 있어. 세포는 생명의 기본 단위인 셈이야. 다양한 기능을 하는 세포들이 모여 서로 협력하면서 생명을 유지하고 있지. 하지만 책이나 페트병 같은 무생물에는 세포가 없어.

사람의 몸에는 세포가 무려 30조~40조 개나 있다고 해. 이 많은 세포는 따로따로 존재하지 않아. 세포들은 밀접하게 연결되어 있고 서로 소통하며 우리 몸의 기능을 원활하게 조절하고 있어. 그러면 우리 몸의 세포들은 어떻게 연락을 주고받을까?

우리 몸의 전달 체계

수업이 끝난 뒤에 친구와 함께 축구를 하고 싶다면 어떻게 해야 할까? 당연히 스마트폰을 꺼내 친구에게 메시지를 보내거나 전화를 걸 거야. 연락을 받은 친구는 즉시 답을 하겠지. 전화나 스마트폰이 없던 시절에는 직접 집으로 찾아가거나 편지를 써서 보냈을 거야. 지금보다는 시간이 훨씬 더 걸렸겠지.

우리 몸에서 메시지나 전화에 해당하는 역할을 하는 것은 '신경계'라고 할 수 있어. 신경계는 신경세포(뉴런)로 이루어져 있는데, 신경세포는 바로 옆에 있는 다른 신경세포에만 신호를 보낼 수 있어. 신경세포가 서로 접해 있는 부분을 시냅스라고 불러. 여럿이 손을 잡고 섰을 때는 옆 사람에게만 귓속말을 통해 말을 전할 수 있잖아. 신경세포도 시냅스로 이어진 다른 신경세포에만 신호를 보내는 거야. 신호는 신경세포를 통해 매우 빠르고 신속하게 전해져. 뜨거운 주전자에 실수로 손을 댔을 때 재빠르게 손을 움츠리면서 피하는 걸 생각해 보면 신경계가 하는 일을 쉽게 알 수 있을 거야.

뇌에는 엄청나게 많은 신경세포가 있어. 이를 정확하게 센다는 건 불가능에 가깝지. 사람 뇌에 있는 신경세포의 수는 어림잡아 1,000억 개이고, 시냅스는 무려 100조 개나 된다고 해. 1,000억 개라니! 참 놀랍지 않아? 만약 1초에 하나씩 센다면, 1,000억 초가 걸릴 거야. 약 3,170년이나 걸리는 셈이지. 그런데 더 놀라운 것은 우리 뇌의 신경세포 수가 은하수에 있는 별의 수와 비슷하고, 시냅스의 수는 그보다 훨씬 더 많다는 거야.

반면에 '내분비계'가 하는 일은 편지를 써서 보내는 것에 비교할 수 있어. 내분비계는 호르몬이라는 물질을 만들어서 신호를 전달하는데, 신경계보다 많은 정보를 한 번에 실어 보낼 수 있지. 빠르게 나타나고 금방 사라지는 신경과 달리, 호르몬이 나타내는 반응은 조금 느리지만 더 꾸준하게 지속되는 모습을 보여. 신경세포는 시냅스로 연결된 이웃 세포만 자극할 수 있지만, 호르몬은 혈액을 타고 이동하기 때문에 멀리 떨어져 있는 세포도 얼마든지 자극하고 조절할 수 있거든.

호르몬을 만들어 분비하는 중요한 내분비 기관으로는 시상하부, 뇌하수체, 갑상샘, 부신, 췌장, 생식샘(여성의 난소와 남성의 정소) 등이 있어. 이들 내분비 기관이 만드는 호르몬은 60여 종이 넘는다고 해. 호르몬은 마치 교향악단의 지휘자처럼 우리 몸의 다양한 기능이 조화롭게 작동하도록 하고 있지.

호르몬은 한마디로 우리 몸 구석구석을 돌아다니며 정보를 전달하는 아주아주 적은 양의 화학물질이야. 하지만 양이 적다고 해서 무시해서는 곤란해. 호르몬이 우리 몸에 일으키는 변화는 엄청나게 크거든. 우리는 깨어 있든 잠을 자든 하루 24시간을 호르몬과 함께하고 있어. 호르몬은 우리의 모든 행동과 기분 그리고 감정을 움직이고 통제해. 그런데 호르몬의 양은 도대체 얼마나 적을까?

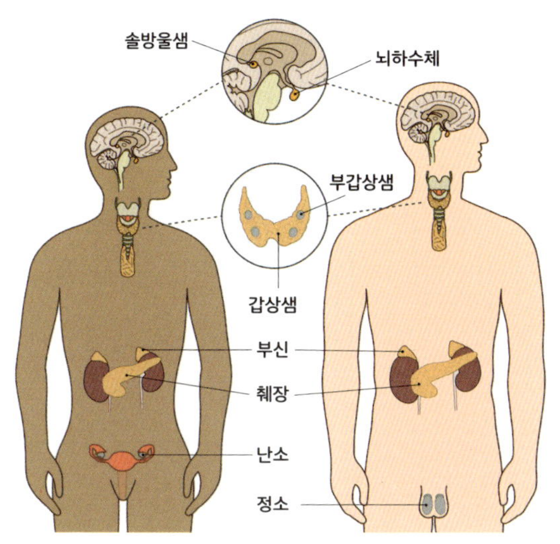

60여 종의 호르몬을 만드는 우리 몸의 내분비 기관

혈액 속 호르몬의 양은 종류에 따라 달라. 성장호르몬growth hormone을 예로 들면, 혈액 1리터에 약 5~10마이크로그램이 있다고 해. 1마이크로그램은 1그램의 100만분의 1에 해당하는 양이야. 1리터당 5마이크로그램이란 쉽게 말해서 각설탕 1개가 올림픽 규격 수영장 20개에 녹아 있는 것과 비슷해. 올림픽 규격 수영장은 길이 50미터, 너비 25미터, 그리고 깊이가 2.5미터야. 이런 수영장 20개에 들어가는 물의 양은 100만 리터 정도 된다고 해.

조그만 각설탕 하나가 이렇게 어마어마한 양의 물에 녹아 있는 거라고 생각하면, 호르몬의 양이 얼마나 적은지 알 수 있겠지?

놀랍게도 이렇게 양이 적은 호르몬이 조금만 줄거나 늘어도 우리 몸에는 큰 변화가 나타나. 예를 들어 성장호르몬이 부족하면 키가 자라지 않게 되고, 많으면 지나치게 키가 커질 수 있지. 결국 우리는 눈에 보이지도 않는 호르몬이란 존재의 지배를 받는 셈인 거야. 이제부터 흥미롭고 신비한 호르몬의 세계로 한 걸음 들어가 볼까?

내 몸속에 시계가 있다고?

우리는 해가 뜨고 날이 밝으면 잠에서 깨고, 해가 지고 어두워지면 잠들어. 이뿐일까? 식사 시간이 되면 배가 고파지지. 누가 시키거나 알려 주지 않아도 알아서 저절로 하는 이런 행동들은 우리 몸 안의 '생체시계'에 따라 이루어져. 생체시계는 여러 신체 기능을 하루 24시간의 일정한 주기에 따라 조절하고 있어. 이를 '일주기 리듬'이라고 부르는데, 하루에 한 번 잠을 자고 깨어나는 수면-각성 주기가 가장 대표적이야.

수면-각성 주기는 학교의 수업-휴식 시간과 비슷하다고 할 수 있어. 만약 학교에서 종일 수업만 한다면 얼마나 피곤하겠어? 반대로 수업은 조금만 하고 대부분 시간을 쉬기만 한다면 학교에 가는 의미가 별로 없겠지. 알다시피 수업 시간에는 열심히 공부하고 휴식 시간에는 잘 쉬는 것이 가장 좋아.

우리 몸도 마찬가지야. 낮에는 활발히 움직이며 일하거나 공부하고, 밤에는 잠을 자면서 피로를 풀고 에너지를 보충해. 이렇게 일주기 리듬을 잘 유지해야 건강하게 살 수 있지. 생체시계가 잘 돌아가게 하는 비결은 간단해. 낮에는 햇볕을 충분히 쬐고 밤에는 밝은 조명을 피하는 거야. 그렇다면 빛은 어떤 역할을 하는 걸까?

'각성 호르몬'이라 부르는 코르티솔cortisol은 새벽녘부터 증가하기 시작해 아침(7~8시)이 되면 최고 수준에 도달해. 그 후 차츰 감소해 저녁에는 최저 수준으로 떨어져. 이 호르몬은 우리를 깨어 있게 하고 활발히 활동하는 데 도움을 주지. 우리는 코르티솔 덕분에 아침을 활기차게 시작할 수 있어. 코르티솔이 혈압을 올리고 혈액 속 포도당 수치를 높여 에너지를 공급하는 역할을 하기 때문이야. 아침에 쬐는 햇볕은 코르티솔의 분비를 크게 늘린다고 해. 잠에서 깬 후 5~10분 동안 햇볕을 쬐면 그날 하루를 더 기운차게 보낼 수 있을 거야.

코르티솔은 부신 피질에서 만들어 혈액으로 분비하는 호르몬으로, 스트레스와 관련이 있어. 스트레스를 받을 때 우리 몸에서는 코르티솔의 분비가 늘어나거든. 부신 피질은 부신의 바깥쪽 층을 가리키는데, 부신은 콩팥 바로 위에 자리한 내분비 기관이야. 부신 피질에서는 코르티솔을 비롯한 다양한 호르몬을 만들고 있어.

해가 뉘엿뉘엿 넘어가고 햇볕이 약해지면 '밤의 호르몬'이라 부르는 멜라토닌melatonin의 분비가 늘어나기 시작해. 졸리고 잠이 오는 거지. 수면 유도 작용을 하는 멜라토닌은 뇌의 솔방울샘에서 만들어지는 호르몬이야. 솔방울샘은 크기가 1센티미터도 되지 않는 아주 작은 내분비 기관이야. 멜라토닌은 빛에 매우 민감해서, 한낮의 햇볕 아래에서는 분비가 억제되었다가 어두워지면 늘어나 한밤중(새벽 2~3시)에 최고 수준까지 도달해.

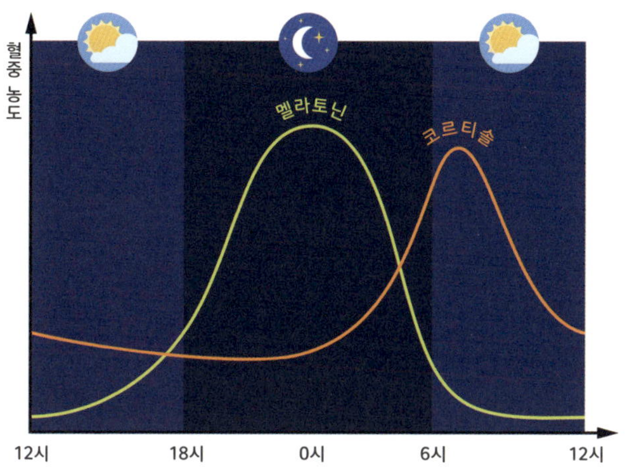

우리 몸의 일주기 리듬에 따라 분비되는 코르티솔과 멜라토닌

코르티솔과 멜라토닌은 수면-각성 주기를 조절하는 데 중요한 역할을 하는 호르몬이야. 낮에는 코르티솔이 증가하고 멜라토닌이 감소해서 각성 상태가 유지돼. 반대로 밤에는 멜라토닌이 증가하고 코르티솔이 감소해서 졸음이 오고 잠을 자게 되는 거지.

수면-각성 주기를 적절하게 잘 유지하는 것은 건강을 지키는 지름길이라고 할 수 있어. 이 리듬이 깨지면 피곤하고 집중력이 떨어질 뿐만 아니라 비만이나 당뇨병 같은 질병이 생길 가능성이 커지거든.

생체시계를 잘 활용하면 학습 능력을 높이는 데 도움이 될 수 있어. 생체시계로 봤을 때 가장 공부가 잘되는 시간은 언제일까? 사람마다 다를 수 있겠지만, 일반적으로 오전 10시경과 오후 3시경이라고 해.

하루 중 뇌가 가장 깨어 있는 시간은 코르티솔이 높고 멜라토닌이 낮은 오전이야. 코르티솔은 집중력을 높이고 각성 상태를 유지하는 데 도움을 주거든. 그리고 아침 햇볕은 수면 호르몬인 멜라토닌의 분비를 억제하기 때문에 많이 쬘수록 좋아. 어쩐지 아침에는 머릿속이 좀 더 또렷한 느낌이 들고 의욕이 넘치잖아. 하지만 12시가 가까워져 올수록 집중력이 점점 떨어지지. 그래서 점심시간이 12시인가 봐.

느려졌던 뇌 활동이 다시 활발해지는 시간은 오후 3시 정도야. 이 시간에는 특히 장기 기억력이 최고로 높아진다고 해. 외운 내용을 오래 저장하기 쉽다는 말이야. 그러니 이때 영어 단어나 어휘 등을 외우면 더 효과적이겠지?

물론 오전에 집중이 잘되는 사람도 있고, 반대로 오후에 집중이 잘되는 사람도 있어. 하지만 학생 관점에서 보자면, 오전에 집중력이 좋은 것이 공부에 도움이 될 거야. 학교 수업은 주로 오전에 몰려 있고, 오후에는 다른 활동을 많이 하잖아. 그리고 중간고사나 기말고사 같은 중요한 시험도 대부분 오전에 치르지. 오전에 뇌의 활동을 최고조로 높일 수 있다면 좋은 성적을 받기에 더 유리한 조건에 서는 거야.

스트레스 잡는 스트레스 호르몬

현대인은 스트레스가 참 많아. 스트레스란 사람이 어려운 상황에 부닥쳤을 때 느끼는 불안과 위협의 감정을 가리키는 용어야. 스트레스를 일으키는 원인은 다른 사람과의 갈등이나 갑작스러운 환경 변화, 피로 등과 관련 있어. 스트레스는 나이와 상관없이 누구나 느낄 수 있어. 물론 나이를 먹어 갈수록 할 일이 많아지고 책임져야 할 것도 늘어나니 스트레스가 쌓이기 더 쉽지. 하지만 어리다고 해서 스트레스가 전혀 없는 건 아니야.

한 조사에 따르면 청소년은 여러 원인으로 스트레스

를 경험한다고 해. 그중에서도 가장 큰 원인은 절반에 가까운 응답을 얻은 '공부'였어. 그다음은 '외모'나 '직업'에 관련한 고민이었지. 초등학생을 대상으로 한 조사에서도 비슷한 결과가 나왔어. 청소년은 과도한 공부량과 기대에 못 미치는 성적 때문에 스트레스를 받고 있는 거야.

스트레스를 받을 때 우리 몸에서는 어떤 반응이 일어날까? 아침에 늦잠을 자서 학교에 정신없이 뛰어간 경험은 누구에게나 있을 거야. 그때는 정말로 평소보다 더 빨리 준비하고 젖 먹던 힘까지 짜내서 뛰게 되지. 그런 힘을 내게 하는 원동력이 바로 에피네프린epinephrine(아드레날린)이라는 호르몬이야.

에피네프린은 부신의 안쪽 층인 수질에서 만들어지고 분비돼. 우리 앞에 닥친 공포와 위험에 잘 대처할 수 있게 하지. 그래서 에피네프린을 '투쟁 또는 도피 호르몬'이라고도 불러. 에피네프린에는 강력한 각성 효과가 있어서 이 호르몬이 분비되면 정신이 번쩍 나. 심장은 빨리 뛰고 혈압은 올라가지. 팔과 다리로 가는 혈관은 확장되면서 혈액 공급이 늘어나. 폐로 들어가는 공기의 흐름을 원활하게 하려고 기관지도 넓어져. 빨리 뛸 수 있게 해 주는 거야.

그런데 만약 아슬아슬하게 늦는 바람에 지각을 해서 벌칙을 받게 되었다면 어떨까? 또 다른 스트레스가 닥칠 거야. 하지만 이건 지각을 피하려고 뛰던 때와는 다른 반응을 일으켜. 이런 상황에서 중요한 역할을 하는 호르몬이 코르티솔이야.

수면-각성 주기를 설명할 때 코르티솔 이야기 나왔던 거 기억해? 부신 피질에서 만드는 코르티솔도 에피네프린처럼 '스트레스 호르몬'에 속하지만 그 반응은 더 오래 지속되는 특징을 보여. 코르티솔은 염증이 생기는 것을 막고 스트레스에 잘 대항할 수 있도록 우리 몸에 에너지를 공급하는 역할을 하지. 우리는 에피네프린과 코르티솔의 협동 덕분에 다양한 스트레스를 잘 이겨 낼 수 있는 거야.

사실 적당한 스트레스는 우리 생활에 활력을 불어넣어. 스트레스를 그때그때 잘 다스린다면 말이지. 하지만 심한 스트레스가 지나치게 오래 계속된다면 우리 건강에는 여러 가지 부정적인 결과가 일어나고 말 거야.

기분을 조절하는 호르몬

우리는 살면서 다양한 감정을 경험해. 자신도 이해할 수 없을 만큼 기분이 그때그때 달라지지. 단 음식을 먹으면 없던 힘도 나는 것 같고, 밤만 되면 유난히 감성이 폭발하는 것도 모두 호르몬과 관련이 있어. 지금부터 하나씩 살펴보자.

+ 기분이 좋아지는 도파민 +

아이스크림을 먹을 때 입안 가득 퍼지는 달콤함은 생각만 해도 우리를 행복하게 해. 그래서 그런지 우리 주변에는 단 음식을 좋아하는 사람이 참 많은 것 같아. 단 음식을 좋아하는 것은 갓 태어난 아기나 엄마 뱃속에 있는 태아도 마찬가지라고 해.

달콤한 음식을 먹으면 기분이 좋아지는 이유는 뇌의 쾌락 중추에서 도파민dopamine이 분비되기 때문이야. 도파민은 즐거움과 만족감을 느끼게 하는 호르몬이거든. 단 음식만 도파민 분비를 촉진하는 건 아니야. 술이나 담배 그리고 마약도 도파민을 급격히 올려.

도파민은 목표를 달성했을 때나 그에 따른 보상을 받았을 때도 분비돼. 계주 경기에 마지막 주자로 참여했다고 해 보자. 우리 팀의 앞선 주자들이 약간 늦게 달리는 바람에 나는 3등으로 바통을 넘겨받았어. 하지만 이를 악물고 젖 먹던 힘까지 짜내서 열심히 뛰었지. 심장은 마구 고동치고 호흡은 가빠졌지만, 결국 1등으로 결승선을 통과했어. 얼마나 기쁘고 행복할까? 이게 다 도파민 덕분인 거야.

✦ 우울증을 치료하는 세로토닌 ✦

날이 흐리면 기분이 우울하다고 말하는 사람들이 많아져. 그 이유는 흐린 날에는 햇볕이 적어서 세로토닌serotonin이라는 호르몬이 적게 나오기 때문이야. 세로토닌은 햇볕을 충분히 잘 쬐어야 만들어지거든. 일광욕을 하면 기분이 안정되고 좋아지는 것도 세로토닌 덕분이야.

세로토닌이 감소하면 기분이 처지고 불안해지고 기운도 없어져. 심하면 우울증까지 올 수 있어. 우울증 치료제로 쓰이는 약은 주로 세로토닌을 보충해 주는 것이 많아. 오랫동안 스트레스를 받게 되면 세로토닌이 많이 줄어들어. 그리고 칼로리를 엄격하게 제한하면서 다이어트에 한창인 사람들도 줄어든 세로토닌 때문에 예민해지고 짜증이 많아지지. 세로토닌을 만드는 데 필요한 원료가 부족해지기 때문이야.

이럴 때 생각나는 것이 바로 단 음식이야. 이런 음식은 혈당을 빨리 올려서 세로토닌 분비를 촉진하고 기분을 좋아지게 하거든. 하지만 효과가 오래가지는 않아서 단 음식을 계속 찾을 수밖에 없어. 햇볕을 충분히 쬐고 운동이나 명상을 하는 게 세로토닌 분비에 도움이 더 될 거야.

+ 고통을 줄여 주는 엔도르핀 +

기분이 안 좋거나 스트레스를 받을 때 마라탕 같은 매운 음식을 먹는 사람이 많아. 입안이 얼얼해질 만큼 땀을 흘리고 나면 쌓였던 스트레스가 풀린다나. 사실 매운맛은 우리가 음식으로 느끼는 미각에는 포함되지 않아. 뇌는 매운맛을 통각으로 받아들이거든.

우리가 통증을 느끼면 뇌에서는 이를 줄이기 위해 진통 효과가 있는 엔도르핀endorphin이라는 호르몬을 분비해. 엔도르핀은 통증을 줄여 기분을 좋게 하고 일시적으로 스트레스를 해소하는 역할을 하지. 달리기 같은 운동을 30분 넘게 하다 보면 어느 순간 하늘을 나는 것 같은 행복감이 밀려오곤 하는데, 이것을 '러너스 하이 runner's high'라고 불러. 이런 현상도 엔도르핀 때문이라고 해. 피로가 사라진 것처럼 상쾌해지고 새로운 힘이 솟아나는 거야.

우리가 매운맛에 빠지는 것도 결국 혀가 얼얼할 정도인 통증을 견디며 그 대가로 엔도르핀이 분비되기 때문인 셈이야. 엔도르핀 덕분에 매운 음식을 먹으면 스트레스가 풀린다고 느끼는 거지. 하지만 매운 음식을 지나치게 많이 먹으면 건강에 좋지 않아. 매운 음식 말고 엔도르핀 분비를 늘리는 방법은 운동을 하거나 자주 웃는 거야. 사랑하는 사람과 시간을 보내거나 음악을 듣는 것도 좋아.

✦ 사랑을 부르는 옥시토신 ✦

아기를 안고 사랑스럽게 바라보는 엄마의 얼굴을 본 적이 있을 거야. 아마 이보다 더 행복한 얼굴은 없을 것 같아. 이때 행복과 사랑의 감정을 조절하는 호르몬이 바로 옥시토신oxytocin이야. 옥시토신 덕분에 우리는 편안하고 만족스러운 기분을 느끼게 되지.

옥시토신은 상대방에 대한 신뢰, 배려심, 유대감과 관련되어 있어서 '사랑 호르몬'이라고도 불러. 재미난 건 다른 사람에게 친절한 행동을 하거나 도움을 줄 때도 옥시토신이 분비된다는 점이야. 또 개나 고양이 같은 반려동물을 쓰다듬거나 놀아 줄 때 옥시토신이 분비된다고 해.

옥시토신에는 자궁을 수축하는 작용이 있어서 엄마가 아기를 잘 낳을 수 있도록 도움을 줘. 아기가 엄마 젖을 잘 먹을 수 있도록 하는 작용도 있지. 엄마의 옥시토신은 아기를 잘 낳고 기르는 데 핵심이 되는 호르몬인 거야.

롤러코스터를 타면 짜릿한 이유

놀이동산 좋아해? 놀이동산에 가면 놀이기구도 타고, 퍼레이드도 구경할 수 있잖아. 그중에서도 높디높은 레일 위를 아슬아슬 오르내리며 쏜살같이 내달리는 롤러코스터는 단연 놀이동산의 꽃이라 할 수 있어. 생각만 해도 벌

써 온몸이 짜릿해지지.

미국 뉴저지주의 놀이공원에 있던 킹다카Kingda Ka라는 롤러코스터는 높이가 무려 139미터에 달했대. 아파트로 치면 46층 정도 되는 높이야. 하늘 높이 솟구쳐 올랐다가 낙하하는데, 그때는 무려 시속 206킬로미터까지 속도가 올라가지. 이 롤러코스터를 타면서 느끼는 중력가속도는 무려 4.5G인데, 이는 몸무게의 4.5배에 달하는 힘으로 몸이 눌리는 것처럼 느끼게 된다는 뜻이야. 참고로 로켓에 탄 우주 비행사가 느끼는 중력가속도는 6G라고 해.

롤러코스터는 매우 빠른 속도로 달리면서 360도로 돌기도 하고 순간적으로 높은 곳에서 뚝 떨어지기도 해. 굉장히 무섭기도 하지만 짜릿한 쾌감이 동시에 밀려오지. 롤러코스터를 탔을 때 느끼는 이런 기분은 호르몬과 깊은 관련이 있어.

실제로 롤러코스터를 타기까지 우리 몸에서 일어나는 과정을 따라가 볼까? 먼저 인기 있는 롤러코스터를 타려고 줄을 서서 기다리는 동안, 우리 뇌에서는 도파민이 분비되어 곧 시작될 신나는 모험에 대한 기대감과 설렘

아파트 46층 높이였던 킹다카의 철거 전 모습

을 높여. 드디어 내 차례가 되어 롤러코스터에 올라타면 부신에서는 에피네프린과 코르티솔을 급격하게 분비하기 시작해. 심장은 콩닥거리고 혈압은 높아지고 혈당은 올라가지. 우리 몸이 위험한 상황을 겪을 준비를 하는 거야. 롤러코스터가 가장 높은 지점까지 올라가면 긴장감은 최고조에 달해.

드디어 롤러코스터가 급강하하면서 커브를 돌면 위협을 감지한 우리 몸에서는 엔도르핀이 분비돼. 통증을 줄이고 행복감을 느끼게 하지. 아울러 세로토닌의 분비도 늘어나. 이때 세로토닌은 만족감과 행복감을 느끼게 해.

짧은 순간 굉장한 수준의 스트레스와 즐거움을 동시에 선사한 롤러코스터가 평평한 레일 위를 달리면서 속도를 줄이면, 우리 몸에서도 에피네프린과 코르티솔의 분비가 줄어들어. 심장 박동은 느려지고 호흡은 깊어지고 긴장이 풀리지. 위험한 상황을 겪어 낸 우리 몸이 다시 예전의 평안한 상태로 돌아오게 되는 거야. 모든 스트레스가 나쁜 건 아니라는 거지. 이렇게 즐거운 스트레스만 있다면 얼마나 좋을까?

킹다카는 2025년 3월에 철거되어서 안타깝게도 이제는 그 짜릿함을 느낄 수 없게 되었어. 하지만 걱정하지 마. 세계에는 아직 수많은 롤러코스터가 있으니까.

먹는 즐거움을 드립니다

학교에서 제일 즐거운 시간은 언제야? 아마 점심시간과 쉬는 시간일 거야. 그중에서도 점심시간은 참 활기 넘치고 행복한 시간이야. 음식을 먹는다는 것은 나이와 상관없이 참 즐거운 일이잖아. 먹는 건 누구나 좋아하니까. "인생의 가장 큰 즐거움은 식탁에서 찾을 수 있다"라는 말도 있을 정도거든. 인간은 먹는 것에서 큰 즐거움을 느끼도록 진화해 왔어. 만약 먹는 행위가 매우 고통스러웠다면 인간은 결코 생존할 수 없었을 거야.

'보상'이라는 용어 들어 봤어? 공부를 열심히 해서 좋은 성적이 나왔을 때 받는 칭찬, 장학금, 용돈처럼 보상은 어떤 일을 잘 마쳤을 때 받게 되는 선물이나 혜택을 말해. 먹는 행위는 우리에게 큰 보상이 따르는 일이었기 때문에 우리 조상들은 매일 먹을거리를 구하기 위해서 끊임없이 노력했어. 수렵(사냥)과 채집을 주로 하던 구석기 시대나 농사를 짓던 신석기 시대에는 지금만큼 먹을거리를 구하기가 쉽지 않았지만, 먹는 즐거움은 그 노고를 단숨에 잠재울 정도로 컸지.

즐겁게 먹은 음식은 소화된 후 흡수되어 우리 몸에 필요한 영양소로 바뀌어. 이 과정에서 중요한 역할을 하는 호르몬은 어떤 것이 있을까? 먼저 식욕 조절에 중요한 역할을 하는 그렐린ghrelin과 렙틴leptin에 관해 알아보자.

하루 중 가장 배가 고픈 시간은 아마 식사 직전일 거야. 배고픔을 느끼게 하는 호르몬인 그렐린의 분비가 최고에 달하는 때가 밥을 먹기 바로 전이거든. 위에서 만들어지는 그렐린은 혈액 속 포도당 수치가 정상 수준보다 떨어지고 위가 비었을 때 왕성하게 분비돼. 배가 고파지고 음식을 간절히 원하게 하는 거지. 이때는 오로지 먹는 것만 생각하게 돼. 그래서 그렐린을 '배고픔 호르몬'으로 불러.

어떤 음식이든 배고픈 상황에서 뜨는 첫 숟가락이 제일 맛있을 거야. 그렐린이 최고조에 달한 이 시기에는 음식으로부터 얻는 보상이 가장 크기 때문이지. 하지만 그렐린 수치는 식사를 시작하면서 급격히 떨어져. 따라서 식욕이 줄어들지. 음식을 먹고 배가 부를수록 점점 맛이 덜해지는 이유가 여기에 있다고 할 수 있어.

'포만감'이라는 용어가 있어. 음식을 먹은 후 만족스럽게 배부른 상태나 느낌을 가리켜. 포만감을 느끼면 그만 먹고 싶어지게 되지. 이런 포만감을 느끼는 데 중요한 역할을 하는 호르몬이 지방세포에서 만들어 분비하는 렙틴이야. 렙틴은 몸에 에너지를 충분히 채웠으니 그만 먹으라는 신호를 뇌에 보내. 지방세포의 크기가 커질수록 렙틴이 더 많이 분비되기 때문에 렙틴 수치를 보면 우리 몸에 지방이 얼마나 많은지를 알 수 있어. 그런데 왜 살이 쪄도 포만감을 잘 못 느끼냐고? 뇌가 렙틴이 보내는 신호를 무시하거나 받아들이지 못해서 그래. '렙틴 저항성'이 생겼다고 하지.

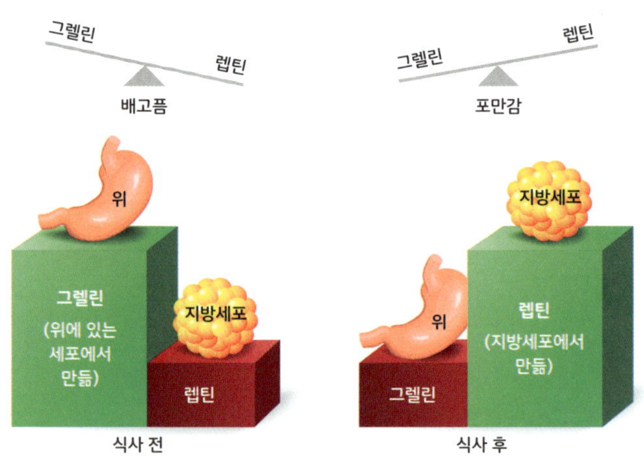

식욕을 조절하는 그렐린과 렙틴

생존을 위한 호르몬의 밀고 당기기

우리 몸의 세포들이 에너지를 만들 때 가장 중요한 건 포도당이야. 포도당은 탄수화물의 하나인데 밥, 빵, 채소, 과일 같은 음식에 들어 있어. 물론 지방이나 단백질도 에너지원으로 사용할 수 있지. 하지만 포도당은 뇌, 근육, 간 등 우리 몸속의 세포가 가장 빠르고 효율적으로 에너지를 생산하도록 도와줘. 따라서 포도당은 세포가 가장 좋아하는 에너지원이라고 할 수 있어.

그러면 포도당은 많을수록 좋을까? 꼭 그렇지는 않아. 포도당 수치는 되도록 고른 것이 좋아. 생명체는 생존에 최적화된 상태를 일정한 수준으로 유지하려는 성질이 있어. 이를 '항상성'이라고 불러. 혈액 내 포도당인 혈당의 항상성을 유지하는 데 중요한 역할을 하는 호르몬은 인슐린insulin과 글루카곤glucagon이야. 두 호르몬이 서로 협력해서 혈당을 일정한 범위 안에서 유지해. 혈당은 너무 높거나 낮을 경우 우리 몸에 좋지 않은 영향을 미치거든.

식사 후 혈당이 높아지면 분비가 증가하는 호르몬은 인슐린이야. 인슐린은 췌장의 베타세포에서 만들어지는

데, 포도당을 혈액에서 세포 안으로 이동시켜서 혈당을 낮춰. 세포 안으로 들어간 포도당은 에너지원으로 사용돼. 에너지를 만들고 남은 포도당은 간에서는 글리코겐, 지방세포에서는 중성지방으로 바뀌어 저장되었다가 나중에 에너지가 부족할 때 사용되지. 다시 말해 인슐린은 우리 몸이 에너지를 이용하고 저장하는 데 매우 중요한 역할을 하는 호르몬이야.

반면에 글루카곤은 혈당이 낮을 때 분비되는 호르몬이야. 췌장의 알파세포에서 만들어지는데, 간이나 근육에서 포도당을 내보내 혈당을 높여. 글루카곤은 밤에 잠잘 때 혈당을 안정적으로 유지하는 데도 관여해. 뇌세포는 포도당이 부족하면 제대로 기능할 수 없어서 글루카곤의 역할이 무척 중요하지.

성장판에서 일어나는 일

한창 자라나는 시기라면 내 키가 앞으로 얼마나 클지 궁금해하는 게 당연할 거야. 어느 조사에 따르면, 중고등학

유전적 요인만이 아니라 영양 섭취와 꾸준한 운동이 중요한 키 성장

생뿐만 아니라 초등학생도 외모나 키에 대해 고민하는 비율이 50퍼센트를 넘었다고 해.

성인이 되었을 때의 키는 일반적으로 부모의 키와 관계있어. 부모의 키가 클수록 자녀의 키도 클 가능성이 높지. 키는 유전적 요인이 가장 중요하지만, 영양 상태나 생활 습관 등에 따라서도 얼마든지 달라질 수 있어. 그렇다면 키가 자라는 데 영향을 미치는 호르몬은 무엇일까? 바로 성장호르몬이야.

성장호르몬은 뇌하수체 전엽에서 만들어지는 호르

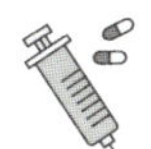

몬이야. 뼈의 성장을 촉진해서 우리 키를 자라게 하지. 골반과 무릎 사이에 있는 넓적다리뼈처럼 길이가 긴 뼈에는 성장판이 있어. 성장판은 뼈 끝부분에 자리한 연골조직인데, 성장호르몬은 성장판의 연골세포를 늘려서 두껍게 만들어. 늘어난 연골세포가 뼈조직으로 바뀌면서 뼈가 길어지고 키가 커지는 거야.

성장판의 연골세포가 모두 뼈조직으로 바뀐 것을 성장판이 닫혔다고 표현해. 성장판이 다 닫히면 키는 거의 자라지 않아. 그 시기는 사람마다 다르지만, 보통 여자는 14~15세, 남자는 16~17세에 성장판이 닫혀서 16~19세가 되면 성장이 완전히 끝나.

키가 자라는 데 성장호르몬만큼 중요한 역할을 하는 호르몬은 인슐린 유사 성장인자-1IGF-1이야. 이 호르몬은 성장호르몬의 영향을 받아 간에서 만들어지는데, 성장판의 연골세포를 직접 자극해서 수를 늘리는 역할을 해. 다시 말해 키가 자라려면 성장호르몬뿐만 아니라 인슐린 유사 성장인자-1의 협조가 꼭 필요해.

에너지 생산 공장을 돌리는 갑상샘호르몬

아이언맨은 마블 영화 시리즈를 대표하는 영웅 중의 한 명이야. 하늘을 마음대로 날아다니고, 에너지빔을 쏘고, 엄청난 힘으로 상대를 제압하지. 그 놀라운 힘의 비밀은 무엇일까? 아이언맨의 가슴 정중앙에는 밝게 빛나는 '아크 원자로'가 있어. 이 원자로는 실제 원자력 발전소처럼 원자력을 이용해 엄청난 에너지를 만들어 내는 장치야. 아이언맨은 이동과 공격에 필요한 에너지를 원자로의 핵융합 반응을 이용해 공급받아. 핵융합 반응이란 2개 이상의 원자핵이 반응해 더 무거운 원자핵으로 바뀌면서 에너지를 내뿜는 현상을 가리켜. 태양도 핵융합 반응을 통해 엄청난 에너지를 만들지.

우리 몸에도 아이언맨의 아크 원자로 같은 역할을 하는 곳이 있어. 바로 내분비 기관 중 하나인 갑상샘이야. 갑상샘은 목의 앞쪽 정중앙에 있는데, 날개를 활짝 편 나비처럼 생겼어. 갑상샘은 아이오딘(요오드)을 원료로 삼아 갑상샘호르몬thyroid hormone을 만들어서 분비해.

갑상샘호르몬은 세포의 에너지 생산 과정인 세포 호

흡을 촉진해. 세포의 산소 소비량을 늘려 더 많은 에너지를 만들게 하는 거지. 또 갑상샘호르몬은 탄수화물, 지방, 단백질을 분해해서 에너지로 바꾸고, 남은 건 저장하거나 내보내는 일을 도와. 한마디로 갑상샘호르몬은 우리 몸의 에너지 생산을 총괄하는 역할을 한다고 볼 수 있어.

남자와 여자의 차이를 만드는 성호르몬

아기는 남자의 정자와 여자의 난자가 만나 만들어져. 정자의 성염색체가 X면 여자 아기가 되고, Y면 남자 아기가 되지. 엄마의 자궁 속에서 8주 정도까지는 남녀의 차이를 알 수 없어. 남자 아기는 약 12주 정도에 남성 호르몬이 쏟아져 나오는 '남성 호르몬 샤워'를 거친 후 성기가 발달해. 반면에 여자 아기는 여성 호르몬이 많이 나오지는 않아.

여자의 생식샘인 난소에서 분비되는 에스트로겐estrogen과 프로게스테론progesterone, 남자의 생식샘인 정소에서 분비되는 테스토스테론testosterone이 대표적인 성

호르몬이야. 아이가 태어나고 사춘기가 시작되기 전까지는 성호르몬의 분비량이 매우 적어.

사람은 살아 있는 동안 평생 호르몬의 영향을 받지만, 사춘기 시절에 가장 크고 깊게 받아. 사춘기란 성호르몬의 분비가 증가하면서 이차 성징이 나타나고 급격히 성장하는 시기를 말해. 아이에서 어른으로 변해 가는 중간 과정이라고 할 수 있어. 몸과 마음에 커다란 변화가 일어나게 되고, 남녀 차이가 뚜렷해지지.

남자아이는 남성 호르몬의 작용으로 고환이 커지고, 목소리가 굵어지며 변성기를 거쳐. 또 온몸에 털이 나고 근육이 발달해. 점차 성숙한 모습으로 변해 가는 거야. 테스토스테론은 정자의 생성을 촉진하고, 뼈를 튼튼하게 하고, 적혈구를 늘리고, 지방 분해를 활발하게 만드는 역할을 해.

여자아이는 여성 호르몬이 증가하며 가슴과 엉덩이가 커지고, 허리가 잘록해져. 피부는 곱고 부드럽게, 머릿결은 윤기 있게 변하지. 또 월경을 시작하며 임신과 출산이 가능해져. 월경은 여자의 자궁에서 일어나는 일이야. 자궁 안에는 난자와 정자가 만나 만들어진 수정란이 붙어서 자랄 수 있는 내막이 있는데, 난소에서 난자가 나올 때마다 두껍게 변해. 만약 임신이 되지 않으면, 두꺼워진 자궁 내막이 떨어져 나가면서 피가 나게 돼. 이게 바로 월경이야. 월경은 보통 28일을 주기로 반복해서 일어나고, 5일 정도 지속돼.

호르몬 패치로 기분을 조절한다면?

만약 미래에 기술이 발전하여 몸에 붙이는 호르몬 패치로 내 기분을 통제할 수 있게 된다면 어떨까?

찬성

우울, 불안 등을 스스로 관리함으로써 삶의 질이 높아질 거야.

반대

다양한 감정이 억압받는 사회가 될 거야.

생각 TIP

- 인간은 왜 감정을 느낄까?
- 행복이란 기분이 좋은 상태일까?
- 인공지능이 감정을 배울 수 있을까?
- 감정을 통제하는 사회는 자유로울까?

1) 약보다 거부감이 덜하고 쉽게 쓸 수 있으니 고객상담원, 간호사 등 사람을 상대하며 스트레스를 많이 받는 직종이나 감정 조절이 어려운 사람에게 도움이 될 거야.

2) 감정을 기술로 관리하는 것은 사회에도 좋은 영향을 줄 거야. 개개인의 집중력이 올라가면 생산성이 높아지고 차분한 대화를 통해 갈등이 줄어들 테니까.

1) 감정은 인간이 진화를 통해 얻은 자연스러운 결과야. 기분을 인위적으로 조절하다가 심각한 혼란을 겪을지 몰라. 약물 중독처럼 패치에 의존하게 될 수도 있어.

2) 다른 사람에 대한 공감이 줄어들면서 인간다움을 잃어버리게 될 거야. 학교, 직장, 군대 등에서는 개인을 통제하는 수단으로 악용될 가능성이 높아.

2장

없어도 문제, 많아도 문제

#성장 장애　　#사춘기　　#뇌하수체
#췌장　　#갑상샘　　#시상하부

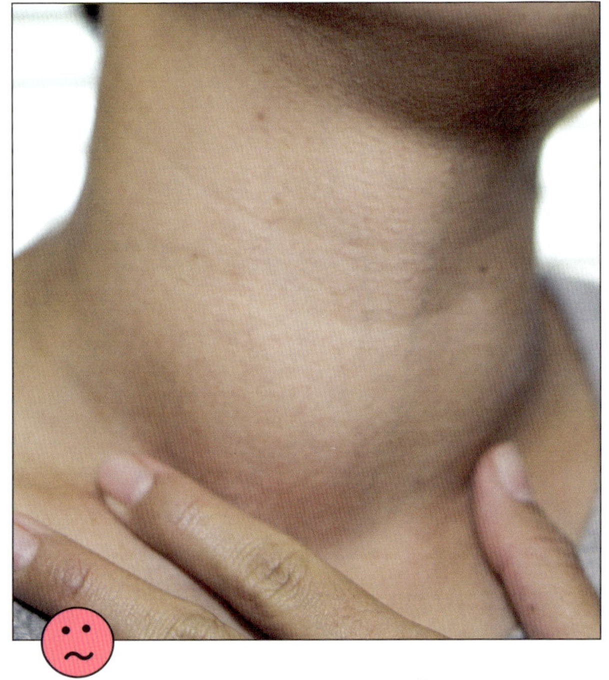

갑상샘호르몬의 증가로
부풀어 올라 보이는 목

호르몬이 우리 몸속에서

균형을 잃으면 몸 전체에 큰 변화가 생겨.

예를 들어 우리 몸의 엔진 역할을 하는

갑상샘호르몬이 너무 많으면

몸무게가 갑자기 줄고,

땀이 많아지고, 가슴이 두근거릴 수 있어.

눈이 튀어나오는 증상이 나타나기도 해!

너무 작거나, 너무 크거나

우리 몸의 다양한 기능을 조절하는 호르몬은 적절한 수준에서 분비되어야 해. 너무 적어도 곤란하고, 너무 많아도 문제가 돼. 호르몬 분비가 부족하거나 과도할 때 우리 몸에는 어떤 일이 생기는지 알아보자.

찬드라 당기는 인류 역사상 가장 키가 작은 사람으로 기네스북에 이름을 올렸어. 1939년에 네팔에서 태어나 2015년에 사망했지. 당기는 태어났을 때부터 크기가 부모님 손바닥만 할 정도로 작았고, 어른이 되어서도 키가 겨우 54.6센티미터였다고 해.

당기처럼 의학적인 이유로 키가 매우 작은 증상을 왜소증이라고 불러. 왜소증은 성인의 최종 키가 147센티미터 이하일 때 진단해. 반면에 나이와 성별이 같은 100명 중 앞에서 세 번째 안에 드는 경우는 저신장증이라고 부르지. 보통 또래에 비해 10센티미터 이상 차이가 날 때 해당한다고 해.

왜소증이나 저신장증은 뇌하수체 전엽에서 만드는 성장호르몬이 충분하지 않을 때 발생해. 성장호르몬 결핍은 선천적으로 생길 수도 있고, 뇌하수체에 종양이나 염증 등이 생겨서 후천적으로 발생할 수도 있어. 아무런 이유 없이 성장호르몬의 분비가 부족한 경우도 가끔 있는데, 세계적인 축구 선수 리오넬 메시가 여기에 해당해.

메시는 11세가 되던 해인 1997년 성장호르몬 결핍에서 비롯된 성장 장애 진단을 받았어. 당시 의사는 메시의 최종 키가 150센티미터도 안 될 거라고 했지. 하지만 메시는 바르셀로나 유소년 축구팀과 계약한 이후 성장호르몬 치료를 받은 덕분에 169센티미터까지 자랐어.

성장호르몬을 보충하는 치료는 성장판이 닫히기 전에 시행해야 해. 성장판의 연골세포가 모두 뼈조직으로 변해 성장판이 닫히면 치료를 해도 소용이 없기 때문이야.

반면에 사춘기가 오기 전에 성장호르몬이 지나치게 분비되면 거인증을 일으킬 수 있어. 현재 세계에서 키가 가장 큰 사람으로 기네스북에 올라 있는 술탄 쾨센(1982~)의 키는 무려 251센티미터야. 역사상 가장 키가 큰 사람은 미국에 살았던 로버트 워들로(1918~1940)였어. 그의 키는 무려 272센티미터였다고 해.

쾨센과 워들로는 모두 우리 몸의 성장과 발육에 관

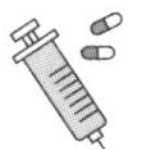

여하는 호르몬을 분비하는 뇌하수체에 종양이 생겨서 키가 계속 자라게 된 거인증 환자야. 성장호르몬이 과도하게 분비되면서 성장판을 계속 자극하는 바람에 키가 커지게 된 거지. 거인증 환자는 키는 물론이고 손이나 발도 매우 커져.

만약 성장이 다 끝난 성인의 뇌하수체에 종양이 생기면 어떻게 될까? 키가 더 크지는 않는 대신, 손가락이나

기네스북에 손도장을 찍는 술탄 쾨센(가운데)

발가락 같은 말단 부위가 굵어지고 길어지는 말단비대증이 나타나. 말단비대증 환자는 이마나 턱이 튀어나오고, 혀나 입술이 두꺼워지고, 털이 많이 나고, 땀을 많이 흘리는 증상도 보여. 이런 변화는 짧게는 수년에서 길게는 수십 년에 걸쳐 매우 천천히 일어나는 경우가 많아서 잘 알아채지 못한다고 해.

말단비대증 환자는 외모가 변할 뿐만 아니라 심혈관 질환에 걸릴 위험이 커져. 뇌졸중, 고혈압, 당뇨병 등의 합병증 때문에 사망 위험도 3~4배 높아지지. 대장암 같은 암의 발생 위험도 크기 때문에 조기에 치료해야 해. 뇌하수체 종양을 제거하는 수술을 하거나 성장호르몬 분비를 억제하는 약물을 투여하거나 방사선요법으로 치료할 수 있어.

풍요 속의 빈곤, 당뇨병

호르몬 관련 질환 중 가장 흔한 것이 당뇨병이야. '당뇨'란 포도당이 든 소변을 뜻해. 즉 당뇨병은 소변에 많은 양의 포도당이 섞여서 배출되는 병이야. 정상적인 상황에서 포도당은 소변으로 배출되지 않아. 하지만 혈액 속의 포도당 농도가 너무 높으면 콩팥에서 미처 다 흡수하지 못한 포도당이 소변으로 배출될 수밖에 없어.

당뇨병은 췌장에서 분비하는 혈당 조절 호르몬인 인슐린이 부족하거나 제대로 움직이지 않아 생겨. 그렇게 되면 세포가 혈액 속의 포도당을 이용하지 못해. 인슐린은 세포 안으로 포도당을 공급하는 역할을 하거든. 결국 혈당은 계속 높아지고 몸은 에너지가 공급되지 않아 피곤해지는 등 다양한 문제가 생겨나. 풍요 속의 빈곤인 셈이지. 에너지가 남아돌지만 공급 체계가 마비되어서 세포가 쓰지 못하는 상황인 거야.

당뇨병은 제1형 당뇨병과 제2형 당뇨병으로 나눌 수 있어. 제1형 당뇨병은 췌장에서 베타세포가 파괴되어 인슐린을 만들어 내지 못하는 경우야. 제2형 당뇨병은 세포가 인슐린에 둔감해진 경우를 말하지.

제1형 당뇨병은 일종의 자가 면역 질환이야. 우리 몸의 면역계가 베타세포를 공격해서 파괴하지. 전체 당뇨병 환자의 약 5~10퍼센트가 제1형 당뇨병인데, 20세 이

전에 주로 발생해서 예전에는 소아형 당뇨병이라고 불렀어. 인슐린이 아예 만들어지지 않기 때문에 치료하려면 인슐린 주사가 꼭 필요해.

제2형 당뇨병은 주로 40세 이상의 성인에게 나타나고 나이가 들면서 더 흔해져. 전체 환자의 90~95퍼센트가 제2형 당뇨병일 정도로 대부분을 차지하지. 제2형 당뇨병의 초기 단계에서는 인슐린 농도가 정상이거나 약간 높지만, 세포가 반응하지 않아서 인슐린이 제 역할을 충분히 하지 못해. 이를 인슐린 저항성이 생겼다고 표현하지. 제2형 당뇨병의 치료는 보통 운동과 식이요법부터 시작하고, 필요하다면 약을 먹거나 인슐린 주사를 맞아.

당뇨병의 또 다른 얼굴, 합병증

당뇨병의 대표적인 증상은 다뇨, 다음, 다식이야. 혈액 속의 포도당 농도가 지나치게 높아지면 콩팥에서 이를 다 흡수하지 못해서 포도당이 소변으로 빠져나갈 수밖에 없어. 이 과정에서 포도당은 많은 양의 물을 데리고 나가기 때문에 소변량이 많아져(다뇨). 그러면 몸속의 수분이 부족해져서 목이 말라 물을 많이 마시게 되지(다음). 또 세포가 가장 좋아하는 에너지원인 포도당이 몸 밖으로 빠져나가니까 금방 배가 고파져서 음식을 많이 먹어(다식). 하지만 음식을 아무리 많이 먹어도 세포는 굶주리는 거나 마찬가지라 살은 자꾸만 빠지게 돼.

당뇨병이 무서운 진짜 이유는 합병증 때문이야. 혈당이 높은 상태가 길어질수록 혈관에 좋지 않은 영향을 미치거든. 우리 몸 곳곳에 영양분과 산소를 공급하는 혈관에 문제가 생기면 여러 합병증이 생길 수밖에 없어. 심장 마비를 일으키는 심장 질환, 뇌졸중 같은 뇌혈관 질환, 시력을 잃을 수도 있는 당뇨병성 망막증, 콩팥의 기능이 떨어지는 당뇨병성 신병증, 발과 다리가 저리고 붓는 당뇨병성 족부병증 등 나타날 수 있는 합병증은 다양하지. 이러한 합병증은 일단 발생하면 치료가 쉽지 않기 때문에 평소에 혈당 관리를 철저히 해야 해.

100여 년 전만 해도 당뇨병은 주변에서 보기 힘든 질환이었어. 하지만 지금은 당뇨병을 '사회적 유행병'이라고 표현할 정도로 매우 흔한 질환이 되었지. 국제당뇨병연맹이 2022년에 발표한 보고서에서 따르면, 1980년 1억 800만 명이었던 당뇨병 환자는 2021년 5억 3,700만 명으로 약 5배 늘어났다고 해. 2050년이 되면 당뇨병 환자가 13억 명에 이를 것이라 예측하지. 전 세계에서 10명 중 1명꼴로 당뇨병에 걸렸을 거라 보는 거야.

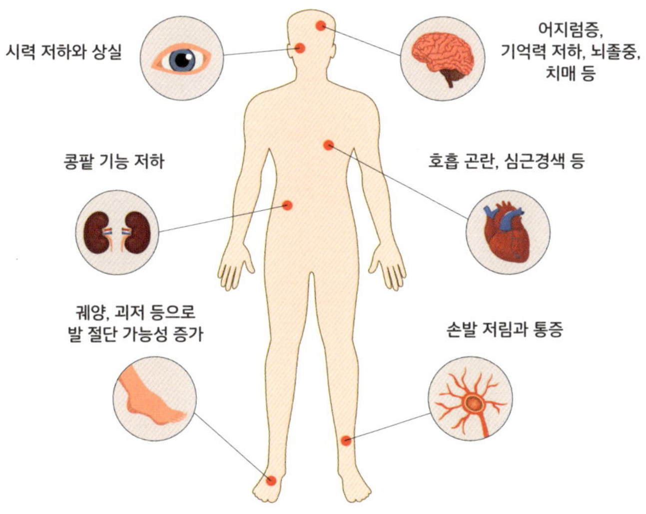

당뇨병이 일으키는 다양한 증상과 합병증

계속 켜져 있는 보일러, 갑상샘항진증

날이 추워지면 우리는 우선 창문을 닫고 보일러를 켜서 집 안을 따뜻하게 만들어. 우리 몸은 어떨까? 우리 몸속 세포는 음식물로부터 얻은 영양소를 분해해서 열과 에너지를 내는데, 이 일을 돕는 호르몬이 바로 갑상샘호르몬이야. 갑상샘호르몬은 우리 몸의 열 생산을 책임지는 보일러라고 할 수 있어.

추운 곳에서 체온을 올리기 위해서는 에너지가 많이 필요해. 이때 갑상샘호르몬의 분비량이 늘어나. 갑상샘호르몬은 세포가 포도당 같은 영양소를 분해해서 에너지를 만들도록 촉진해. 그런데 포도당을 분해하려면 산소가 필요해. 에너지를 많이 만들수록 산소 소비량이 늘어나고, 이 과정에서 열이 나게 되지. 다시 말해 갑상샘호르몬이 많이 나올수록 우리 몸의 에너지 생산량은 늘어나고 열이 나는 거야.

만약 갑상샘호르몬이 너무 많이 분비되면 어떻게 될까? 온도 조절기가 고장 난 보일러처럼 계속해서 열을 생산하게 될 거야. 더워지는 거지. 이런 상황을 갑상샘항진증이라고 불러. 갑상샘항진증에 걸리면 얇은 옷을 입고 추운 곳에 가도 별로 춥다고 느끼지 않아. 또 땀을 많이 흘리고 더위를 무척 타게 돼.

우리 몸을 스위치가 계속 켜져 있는 상태라고 상상해 봐. 심장 활동이 지나치게 증가해서 가슴은 콩닥거리고 혈압은 올라가. 호흡이 빨라지면서 숨이 차지. 안절부절못해서 잠시도 가만히 있지를 못해. 밤에 잠도 잘 안 와. 식욕이 늘어나서 먹는 건 많아지지만, 먹는 족족 분해되어서 살은 오히려 빠져. 나중에는 눈이 튀어나오는 안구돌출증까지 나타날 수 있어. 잘 때도 눈을 완전히 감을 수 없는 상태가 되고, 눈이 건조해지는 안구건조증이 심해져. 읽기만 해도 엄청 힘들겠지? 이게 다 갑상샘호르몬이 너무 많이 분비되면 일어나는 일이야.

모나리자의 비밀, 갑상샘저하증

갑상샘호르몬의 분비가 지나치게 줄어들면 나타나는 갑상샘저하증은 기계가 자주 고장 나는 상황과 비슷해.

열 생산을 제대로 하지 못하니 추위에 몹시 약해지지. 몸은 물먹은 솜처럼 무거워지고 기운이 하나도 없어져. 심장 활동은 느려지고 위장 활동이 약해지면서 변비가 나타나. 피부는 푸석푸석 건조해지고 얼굴이나 팔다리가 쉽게 부어오르지. 기분은 한없이 가라앉고 몸은 쉽게 피로를 느끼게 돼. 에너지 소모가 줄어들어 몸무게는 늘어나.

레오나르도 다빈치의 명작 〈모나리자〉는 프랑스 루브르박물관에서 가장 인기 있는 그림이야. 2018년 미국의 한 연구진은 〈모나리자〉의 신비한 분위기가 갑상샘저하증 때문일 수도 있다는 흥미로운 연구 결과를 발표했어. 그림 속 여성의 노란 피부, 넓은 이마, 얇고 거친 머리카락, 부은 손, 목에서 보이는 갑상샘종(갑상샘의 크기가 전체적으로 커져 있는 것) 등을 보면 갑상샘 기능이 저하된 것이 분명하다는 거야.

살펴본 바와 같이 갑상샘항진증과 갑상샘저하증은 갑상샘호르몬 분비에 이상이 생겨서 나타나는 병으로, 정반대의 특성을 보여. 따라서 갑상샘항진증은 많아진 호르몬의 분비를 억제하는 약물을 써서 치료해. 반대로

이탈리아의 화가 레오나르도 다빈치가 그린 〈모나리자〉(1503~1506)

갑상샘저하증에서는 갑상샘호르몬을 보충하는 치료를 해야 해.

밑 빠진 독에 물 붓기, 요붕증

더운 여름날, 얼음을 동동 띄워 먹는 수박화채는 생각만 해도 온몸이 시원해지는 것 같아. 그런데 수박처럼 수분이 많은 과일을 많이 먹으면 자주 들르는 곳이 있어. 바로 화장실이지. 수분 공급이 늘어나니 당연히 소변량이 많아지는 거야. 반대의 상황도 생각해 볼까?

에티오피아의 다나킬 사막은 한낮 최고 기온이 섭씨 63도에 달할 정도로 지구상에서 가장 뜨거운 곳이야. 이 근처에 사는 아파르족은 오래전 바다였던 이 사막에서 나는 소금을 채취해서 팔지. 이들은 소금 덩어리를 낙타의 등에 싣고 광활한 사막을 건너는데, 때로는 일주일 이상도 걸린다고 해. 뜨거운 태양 아래를 걷는 그들의 소변량은 당연히 무척 적을 거야.

우리 몸은 수분의 양을 일정하게 유지하기 위해서 소변의 양을 늘리거나 줄여. 이 일에도 당연히 호르몬이 관여해. 소변을 배출하는 양을 조절해 몸속 수분을 유지하는 호르몬은 뇌하수체에서 분비하는 '항이뇨호르몬'이야.

'이뇨'는 소변 배출이 증가한다는 말이야. 여기에 '항' 자가 붙어 '항이뇨'가 되면 이뇨 작용을 억제한다는 뜻이 되지. 그러니까 항이뇨호르몬은 콩팥에서 수분을 다시 흡수하는 양을 늘려 소변의 양을 줄이는 호르몬이야.

우리 몸 안에 수분이 많으면 콩팥에서 내보내는 소변의 양이 많아지고, 수분이 적으면 그 양이 적어져. 집에 있는 수도꼭지를 떠올려 봐. 수도꼭지를 조금 열면 물이 쫄쫄 나오고, 많이 열면 콸콸 쏟아져 나오잖아. 이렇게 우리 몸속에서 수도꼭지를 열고 잠그는 역할을 하는 것이 바로 항이뇨호르몬이야. 항이뇨호르몬이 조금 분비되면 수도꼭지가 열리고, 많이 분비되면 잠기는 식이지.

수박을 많이 먹어 몸 안에 수분이 많아졌다면 소변의 양을 늘려 내보내야 해. 따라서 항이뇨호르몬의 분비가 줄어들겠지. 반대로 사막을 걷는 사람들은 소변의 양을 줄여 몸속 수분의 양을 유지해야 해. 이를 위해 항이뇨호르몬의 분비가 늘어날 거야.

만약 항이뇨호르몬의 분비가 매우 부족하거나 제대로 작용하지 않는 요붕증이 발생하면 어떤 일이 벌어질까? 콩팥에서 수분을 재흡수하지 못해 화장실에 가는 횟

수가 늘어나고 소변을 보는 양도 엄청나게 증가해. 하루 1~2리터 정도 나오던 소변이 3리터 이상으로 늘어나지. 심하면 하루 20리터 가까이 늘어날 수도 있어. 밑 빠진 독처럼 물을 계속 부어도 빠져나가는 거야. 결국 갈증이 심해져서 물을 자꾸 마시게 되지. 그러다 탈수가 심해지면 의식을 잃거나 열이 날 수도 있어.

요붕증이 의심된다면 병원을 방문해서 정확한 진단과 치료를 받아야 해. 치료 방법은 항이뇨호르몬이나 소변 배설을 억제하는 약물을 투여하는 거야.

노년기의 불청객, 골다공증

골다공증은 칼슘이 빠져나가 뼈의 밀도가 낮아지고 강도가 약해지는 질환을 말해. 골다공증은 노년기 삶의 질을 심각하게 떨어뜨리는 불청객이야. 골다공증이 생기면 뼈는 쉽게 부러지고 잘 낫지 않아. 골다공증 때문에 발생한 골절은 전 세계에서 3초에 한 번씩 일어날 정도로 매우 흔해. 그리고 한번 골절이 생긴 사람은 다시 뼈가 부러질 위험이 매우 크다고 해.

골다공증은 왜 나이가 들면서 많이 생기는 걸까? 그 이유를 알려면 뼈를 구성하는 핵심 성분인 칼슘을 조절하는 호르몬에 관해 알아야 해.

부갑상샘에서 만들어지는 부갑상샘호르몬parathyroid hormone은 칼슘의 양을 일정하게 유지하는 역할을 담당해. 혈액 내 칼슘 농도가 떨어지면 분비가 증가하지. 뼈에 있는 칼슘을 빼내 혈액의 칼슘 농도를 올리는 거야. 반면에 갑상샘에서 만드는 호르몬인 칼시토닌calcitonin은 혈액 내 칼슘 농도를 낮추는 작용을 해. 두 가지 호르몬이 균형을 이뤄 뼈와 혈액의 칼슘이 일정하게 유지하지.

나이가 들면 부갑상샘호르몬은 증가하고 칼시토닌은 감소해서 두 호르몬의 균형이 깨져. 뼈에서 칼슘이 빠져나가게 되고 골다공증이 생길 가능성이 커지는 거야. 게다가 월경이 완전히 멈추는 폐경 이후의 여성은 뼈를 튼튼하게 해 주던 에스트로겐이 부족해져서 더 쉽게 골다공증이 발생해. 골다공증은 50세 이상의 여성 10명 중 3~4명, 그리고 70세 이상의 여성 10명 중 6~7명에게서 발견될 정도로 흔해.

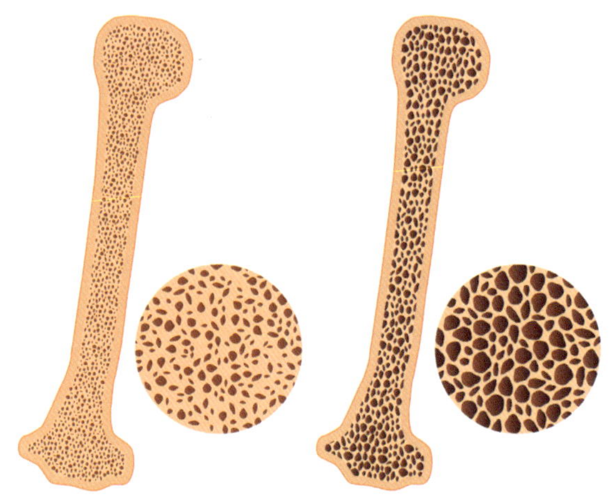

정상 뼈(왼쪽)와 골다공증이 생긴 뼈(오른쪽)

우리나라의 골다공증 환자는 남자와 여자 구분 없이 꾸준히 늘어나고 있어. 건강보험 심사평가원의 자료를 보면, 2015년 82만 명이었던 골다공증 환자는 2022년에 118만 명으로 44퍼센트나 증가했지.

돌고 도는 스트레스의 악순환

미국의 과학자들은 스트레스가 인체에 미치는 영향을 알아보기 위해 메뚜기를 이용한 실험을 진행했어. 연구진은 메뚜기 사육장 위에 메뚜기를 잡아먹는 새를 앉혀 놓았어. 새는 주변에서 잡은 다른 메뚜기를 먹으며 그냥 앉아만 있었어. 사육장 안의 메뚜기들이 새에게 잡아먹힐 염려는 없었지. 하지만 천적이 옆에 있다는 것만으로도 메뚜기들은 엄청난 공포를 느꼈어. 메뚜기들은 움직임을 최소한으로 줄였고, 번식률은 뚝 떨어졌다고 해.

살면서 받는 스트레스는 우리 삶의 자연스러운 일부분이지만, 지나친 스트레스는 육체적·정신적으로 여러 부정적인 영향을 미쳐. 잠을 제대로 이루지 못해 불면증을 겪는 것도 그중 하나지.

앞에서 배운 스트레스 호르몬 기억나? 에프네프린과 코르티솔 말이야. 부신 수질에서 에피네프린이 분비되면 교감신경계가 활성화되면서 심장이 빨리 뛰고 혈압이 올라가. 호흡은 가빠지고 근육의 긴장도는 높아지지. 이런 상황에서는 쉽게 잠들기가 매우 어려워.

또 다른 스트레스 호르몬인 코르티솔은 상황을 더 악화시켜. 부신 피질에서 코르티솔이 많이 분비되면 수면의 질이 떨어지거든. 코르티솔은 뇌의 각성 상태를 높이고 깊은 수면을 방해해. 또 코르티솔은 수면 호르몬인 멜라토닌의 분비를 억제할 수 있어. 코르티솔이 과도하게 분비되면 멜라토닌이 적게 나와 수면 시간이 줄어들게 되지. 그리고 코르티솔은 수면을 촉진하는 세로토닌의 분비도 억제해.

계속되는 불면증으로 잠이 줄어들면 쉽게 피로하고 짜증이 늘고 신경은 날카로워지지. 밤에 잠을 못 잤으니 집중력은 떨어지고 일이나 공부의 효율은 낮아질 거야. 이런 환경에서 코르티솔 수치는 떨어지지 않고 계속 오른 채로 유지돼. 스트레스를 받으면 잠이 안 오고, 잠을 못 자면 스트레스가 쌓여. 한마디로 돌고 도는 악순환의 연속이지.

불면증은 우울증과 밀접한 관련이 있어. 우울증 환자가 겪는 대표적인 증상이 불면증이거든. 잠을 못 자서 쉽게 지치고 잘 까먹고 자주 멍해지는 모습은 우울증 환자에게 나타나는 증상과 비슷해. 불면증이 심해질수록 우울증도 심해진다고 하지.

현대인은 잠자는 시간이 충분하지 않아. 이러한 수면 부족 문제는 청소년에게서 더 심각한 것으로 나타나. 우리나라 청소년의 주중 수면 시간은 중학생이 7.1시간, 고등학생이 5.7시간이라고 해. 미국 국립수면재단은 하루에 적어도 8시간은 잘 것을 권장하는데, 우리나라 청소년의 90퍼센트가 그 시간을 못 채우고 있지.

조사에 따르면 청소년들이 행복하다고 느끼는 정도는 잠을 얼마나 잤는지와 관련 있었어. 수면 시간이 6시간 미만인 청소년들은 자신이 불행하다고 느끼는 비율이 높았어. 반면에 잠을 충분히 잔 청소년들은 스트레스, 우울감, 자살에 관한 생각, 음주나 흡연 등을 경험한 비율이 가장 낮았지.

잠을 자는 건 절대로 무의미한 일이 아니야. 낮 동안 열심히 일한 뇌가 휴식하는 소중한 시간이지. 자는 동안 우리 뇌는 낮에 배운 내용을 정리하고 기억을 더 확실히 저장해. 게다가 청소년들의 수면 부족은 정신 건강에 나쁜 영향을 미칠 가능성이 커. "숙면은 행복과 성공의 시작"이라는 말을 명심할 필요가 있어.

살이 찐 줄 알았는데 쿠싱증후군이라고?

쿠싱증후군Cushing's syndrome은 잘 알려지지 않은 병이야. 이 병의 이름은 1932년 쿠싱증후군 환자를 최초로 보고한 미국의 의사 하비 쿠싱의 이름에서 따왔어.

쿠싱증후군은 스트레스 호르몬인 코르티솔이 과다하게 분비되어 일어나는 모든 질환을 가리켜. 코르티솔이 많이 나오면 얼굴 모양이 달덩이처럼 둥글게 변하고, 배에만 살이 찌는 복부비만이 나타나. 팔과 다리에 있던 지방이 얼굴과 배로 이동하기 때문이야. 목뒤에도 지방이 쌓여 마치 물소의 혹처럼 부풀어 오를 수 있어. 이렇게 비만 환자와 비슷하게 살이 찌기 때문에 진단이 어려운 경우가 많아. 따라서 빠른 진단과 치료가 쉽지 않지.

쿠싱증후군 환자는 고혈압, 고지혈증, 고혈당, 뼈 질량 감소 등의 증상을 보이기도 해. 만약 비만 환자인데 고혈압, 고지혈증, 당뇨병 등이 동시에 발생했다면 쿠싱증후군을 의심할 필요가 있어. 쿠싱증후군은 제대로 치료하지 않으면 5년 이내에 사망할 확률이 50퍼센트 가까이 이르는 심각한 질환이야.

세상만사가 다 귀찮은 애디슨병

반대의 경우는 어떨까? 코르티솔이 잘 나오지 않는 경우 말이야. 부신은 우리가 스트레스에 잘 대응할 수 있도록 코르티솔을 만들어 분비하는 곳이야. 부신의 기능이 시원찮아지면 우리는 신체적·정신적으로 매우 고통스러운 상황에 처하게 돼.

코르티솔이 부족하면 우리는 작은 스트레스도 제대로 처리하기 어려워져. 몸도 마음도 피로해지거든. 살은 빠지고 식욕은 없어지고 혈압과 혈당은 떨어지지. 세상만사가 다 귀찮아지는 만성피로증후군이 나타나고 심각한 경우에는 쇼크에 빠질 수도 있어.

이런 증상이 나타나는 병을 애디슨병Addison's disease이라고 불러. 이 병의 이름은 1850년경 부신의 기능이 떨어진 환자를 최초로 발견해 보고한 영국의 의사 토머스 애디슨의 이름을 따서 붙여졌어.

애디슨병은 면역계가 자기 세포를 공격하는 자가 면역 질환의 하나야. 부족해진 호르몬을 보충해 치료해야 하지.

또래보다 컸다가 작아지는 성조숙증

아이가 자라면서 이차 성징이 나타나고 성인의 몸으로 변해 가는 과정인 사춘기는 뇌의 조절을 받아 시작돼. 내분비계의 최고사령관 격인 시상하부에서 뇌하수체를 거쳐 생식샘인 난소와 정소에 신호를 보내는 거야. 난소에서는 여성 호르몬인 에스트로겐을 만들고, 정소에서는 남성 호르몬인 테스토스테론을 만들어 분비가 늘어나. 사춘기에 들어서면 여자아이는 가슴에 멍울이 잡히면서 유방이 커지고, 음모가 발달하고, 초경을 해. 남자아이는 고환이 커지고, 음모가 난 뒤 목소리가 변하는 변성기가 찾아와. 사춘기는 보통 여자아이면 만 11~13세 정도에 시작하고, 남자아이면 그보다 1~2년 정도 늦어.

성조숙증은 사춘기에 나타나는 신체 변화가 2년 이상 일찍 시작하는 것을 말해. 여자아이는 만 8세에 가슴에 멍울이 잡히면서 유방이 발달하고, 남자아이는 만 9세쯤 고환 크기가 어른 엄지손가락의 한 마디 이상으로 커지면 성조숙증이라 진단하지.

성조숙증은 보통 초등학교 1~3학년 때 발생해. 이

시기는 자신이 또래와 다르다는 걸 인정하기 힘든 나이야. 너무 어린 나이에 초경을 경험한 여자아이는 매우 당황스러울 거야. 갑작스러운 신체 변화를 받아들일 준비가 되지 못한 상태이기 때문이지. 이런 상황에 적응하기란 매우 어렵고 정서적으로 위축될 가능성이 높아. 그리고 사춘기가 빨리 온 남자아이는 반항적이고 공격적인 성향을 보이기 쉽고, 정서적·심리적 문제가 발생할 수 있어.

성조숙증을 겪는 아이는 성인이 되었을 때의 최종 키가 예상보다 10센티미터 이상 작아질 수 있어. 처음에는 또래보다 성장이 빨라서 키가 크다고 느끼지만, 사춘기가 빨리 오면 성장판이 일찍 닫히거든. 일찍 크고 일찍 멈추는 거야. 결국 키가 충분히 클 수 있는 시간을 손해 보는 셈이야. 아울러 성인이 된 후에도 심장 질환, 당뇨병, 유방암 등에 걸릴 가능성이 증가해.

성조숙증과 비슷한 개념으로, 여자아이는 9~10세, 남자아이는 10~11세에 발육이 시작되는 조기 사춘기가 있어. 성조숙증보다는 늦지만, 또래보다 사춘기가 다소 일찍 시작되는 상태를 말하지. 조기 사춘기는 병이 아니어서 치료하지 않아도 괜찮아. 성조숙증과 조기 사춘기를 구분하려면 성장판 검사와 사춘기가 정말 시작되었는지 알아보는 검사를 할 필요가 있어.

최근 우리나라 소아·청소년의 급격한 성조숙증 증가는 걱정스러울 정도야. 소아에서 사춘기 시기가 빨라지는 것은 전 세계적인 추세이지만, 그 증가 양상은 다른 나라에서는 유례를 찾아볼 수 없을 정도라고 해. 우리나라의 성조숙증 진료 인원은 2006년 6,400명이었는데, 2022년에는 17만 7,100명으로 늘었어. 특히 코로나19 대유행이 있던 3년(2020년~2022년) 사이에 성조숙증 환자가 대폭 증가했지.

성조숙증 환자 중에는 여자아이가 압도적으로 많아. 우리나라 연구팀은 2008년부터 2020년까지 12년간 성조숙증 치료를 받은 9세 미만 여자아이와 10세 미만 남자아이를 분석했어. 그 연구에 따르면 성조숙증에 걸린 남자아이는 6,906명인 반면, 여자아이는 12만 6,377명이었어. 여자아이가 18배나 많은 거야. 하지만 12년간의 증가 폭은 남자아이가 83배로, 16배 증가한 여자아이보다 컸다고 해.

성조숙증은 특별한 원인 없이 발생하는 특발성 성조숙증이 대부분이야. 성조숙증이 최근에 급격히 늘어난 이유는 아직 확실하지 않지만, 증가하는 어린이 비만과 관련이 있는 것으로 여겨져. 특히 여아의 사춘기가 이른 나이에 찾아오고 초경 나이가 빨라지는 것은 몸에 축적된 지방이 사춘기 시작에 중요한 역할을 한다는 것을 가리키지.

성조숙증 증가와 관련해서 환경호르몬에 대한 관심도 높아지고 있어. 환경호르몬은 우리 몸에서 정상적으로 만들어지지 않는 비스페놀 ABPA나 프탈레이트 같은 화학물질을 말해. 몸에 흡수되면 여성 호르몬과 비슷한 작용을 나타낸다고 알려져 있지.

성조숙증 치료는 생식샘자극호르몬gonadotropin-releasing hormone을 억제하는 약물을 투여하는 방식으로 진행돼. 사춘기에 신체가 변하는 속도를 늦춰서 초경 나이를 미루는 효과가 있어. 아울러 성장판이 빨리 닫히는 것을 억제해 키가 더 자랄 수 있는 시간을 벌어 줘. 그렇다고 성조숙증 치료가 키를 크게 하는 치료는 아니야.

성조숙증은 적절한 시기에 진단하고 빨리 치료해야

만 좋은 결과를 기대할 수 있어. 사춘기가 꽤 진행되고 초경을 하고 나서야 병원에 오면 성장판이 많이 닫힌 상태이기 때문이야. 성장호르몬 치료를 함께하는 경우도 있지만, 무엇보다 치료 시기를 놓치지 않는 것이 가장 좋아. 아울러 남자아이의 성조숙증 치료는 심리적으로 공격적인 성향을 억제해 학업 성취도를 높이는 효과도 있다고 해.

성호르몬으로 남녀를 나눠도 될까?

국제 스포츠 경기에서 남성 호르몬인 테스토스테론 수치를 기준으로 여성 선수들의 경기 출전을 제한하며 논란이 이어지고 있다.

개인의 성 정체성을 부정하는 게 아니라 공정한 경쟁을 위한 최소한의 장치야.

사람마다 호르몬 수치가 다른데 기준에 억지로 맞추라고 하는 것은 차별이야.

생각 TIP

성 정체성이란 무엇일까?

호르몬 수치는 왜 사람마다 다를까?

운동선수의 도핑은 왜 문제가 될까?

스포츠 정신은 공정한 경쟁일까? 차별 없는 포용일까?

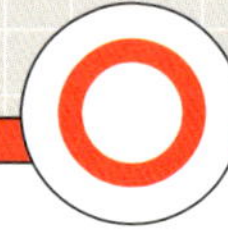

1) 남성 호르몬인 테스토스테론 수치가 높을수록 근력, 반응 속도 등에서 유리해. 0.01초 차이로 승부가 갈리는 스포츠 경기에서 참가 자격을 규제하는 것은 당연해.

2) 여성 경기는 여성의 평균 신체 능력을 바탕으로 이루어져. 테스토스테론 수치가 높은 사람을 그대로 출전시키는 것은 많은 여성 선수들의 기회를 빼앗는 일이야.

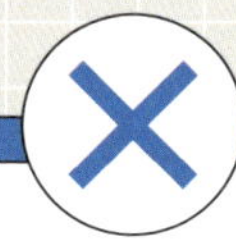

1) 모든 신체가 똑같을 수는 없어. 호르몬 수치는 사람마다 다양하고, 질병이나 환경의 영향으로 계속 달라져. 이 차이를 고려하지 않는 것이야말로 공정하지 않아.

2) 성별에는 호르몬, 생식기, 성 정체성 등 여러 요소가 얽혀 있어. 성호르몬만으로 남녀를 구분하면 타고난 성별과 성 정체성이 다른 존재들을 배제하게 돼.

호르몬을 내 친구로 만들자!

숙면을 방해하는 스마트폰 사용

요즘 학생들은 정말 바빠.

식사도 학원 근처 편의점에서 대충 해결하고,

잠잘 시간도 부족해. 하루의 낙이라곤

자기 전에 보는 스마트폰뿐이고.

그런데 잠을 자야 키가 큰다고?

성장호르몬은 왜 하필 한밤중 깊이 잘 때

왕성하게 분비되는 거야!

도대체 혈당 지수가 뭐길래

호르몬은 눈에 보이지는 않지만, 우리 몸의 모든 기능을 조화롭게 작동하도록 조절하는 중요한 존재야. 호르몬을 알면 더욱 건강하고 행복하게 살 수 있어. 이번에는 호르몬을 내 친구로 만드는 방법을 알아보자. 시작하기 전에 명심할 것이 있어. 가장 중요한 건 꾸준함이라는 거야.

먼저 음식의 종류와 습관을 바꾸어 인슐린을 내 편으로 만드는 거야. 혈당을 조절하는 인슐린은 우리 몸의 세포가 에너지를 이용하고 저장할 수 있게 하는 호르몬이잖아. 하지만 인슐린이 지나치게 높아지면 지방이 잘 쌓여 살이 쉽게 찌고, 식욕을 억제하는 렙틴과 식욕을 촉진하는 그렐린의 작용을 방해할 수 있어. 따라서 인슐린은 되도록 낮게 유지하는 것이 좋아.

인슐린을 낮게 유지하려면 어떤 음식을 먹는 게 좋을까? 인슐린 수치는 우리가 먹는 음식의 종류에 따라 크게 달라져. 여기서 혈당 지수GI라는 개념이 등장해. 혈당 지수란 우리가 먹은 음식이 혈당을 얼마나 빨리 올리는지를 보여 주는 수치야. 포도당을 100으로 잡고 비교하는데, 70 이상이면 혈당 지수가 높은 음식(흰 빵, 흰쌀밥, 칼국수, 짜장면, 우동, 과자, 피자, 아이스크림, 비스킷 등)이고, 50 이하면 혈당 지수가 낮은 음식(콩, 두부, 현미 같은 통곡물, 아몬드 같은 견과류, 채소, 과일 등)에 속해.

인슐린이 얼마나 빠른 속도로 분비되는지는 음식의 혈당 지수가 얼마냐에 달려 있어. 혈당 지수가 높은 음식을 먹으면 혈당이 급격하게 올라갔다가 급격히 떨어져. 놀이공원의 롤러코스터처럼 말이야. 혈당이 갑작스레 상승하면 인슐린도 빠른 속도로 과도하게 분비돼. 인슐린은 혈당을 급격하게 떨어뜨려서 배가 쉽게 고파지고 기운이 없어지지. '당이 떨어진다'라는 말은 바로 이걸 이야기하는 거야. 그러면 우리는 또다시 기운을 내기 위해 혈당 지수가 높은 음식을 찾게 돼.

혈당의 급격한 변동을 초래하는 음식은 인슐린 균형에 좋지 않은 영향을 미쳐. 혈당 지수가 높은 음식을 많이 먹어 인슐린이 과도하게 분비되는 상황이 반복되면 인슐린의 능력이 떨어지거든. 즉 같은 양의 인슐린이 나와도 혈액 속의 포도당을 세포 안으로 이동시키는 능력이 감소해. 이 현상을 '인슐린 저항성'이라고 표현해. 인슐린

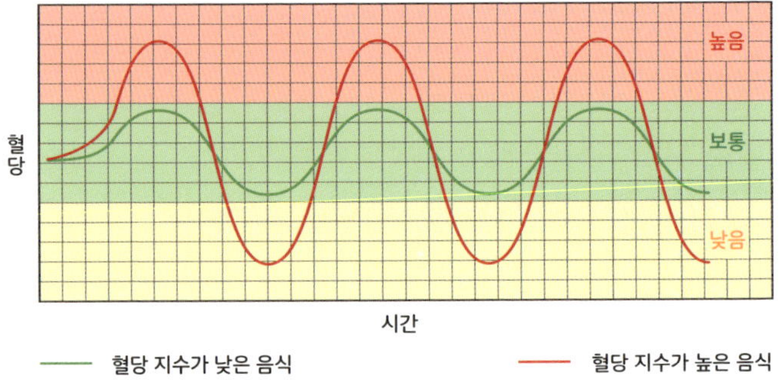

혈당 지수가 높은 음식과 낮은 음식의 혈당 변화

저항성이 생겨 세포가 포도당을 제대로 이용하지 못하면 췌장은 더 많은 인슐린을 만들어야 해. 췌장의 부담은 점점 커지지. 이 상태가 계속되면 결국 당뇨병이 오고 우리 건강에는 빨간불이 켜지고 말아.

인슐린 수치가 지나치게 높으면 렙틴 저항성을 유도할 수도 있어. 렙틴 저항성은 식욕을 억제하는 렙틴의 신호가 시상하부에 제대로 전해지지 않는 것을 뜻하는데, 그럴 때는 음식을 충분히 먹었는데도 포만감을 잘 느끼지 못해.

반대로 혈당 지수가 낮은 음식을 먹으면 혈당은 서서히 상승해. 따라서 인슐린도 천천히 분비되지. 앞에서

이야기한 롤러코스터 같은 변화는 나타나지 않아. 따라서 췌장에 가해지는 부담도 별로 없어.

혈당 지수가 낮은 음식은 조금만 먹어도 포만감을 쉽게 느낄 수 있어. 포만감 덕분에 먹고 싶은 욕구가 사라지지. 따라서 이런 음식을 많이 먹는 게 인슐린 균형과 몸무게 조절에 큰 도움이 될 거야.

당뇨병 환자는 혈당 조절을 위해 혈당 지수가 낮은 음식을 주로 먹어. 물론 당뇨병에 걸리지 않았다면 엄격하게 혈당 지수가 낮은 음식만 먹을 필요는 없어. 하지만 평소에 혈당 지수가 낮은 음식을 골고루 챙겨 먹는다면 인슐린 균형이 잘 유지되어 평생 건강하게 살 수 있을 거야. 뭐든지 한쪽으로 치우치지 않는 것이 중요해.

삼시 세끼의 힘

예로부터 어른들은 끼니를 거르면 안 된다는 말을 많이 했어. 특히 아침을 든든히 먹으라고 했지. 실제로 꾸준히 아침 식사를 하는 것은 건강에 중요한 역할을 해. 호르몬의 균형을 유지하는 데 도움이 되기 때문이지.

하루 세 끼를 정해진 시간에 규칙적으로 먹는다면 인슐린 분비는 식사 후에 증가하고 식사 사이에는 감소해. 특히 저녁 식사 후부터 다음 날 아침 식사 전까지가 인슐린이 가장 떨어진 상태야. 인슐린은 섭취한 영양소를 세포가 이용하고 남는 건 지방으로 저장하게 해. 인슐린이 많으면 지방 저장 작용이 강해지고, 인슐린이 적으면 지방 분해 작용이 강해지는 거야. 하루 전체로 보면 두 작용은 균형을 이루는 셈이지.

식사 시간이 불규칙하거나 시도 때도 없이 간식을 먹는다면 인슐린은 쉴 틈도 없이 계속해서 일을 해야 해. 특히 잠자기 전에 야식까지 먹으면 인슐린은 그야말로 떨어질 시간이 없을 거야. 지방은 계속 축적되어 살이 찌고 췌장은 부담이 커져 매우 피로해지겠지.

규칙적인 식사는 식전에 증가하고 식후에 감소하는 배고픔 호르몬인 그렐린의 균형을 유지하는 데도 도움이 돼. 만약 그렐린 수치가 계속 높은 상태라면 음식에 대한 욕구가 그만큼 높아져 과식할 가능서이 커지지.

특히 아침을 거르지 않는 것이 중요해. 연구에 따르

면 아침을 든든히 먹은 사람들은 그렇지 않은 사람들보다 더 효과적으로 살을 뺄 수 있다고 해. 아침을 잘 먹은 사람은 그렐린 수치가 온종일 낮게 유지되었어. 공복감을 덜 느낀 거야. 아울러 식욕을 억누르는 렙틴의 수치는 더 높았지. 반대로 아침을 거르고 저녁을 많이 먹으면 그렐린은 높아져 배가 더 고팠고, 포만감을 쉽게 느낄 수 없었어. 그리고 아침에 단백질이 풍부한 음식을 먹으면 그렐린을 더 낮게 유지할 수 있었다고 해.

아침을 빼먹지 않고 잘 먹으면 호르몬 균형 유지 말고도 얻는 것이 많아. 특히 아침 식사와 학습 능력은 밀접한 관련이 있어. 매일 아침 식사를 잘 챙겨 먹은 학생은 일주일에 5번 이상 아침 식사를 거른 학생보다 수능 점수가 평균 20점이나 높다는 조사 결과도 있어. 왜 그럴까? 두뇌가 가장 선호하는 에너지원인 포도당이 잘 공급되었기 때문이야. 집중력은 높아지고 두뇌 활동이 활발해져 공부의 능률이 올라간 거지.

왜 천천히 꼭꼭 씹어 먹어야 할까?

우리가 밥 먹을 때 자주 듣는 말 중 하나는 "꼭꼭 씹어 천천히 먹어라"일 거야. 실제로 음식을 꼭꼭 씹어 천천히 먹는 습관에는 여러 장점이 있어.

일단 음식을 꼭꼭 씹으면 작은 입자로 나뉘어 소화하기가 쉬워져. 침샘에서 분비되는 아밀라아제라는 소화효소가 음식물과 잘 섞이기 때문이야. 소화가 잘되면 음식에 함유된 영양소가 더 잘 흡수되지. 음식을 꼭꼭 씹으면 턱 근육이 발달하고, 치아 표면에 붙어 있는 음식 찌꺼기를 제거하는 데 도움이 되어 치아 건강에도 좋아. 아울러 침 속에 들어 있는 충치 예방 성분이 충분히 나와 충치 세균으로부터 치아를 보호해 주는 효과도 높아지지.

음식을 급하게 먹으면 음식의 맛을 느끼지 못하고 과식할 위험성도 커져. 뇌에서 배부름을 확실하게 느끼려면, 소장에서 분비되어 뇌에 포만감 신호를 전하는 호르몬인 펩타이드 YYpeptide YY가 충분히 분비되어야 해. 그런데 펩타이드 YY 수치가 높아져 시상하부의 포만 중추에 신호가 전해지려면 20분 정도의 시간이 필요해. 시간을 충분히 들여 여유 있게 식사할수록 만족감은 높아지고 더 적은 양을 먹어 몸무게 조절에도 도움이 되는 거야.

여유 있게 먹으려면 식사 시간에는 밥을 먹는 것에만 집중하는 게 좋아. 요즘은 혼자 밥 먹을 때 스마트폰으로 영상을 틀어 놓고 먹는 경우가 많은 것 같아. 화면 속 영상에만 집중하다 보면 음식을 제대로 씹지 않고 삼키기 쉽지. 다른 행동을 하면서 밥을 먹으면 식사에 집중하기 어려워. 뇌도 음식을 얼마나 먹었는지 잘 알지 못해서 과식할 위험이 커지지. 식사는 되도록 가족이나 친구들과 함께하는 게 좋아. 만약 어쩔 수 없이 '혼밥'을 하더라도 스마트폰은 잠시 내려놓고 음식에만 집중하는 게 좋고.

10대는 한 잔만 마셔도 카페인 초과?

스위스에서 태어난 프랑스의 철학자 장 자크 루소는 유별나게 커피를 사랑했다고 해. 프랑스 최초의 커피숍인 '르 프로코프Le Procope'의 단골손님이었던 루소는 카페

오레를 즐겨 마시곤 했지. 특히 커피 볶는 향을 좋아해서 주변에서 커피콩을 볶으면 문을 활짝 열고 그 향기를 들이마시기도 했대. 그가 숨을 거두며 남긴 마지막 말도 "아, 이제 더 이상 커피잔을 들 수 없구나"였다고 전해질 정도야.

우리나라도 '커피 공화국'이라는 말이 나올 정도로 사람들이 커피를 즐겨 마셔. 어느 조사를 보면 우리나라는 한 사람당 연간 커피 소비량이 367잔으로 프랑스(551잔)에 이어 세계 2위였어. 요즘은 카페에서 학생들이 아메리카노를 사서 마시는 일이 흔해. 청소년이 커피를 마셔도 괜찮은 걸까?

식품의약품 안전처는 식품, 의약품, 화장품 등이 안전한지 검사하고 관리하는 우리나라 기관이야. 보통 '식약처'라 줄여 말하지. 식약처에서 밝힌 청소년의 하루 카페인 권장 섭취량은 몸무게 1킬로그램당 2.5밀리그램 이하야. 몸무게가 50킬로그램이라면 하루 동안 권장되는 카페인 섭취량은 125밀리그램인 거야. 그런데 유명 커피점의 아이스 아메리카노 355밀리리터에 든 카페인은 150밀리그램 정도라고 해. 한 잔만 마셔도 권장 섭취량을 훌쩍 넘겨 버리지.

청소년은 어른보다 카페인에 민감한 반응을 보이고, 적은 양으로도 부작용이 발생하기 쉬워. 커피를 마신 뒤 가슴이 두근대고 안절부절못하거나 불안한 증상이 나타났다면 카페인을 지나치게 많이 섭취했다는 말이야. 이런 반응이 나타나는 이유는 카페인이 몸 안에서 스트레스 호르몬인 코르티솔의 분비를 높였기 때문이지.

지나친 카페인 섭취 때문에 잠을 깊이 이루지 못하면 성장호르몬 분비에 악영향을 미칠 수도 있어. 성장호르몬은 한밤중 깊은 잠을 잘 때 가장 잘 분비되거든. 카페인이 성장을 직접 억제하는 것은 아니지만, 간접적으로 키가 자라는 데 좋지 않은 영향을 미칠 수도 있다는 뜻이야.

카페인은 탄산음료, 에너지 드링크, 초콜릿 등에도 들어 있어. 호르몬 균형을 해치지 않도록 카페인 섭취량을 조절할 필요가 있음을 명심해야 해. 특히 저녁 식사 후 잠자리에 들기 전에는 카페인이 든 음료는 삼가는 게 좋아.

잘 자야 잘 크는 이유

생활 습관은 호르몬을 친구로 만드는 일에서 음식 못지않게 중요해. 여기서 생활 습관의 핵심은 잘 자는 거야. 자는 게 뭐가 어렵겠냐고 하지만, 숙면(잠을 깊이 자는 것)은 생각보다 어려워. 늘 바쁜 현대인들에게는 더 어렵지. 과중한 학업과 시험으로 스트레스에 시달리는 청소년들도 예외는 아니야.

프랑스 계몽주의를 대표하는 사상가 볼테르는 "신은 현세의 여러 근심에 대한 보상으로 우리에게 수면과 희망을 주었다"라고 말했어. 그는 잠을 온갖 근심과 걱정으로 하루를 보낸 사람들에게 신이 준 소중한 선물에 비유했던 거야.

수면은 우리 몸의 기능에 생각보다 큰 영향을 미쳐. 잠을 자는 동안 우리는 피로에 지친 몸을 회복하고, 에너지를 보존하고, 성장호르몬과 멜라토닌을 분비하고, 기억을 강화해. 그리고 수면에는 식욕을 억제해 살이 찌는 것을 예방하는 효과도 있어.

수면은 깊이에 따라 얕은 수면(1~2단계)에서 깊은 수면(3~4단계)까지 네 단계로 나뉘어. 가장 깊은 잠을 자는 4단계 후에는 꿈을 꾸는 시기인 렘수면이 이어지지. 이 단계는 90분 간격으로 하룻밤에 4~5회 반복해.

성장호르몬은 깊은 잠을 자는 3~4단계에서 가장 왕성하게 분비돼. "아이들은 자면서 자란다"라는 옛말이 틀린 말은 아닌 거야. 성장호르몬은 청소년의 성장과 발육뿐만 아니라 성인의 신진대사를 촉진하고 피로 해소에도 도움이 되지. 수면 장애가 있는 청소년은 성장호르몬 분비에 영향을 받아 키가 제대로 자라지 않을 수 있고, 학습 장애나 정서 장애가 생길 가능성이 있어.

수면 호르몬이라 부르는 멜라토닌도 잠잘 때 왕성하

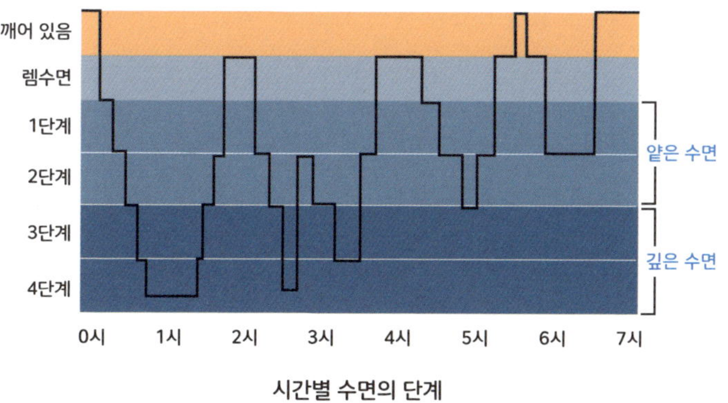

시간별 수면의 단계

게 분비돼. 멜라토닌은 수면-각성 주기 같은 생체 리듬을 규칙적으로 조절하는 호르몬이야. 이 외에도 암세포의 성장을 막고, 세포 손상을 줄여 노화를 늦추는 데 도움이 되는 것으로 알려져 있어.

"잠잘 때 살이 빠진다"라는 말이 있어. 수면 중 호르몬의 변화 때문에 생긴 말이지. 숙면을 취하면 배고픔 호르몬인 그렐린은 감소하고, 식욕 억제 호르몬인 렙틴은 증가해. 게다가 인슐린은 수면 중 가장 낮은 수치를 보여서 지방 분해 작용이 강해지지. 따라서 잠을 잘 자면 살이 빠진다는 말은 과학적 근거가 있는 셈이야.

사람에 따라 다르겠지만 일반적으로 성인은 7~8시간, 성장기 청소년은 8~9시간 정도는 자는 게 좋아. 하지만 현실은 그렇지 않지. 우리 주변만 봐도 수면 부족에 허덕이는 사람들이 참 많잖아. 수면 시간을 충분히 확보하기 어렵다면 짧더라도 깊이 잘 자야 해. 수면 시간만큼 중요한 것이 수면의 질이거든.

깊게 잘 자려면 좋은 수면 습관을 들여야 해. 규칙적인 시간에 잠들고 깨어나는 것이 중요하지. 낮에 너무 피곤하면 낮잠을 자도 좋지만, 낮잠 시간은 10~15분을 넘

기지 않는 게 좋아. 휴일이라고 너무 늦게 일어나는 것도 좋지는 않아. 휴일에 늦잠을 자면 평일의 수면 습관이 흐트러질 수 있거든.

수면 환경은 어둡고 깜깜한 것이 좋아. 어두울수록 멜라토닌 분비가 많아지거든. 자기 전에 스마트폰으로 영상을 보거나 게임을 하는 것은 삼가야 해. 스마트폰에서 나오는 블루라이트가 멜라토닌 분비를 방해하거든. 또 야식, 특히 단 음식을 먹는 것은 피하는 게 좋아. 밤에 음식을 먹으면 인슐린 수치가 올라가서 성장호르몬이 제대로 분비되지 않기 때문이야.

스트레스를 줄이는 여섯 가지 방법

스트레스를 잘 관리하지 않으면 스트레스 호르몬인 에피네프린과 코르티솔이 우리 몸에 여러 가지 부정적인 영향을 미쳐. 반대로 행복 호르몬이라고 부르는 도파민, 세로토닌, 엔도르핀, 옥시토신은 우리를 기분 좋고 행복하게 만들어 주지. 어떻게 하면 스트레스 호르몬은 줄이고 행복 호르몬은 늘려 건강하고 행복하게 살 수 있을까? 다음 방법들을 한꺼번에 다 하려 하지 말고 하나씩 꾸준히 실천하면 긍정적인 변화가 반드시 찾아올 거야.

첫째, 영양가 높은 음식을 충분히 섭취하기야. 먹는 것은 모든 것의 기본이자 핵심이야. "식사법이 나쁘면 약이 소용없고, 식사법이 옳으면 약이 필요 없다"라는 옛 서양 속담처럼, 건강한 식단은 스트레스를 줄이고 행복감을 높이는 데 큰 역할을 해. 식단은 섬유질, 오메가-3 지방산 등이 풍부하게 들어 있는 식물성 식품 위주(채소, 과일, 통곡물 등)로 구성하는 것이 좋아. 단 성분이 많고 가공 정도가 심한 초가공식품 위주의 식단은 코르티솔을 비롯한 여러 호르몬의 균형을 무너뜨려. 그 결과 각종 성인병(당뇨병, 고혈압, 심혈관 질환 등)에 걸릴 위험이 높아지니 되도록 줄이는 게 좋지.

둘째, 명상하기야. 명상은 눈을 감고 가만히 앉아 호흡에 집중하며 몸과 마음을 편안하게 하는 활동을 말해. 명상을 하면 긴장이 풀리고 집중력이 높아진다고 해. 명상에는 코르티솔은 줄이고 세로토닌, 엔도르핀, 도파민, 멜라토닌은 늘리는 효과가 있거든. 명상이 학업 성적과 밀접한 관련이 있는 작업기억(일시적으로 저장되는 기억으로 단기 기억에 속하며, 뇌 속의 메모지라고도 함)을 향상시킨다는 연구 결과도 있어. 또한 스마트폰이나 게임에 지나치게 빠져 있다면 명상을 통해 좋아질 수 있다고 해. 하루 일과를 시작하기 전과 후에 10분 정도 명상을 하는 것은 스트레스를 줄이고 성적을 높이는 효과를 가져올 거야. 말 그대로 두 마리 토끼를 잡는 셈이지!

셋째, 복식 호흡이야. 복식 호흡은 숨을 코로 4초 동안 들이마시면서 아랫배를 부풀어 오르게 한 뒤, 3초 동안 숨을 멈추고, 입으로 5초 동안 숨을 내쉬며 아랫배를 오므렸다가, 다시 3초 동안 숨을 멈추는 호흡법을 말해. 복식 호흡은 코르티솔을 낮추고 멜라토닌을 높여. 그 결과 불안과 우울이 줄어들고 기억력이 좋아지지.

넷째, 힘이 센 사람처럼 보이는 자세를 취하기야. 슈퍼맨이나 원더우먼의 당당한 자세를 떠올려 봐. 양발을 벌리고 고개를 높이 든 다음, 가슴을 쫙 편 채 팔짱을 끼거나 양손을 허리에 얹는 거지. 이런 자세를 2분 정도 취하는 것만으로도 스트레스를 줄일 수 있어. 어느 연구에 따르면, 힘이 센 것처럼 자세를 취한 사람들은 힘이 약한 것처럼 고개를 숙이고 몸을 움츠린 사람들보다 테스토스테론은 증가하고 코르티솔은 감소했다고 해. 남성 호르몬인 테스토스테론은 자신감이 넘치는 상황에서 많이 분비되고, 스트레스 호르몬인 코르티솔은 불안한 상황에서 많이 분비돼. 단 2분 동안 이런 자세를 취하는 것만으로도 몸과 마음의 상태가 달라진다니 놀랍지 않아?

다섯째, 햇볕을 쬐며 걷기야. 밤에 잘 자고 싶다면 가장 쉬운 방법은 아침 햇빛을 쬐며 걷는 거야. 수면을 조절하는 멜라토닌은 햇볕과 밀접한 관계에 있는 호르몬이거든. 햇볕은 뼈 건강과 깊은 관계가 있는 비타민 D의 형성을 돕고, 세로토닌의 합성을 간접적으로 촉진하는 역할도 해.

여섯째, 사람들과 함께 시간을 보내기야. 친구와 여행을 떠나거나, 다른 사람들과 함께 악기를 연주하고, 그림을 그리고, 정원을 가꾸는 등의 활동은 일상에서 받은 스트레스를 낮추는 데 큰 도움이 돼. 코르티솔은 줄어들고 세로토닌과 엔도르핀은 늘어나거든. 개나 고양이 등 반려동물과 함께 노는 것도 행복 호르몬을 늘리는 효과가 있어.

하버드대학교 의과대학의 로버트 월딩거 교수에 따르면, 행복을 결정짓는 가장 큰 요인은 다른 사람과의 끈끈한 관계와 건강이었어. 가족이나 친구들과 좋은 관계를 유지하고 건강을 위한 선택과 행동을 생활 속에서 꾸준히 실천하다 보면 행복은 우리와 한 걸음 더 가까워질 거야. 행복은 멀리 있는 게 아니거든.

최고의 호르몬 처방, 운동

꾸준하고 규칙적인 운동은 호르몬 조절에 좋은 영향을 줘. 특히 운동은 인슐린이 몸에서 잘 작용하도록 하는 데 가장 효과적인 방법이야. 운동을 열심히 하면 근육으로 향하는 혈액의 흐름이 원활해지고, 세포가 인슐린이 보내는 신호를 더 잘 받아들이기 때문이지. 이것을 인슐린 감수성(세포가 인슐린에 얼마나 민감한지를 나타내는 개념)이 좋아졌다고 표현해. 결국 비만, 당뇨병, 심혈관 질환 등의 위험 요소인 인슐린 저항성을 개선하는 거야.

실제로 당뇨병 환자가 운동을 꾸준히 하면 삶의 질

호르몬을 친구로 만드는 최고의 습관인 운동

이 올라가고 통증이 줄어든다는 우리나라 연구 결과도 있어. 운동은 당뇨병 환자에게 선택이 아니라 필수인 셈이지.

운동은 뇌에도 긍정적인 자극을 주어 학업 능력 향상에 도움이 될 수 있어. 운동을 하면 뇌에 영양을 공급하는 인자가 많이 만들어지기 때문이야. 새로운 신경세포가 많이 만들어져서 집중력은 높아지고 인지 기능은 향상되지.

청소년을 대상으로 한 어느 연구를 보면, 공부 시작 전에 걷기와 달리기, 자전거 타기 등 유산소 운동을 하면 기억력과 집중력이 좋아져서 학습 능력을 높이는 데 도움이 된다고 해. 운동을 하면 심장과 폐의 지구력이 좋아지고, 뇌로 공급되는 혈액과 산소의 양이 늘어나기 때문이지. 맑은 공기가 우리 뇌를 깨우듯이 운동도 우리 학업 능력을 올리는 거야.

운동은 성장호르몬의 분비를 높이는 데 효과적인 방법이기도 해. 성장호르몬은 유산소 운동보다는 근력 운동을 할 때 더 왕성하게 분비돼. 특히 하체 근육을 단련할 수 있는 운동이 좋아. 예를 들어 계단 오르기, 자전거 타기, 쪼그려 앉았다 일어나기(스쿼트) 등이 있지. 근육은 나이를 먹을수록 점차 줄어들어. 그래서 어렸을 때부터 꾸준히 근육을 키워 놔야 나이가 들어서도 건강을 유지할 수 있어.

적당한 운동은 정신 건강에도 좋은 영향을 미쳐. 미국에서 성인 남녀 120만 명을 대상으로 한 연구를 진행했어. 이 연구에 따르면 운동을 한 사람들은 운동을 하지 않은 사람들보다 스트레스, 우울감, 감정 기복이 있는 날의 비율이 절반 정도 적었다고 해.

그뿐만 아니라 운동은 우울증 치료에도 아주 효과적

이야. 우울증을 치료할 때는 흔히 세로토닌 수치를 올리는 약물을 사용하는데, 운동은 세로토닌뿐만 아니라 도파민 등 행복감을 주는 호르몬을 분비하는 데 도움을 주거든. 그래서 우울증에는 약물 치료와 운동을 같이 하는 게 효과가 좋아.

운동은 어느 정도 하는 게 좋을까? 하루 30분 이상, 일주일 5일 이상은 운동을 하는 게 좋다고 해. 하지만 당장 이루기 어려운 목표는 세우지 않는 것이 좋아. 예를 들면, '매일 하루도 빠지지 않고 한 시간씩 공원에서 달리기를 하겠다'라는 목표는 이루기가 어려울 거야. 그보다는 생활 속에서 쉽게 잘할 수 있는 운동을 선택하는 게 좋아. 쉬는 시간이나 점심시간에 친구들과 뛰어노는 것도 물론 좋은 운동이야. 무엇보다 꾸준히 하는 게 중요하다는 걸 명심하자고.

스마트폰 중독? 도파민 중독!

우리는 하루 중에 어디에 가장 많은 시간을 쏟을까? 두말할 필요도 없이 스마트폰일 거야. 아침에 눈 뜨는 순간부터 밤에 꿈나라로 갈 때까지 우리 곁을 한시도 떠나지 않는 스마트폰은 이제 삶의 일부라고 할 수 있어.

외국의 어느 여론조사 업체는 사람들이 하루 평균 스마트폰 화면을 2,600여 회 누르고, 10분마다 한 번씩 스마트폰을 들여다본다는 조사 결과를 발표했어. 이것만 봐도 우리가 얼마나 스마트폰과 가까이 지내는지 알 수 있을 거야.

오늘날 '스마트폰 중독'이라는 말까지 나오게 된 이유는 바로 도파민 때문이야. 10대 청소년의 82퍼센트가 사용하는 SNS인 인스타그램에는 '좋아요'처럼 사람들의 반응을 바로 알 수 있는 버튼과 팔로워 수를 표시하고 댓글을 주고받는 기능이 있어. 이를 통해 우리는 다른 사람이 내 게시물에 얼마나 관심이 있는지 확인할 수 있지. '좋아요'가 달릴 때마다, 팔로워가 늘 때마다, 멋진 사진이라는 댓글이 달릴 때마다 우리 뇌에서는 도파민이 나오고 기분이 좋아져.

　문제는 도파민의 유효 기간이 매우 짧다는 거야. 그 경험을 계속하기 위해 우리는 자꾸 스마트폰을 집어 들어 인스타그램을 켜게 돼. 하지만 누군가가 내가 올린 사진에 '좋아요'를 눌렀다고 해서 그것을 바로 알 수 있는 것은 아니야. 앱을 만든 업체는 우리의 쾌락 경로를 최대한 활성화하기 위해 뜸을 들이고 기다리게 만들어. 불확실한 순간은 계속되고, 혹시나 하는 마음에 스마트폰을 집어 들 때마다 도파민이 분비되는 거야. 내일 있을 시험

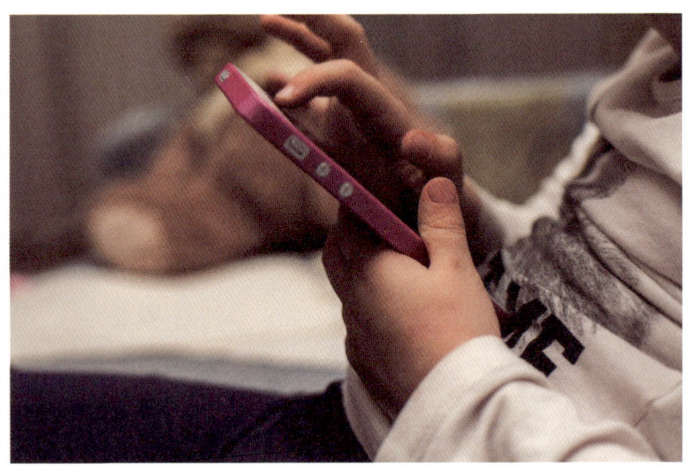

도파민 분비를 높여 중독으로 이끌 수 있는 스마트폰

처럼 중요한 일을 앞둔 순간에도 스마트폰의 유혹을 뿌리치기 힘들어지지.

결국 사용자들은 이런 현상에 서서히 중독되고, 더 많은 '좋아요', 더 많은 팔로워, 더 많은 댓글을 위해 계속해서 SNS에 사진을 찍어 올리게 되는 거야. 사용자가 많아지면 당연히 앱을 만든 회사는 더 큰 돈을 벌겠지. 이를 위해 많은 회사에서 학자들까지 동원해 뇌에서 도파민을 끊임없이 분비하도록 이끄는 중독성 강한 제품을 만들고 있어. 우리는 알게 모르게 이러한 제품에 길들여지고 있는 거지.

스마트한 스마트폰 사용법

스마트폰을 오래 사용할수록 스트레스 호르몬인 코르티솔 수치가 계속 높아질 수 있어. 코르티솔은 혈액 속 포도당 수치를 높이고 면역계를 억제해 우리가 스트레스를 제대로 처리하도록 도와주는 호르몬이야. 코르티솔은 눈앞에 닥친 위협을 신속하게 해결하는 데는 매우 유용하지만, 지속적인 스트레스 탓에 코르티솔 수치가 오랫동 안 높아지면 우리 건강에 좋지 않은 영향을 미쳐.

스마트폰이 우리에게 많은 편리함을 주고 있는 것은 사실이야. 하지만 스마트폰은 우리의 시간을 필요한 것 보다 더 많이 빼앗고, 받지 않아도 될 스트레스를 알게 모 르게 떠안기는 존재이기도 해. 스마트폰을 똑똑하게 사 용하려면 어떻게 해야 할까? 스마트폰에 휘둘리지 않고 현명하게 사용하는 방법을 몇 가지 소개할게. 하나씩 천 천히 살펴보자.

첫째, 스마트폰에 앱을 깔 때는 내게 필요하지 않은 알림이나 푸시 기능을 끄는 거야. 수시로 울려 대는 알림 은 우리의 집중력을 깨뜨릴 테니까. 꼭 필요한 것만 골라 켜서 방해받을 일을 미리 줄이는 거지.

둘째, 앱은 폴더별로 정리하는 게 좋아. 사용하는 앱 중 별다른 의미 없이 시간 낭비를 유도하는 앱은 홈 화면 에 노출하지 말고 폴더 안에 숨기면 덜 열게 될 거야.

셋째, 가족과 식사할 때는 되도록 스마트폰을 멀리 두자. 바쁜 일상 속에서 식사 시간은 하루 가운데 가족이 한자리에 모여 대화할 수 있는 거의 유일한 시간이야. 이

시간마저 각자 스마트폰을 보느라 이야기할 시간이 줄어
든다면 그것만큼 아쉬운 일도 없겠지.

넷째, 자기 전에는 스마트폰을 보지 않는 거야. 침대
에 누워 스마트폰을 하면 잠들기 점점 어려워져. 스마트
폰에서 나오는 블루라이트가 수면 호르몬인 멜라토닌의
분비를 억제하거든. 잠자기 전 두 시간 정도는 스마트폰
을 사용하지 않는 것이 푹 자는 데 도움이 돼.

다섯째, 중요한 일을 할 때는 스마트폰을 아예 끄는
것도 방법이야. 높은 집중력이 필요한 순간에 스마트폰
알림이 마구 울려 댄다면 이를 무시하기 어려울 거야. 스
마트폰을 끄거나 무음 모드로 바꿔 놓고 손에 닿지 않는
곳에 두는 것이 집중력을 유지하는 데 좋아. 한 예로 학생
들은 공부에 집중하기 위해 스마트폰 대신 간단한 문자
와 통화만 가능한 폴더폰을 사용하기도 해. 수능을 앞둔
고3이 주로 쓴다고 해서 '고3폰'이라 부르지.

여섯째, 자신의 의지대로 스마트폰 사용을 조절하기
어렵다면 스마트폰 사용 관리 앱의 도움을 받을 수 있어.
'스테이 프리'나 '넌 얼마나 쓰니' 같은 시간 관리 앱은 스
마트폰 사용 시간을 측정하고 너무 자주 사용하는 앱의

사용량을 제한해. 이런 앱들을 잘 활용하면 스마트폰을 똑똑하게 쓰고 중독을 막을 수 있어.

스마트폰을 말 그대로 '스마트하게' 사용하는 사람이 될지, 아니면 스마트폰에 휘둘려 끌려가는 사람이 될지는 우리가 어떻게 하느냐에 달려 있어. 스마트폰을 쥔 우리의 손에 선택과 책임이 함께 놓여 있다는 걸 잊지 말자.

비만은 사회의 책임일까?

비만은 우리 몸에 지방이 필요한 것보다 많은 상태를 말한다. 질병관리청에 따르면 우리나라 성인 비만율은 2015년 26.3퍼센트에서 2024년 34.4퍼센트로 꾸준히 증가해 왔다.

찬성

비만은 유전적·환경적 요인이 복잡하게 얽혀서 나타나는 사회 문제야.

반대

비만을 만드는 식습관과 운동은 결국 개인의 선택이야.

생각 TIP

- 비만의 기준은 무엇일까?
- 건강한 몸과 외모는 무엇이 다를까?
- 우리는 왜 마른 몸을 더 예쁘다고 생각할까?
- 비만율의 증가는 사회에 어떤 영향을 미칠까?

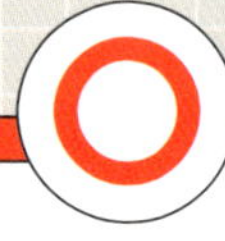

1) 호르몬 불균형이나 유전적 요인은 개인의 의지로 조절하기 어려워. 그리고 치열한 경쟁과 장시간 노동으로 받는 스트레스, 수면 부족은 사회 구조의 문제지.

2) 가난한 사람들은 값싸고 열량이 높아 몸에 안 좋은 음식을 먹을 수밖에 없어. 비만은 합병증을 일으키는 만큼 질병으로 봐야 하고, 누구나 치료받을 수 있어야 해.

1) 같은 환경과 조건에서 자랐어도 어떤 사람은 비만이고 어떤 사람은 그렇지 않잖아. 개인의 성향이나 생활 습관이 훨씬 더 많은 영향을 미치는 문제라고 봐야 해.

2) 비만을 사회의 책임으로 돌리면 스스로 노력하는 대신 비만 치료제, 다이어트 주사 등 약물에 더 기대게 될 거야. 부작용이 크지만 효과가 좋으니 남용할 가능성이 높지.

호르몬 치료와 논란 사이에서

#호르몬 치료 #노화 #도핑

#초가공식품 #미세 플라스틱 #환경호르몬

필통을 열면 늘 딱 붙어 있는

지우개와 자

필통을 열어 보니 지우개와 자가

딱 붙어서 안 떨어졌던 경험 있어?

지우개와 자가 이렇게 잘 붙는 것은

프탈레이트라는 성분 때문이야.

프탈레이트는 플라스틱에 넣는 가소제인데,

이 성분은 대표적인 환경호르몬이지.

환경호르몬이 뭐냐고?

이제부터 알아볼까?

갱년기 여성의 호르몬 치료

스탈링과 베일리스가 1902년 호르몬을 최초로 발견한 이후, 과학자들의 노력 덕분에 많은 것이 밝혀졌어. 오늘날 호르몬은 다양한 질병을 치료하는 데 중요한 역할을 하고 있지. 하지만 아직도 호르몬과 관련해서 확실하게 답할 수 없는 의문들이 많아.

호르몬 치료란 여러 가지 호르몬을 이용하여 병을 낫게 하는 방법이야. 주로 내분비 질환을 낫게 하는 데 널리 쓰이고 있어. 어떤 호르몬의 분비가 너무 적거나 많을 때, 또는 균형이 깨졌을 때 이를 바로잡기 위해 약으로 보충해 주는 식이지. 앞서 살펴본 것처럼 성장 장애를 진단받은 아이를 위한 성장호르몬 치료, 당뇨병 환자에 대한 인슐린 치료, 갑상샘이 제대로 작동하지 않을 때 쓰는 갑상샘호르몬 치료 등이 있어. 하지만 일부 호르몬 치료는 아직 의학적·윤리적·사회적 합의가 완전히 이루어지지 않았다고 해.

대표적인 예로 갱년기 여성의 증상을 완화하기 위해 에스트로겐과 프로게스테론을 보충하는 호르몬 대체요법을 들 수 있어. 여성은 사춘기가 시작되면 난소에서 매달 난자를 하나씩 키워 내보내는데, 이를 배란이라고 불러. 그런데 난소에 있는 난자의 수는 정해져 있어서 이를 다 쓰게 되면 월경은 멈추고 배란이 더는 일어나지 않아. 여성의 월경이 완전히 멈추는 상태를 폐경이라고 해. 폐경과 더불어 난소에서 만들던 에스트로겐과 프로게스테론의 양이 급격하게 줄어들지.

여성 호르몬의 분비가 줄어들면 다양한 갱년기 증상이 나타날 수 있어. 얼굴이 화끈해지는 안면 홍조, 피로감, 우울감, 불안감, 기억력 감퇴, 수면 장애 등이야. 대부분 이런 증상은 시간이 지나면 자연히 사라지지만, 심하면 일상생활에 지장을 주기도 해. 이럴 때 에스트로겐과 프로게스테론을 이용한 호르몬 치료가 갱년기 증상을 완화하는 데 도움을 줄 수 있어.

호르몬 대체요법은 이뿐만 아니라 삶의 질을 높이고 노화를 늦추는 여러 긍정적 효과가 강조되어 1990년대 말까지 활발히 시행되었다고 해. 하지만 미국에서 1991년부터 15년간 진행된 호르몬 치료에 관한 연구 이후 분위기가 바뀌었어. 호르몬 대체요법으로 관상동맥 질환, 유방암, 뇌졸중, 혈전증 등의 위험이 높아졌다는 연구 결과 때문이야.

이후 호르몬 대체요법을 바라보는 인식이 많이 변했고 논란은 현재도 이어지고 있어. 효과가 있다는 연구 결과가 발표되기도 하고, 부작용이 생겼다는 연구 결과가 발표되기도 하면서 혼란은 지속되고 있지. 우리나라에서는 호르몬 대체요법에 긍정적인 편이지만, 치료는 가능한 한 가장 낮은 용량을 단기간에 사용하는 것이 좋다고 권고하고 있어.

성장호르몬, 진짜 괜찮은 걸까?

성장호르몬이 부족한 환자에게 시행하는 성장호르몬 보충 요법은 키를 효과적으로 자라게 할 수 있는 치료법이야. 어린 시절의 리오넬 메시가 성장호르몬 치료를 받고 키가 큰 것처럼 말이지. 하지만 성장호르몬 치료에도 몇 가지 문제점과 논란거리가 있어.

성장호르몬 보충요법의 가장 큰 문제점은 여러 부작

용이 생길 수 있다는 거야. 예를 들어 관절 부위 통증, 근육통, 손과 발이 붓는 부종, 인슐린 저항성의 증가, 당뇨병 발생 위험 증가 같은 부작용이 있지. 성장호르몬을 오랫동안 투여했을 때 생길 수 있는 영향에 관한 연구도 아직 충분하지 않아.

무엇보다 성장호르몬 보충요법은 값이 매우 비싸. 경제 사정이 어려워 꼭 필요한데도 성장호르몬 치료를 받지 못하는 경우가 있어서 사회적 불평등을 부추길 위험이 있지. 경제력에 따라 신체 조건이 결정될 우려가 있는 거야.

여기에 더해 성장호르몬 결핍은 아니지만 키가 평균 이하이거나 단순한 성장 지연일 때 성장호르몬을 사용하느냐 마느냐도 논란거리 중 하나라고 할 수 있어. 치료 결과가 일관되게 나타나지 않고, 장기적인 치료 효과도 아직 확실하지 않기 때문이야.

진시황의 불로초를 찾아서

중국 최초로 통일 제국을 세운 진나라의 진시황은 기원전 259년에 태어난 인물이야. 엄청난 권력을 손에 쥐었지만, 언젠가는 죽게 되는 인간의 운명을 두려워했다고 해. 그래서 진시황은 먹으면 늙지 않고 오래 산다는 불로초를 구하기 위해 세계 곳곳으로 신하들을 보냈어. 하지만 불로초는 어디에서도 구할 수 없었고, 진시황은 기원전 210년에 49세의 나이로 죽고 말았지.

사실 노화는 호르몬과 밀접한 관련이 있어. 호르몬은 우리가 늙어 갈수록 많은 변화를 보이는데, 그중 대표적인 것이 성장호르몬의 감소야. 성장호르몬은 20세 전후에 최고 수치를 보인 뒤, 10년마다 약 14퍼센트씩 서서히 줄어들어. 60대가 되면 20대의 반 이하로, 70세가 지나면 20퍼센트 이하로 떨어지지.

노화와 관련된 몸의 변화는 근육량과 근력의 감소, 운동 능력 감소, 피부 두께의 감소, 뼈 질량이 줄어드는 골다공증, 지방의 축적, 심혈관 질환이 일어날 위험 증가 등으로 나타나. 이런 변화는 대부분 성장호르몬이 모자랄 때 나타나는 증상과 비슷하지. 이 점에 주목해 성장호르몬 보충으로 노화와 관련한 증상을 개선하고 노화 속도를 늦춰 더 젊고 오래 살고자 하는 시도가 있었어.

실제로 성장호르몬 수치가 낮은 노인에게 이 방법을 썼더니 지방량이 줄어들어 뱃살은 빠지고, 근육량과 뼈 질량은 늘어나고, 기억력이 좋아지는 결과가 나타나기도 했어. 그래서 한때 성장호르몬을 '청춘의 샘'이라고 불렀지.

하지만 성장호르몬을 이용해 노화를 막는 것이 가능한지, 그리고 그것이 안전한지에 대해 장기적으로 검증된 연구는 아직 없어. 그리고 성장호르몬을 투여했을 때 어떤 부작용이 나타날지 알 수 없지. 그래서 미국 내분비학회에서는 노화를 막기 위한 목적으로 성장호르몬을 사용하지 말라고 권고하고 있어.

성장호르몬이 진시황이 그토록 애타게 찾던 불로초일지 모르지만, 무작정 기대하기엔 아직 우리가 모르는 것이 너무 많아.

우유 생산량을 늘리는 동물용 성장호르몬

성장호르몬이 사람에게만 사용되는 것은 아니야. 과학자들은 성장호르몬을 투여한 젖소에게서 그렇지 않은 젖소보다 우유 생산량이 10~15퍼센트 정도 늘어나는 것을 발견했어. 그뿐만 아니라 동물의 성장 속도를 높이고 더 많은 고기를 얻을 수 있기 때문에 소, 돼지, 양 같은 가축을 기르는 사람들에게는 성장호르몬 투여가 상당히 매력적으로 다가왔을 거야. 그래서 1980년대 후반에 유전자 재조합 기술로 만들어진 성장호르몬이 나오자 미국을 비롯한 여러 나라에서 사용이 증가했다고 해. 여기서 유전자 재조합 기술이란 다른 유전자와의 조합을 통해 새로운 특성을 만들어 내는 기술을 말해.

하지만 우유 생산량을 늘리기 위해 성장호르몬을 사용하는 것은 소의 건강에 부정적인 영향을 미칠 수 있어. 성장호르몬을 투여받은 소에서 유방의 염증(유방염)과 관절염이 더 많이 나타났거든. 그리고 일부 소비자와 환경 단체는 성장호르몬이 우유 제품에 남아 사람의 건강에도 좋지 않은 영향을 미치지 않을까 걱정해.

이에 따라 많은 소비자가 성장호르몬을 투여한 젖소에서 나온 우유 대신 자연적인 방식으로 생산된 유기농 우유를 선택하는 모습을 보였어. 아예 동물용 성장호르몬의 사용을 금지하는 나라도 나타났지. 유럽연합, 캐나다, 호주, 뉴질랜드, 일본 등이 그 예라고 할 수 있어.

우리나라에서는 동물에 성장호르몬을 투여하는 것을 정식으로 승인한 적은 없지만, 치료용으로 판매되던 제품을 몰래 불법적으로 사용한 적이 있었다고 해. 2017년 이후에는 국내에서 유전자 재조합 기술로 만든 동물용 성장호르몬 제품의 유통과 판매가 중단되었어.

위험천만한 유혹, 금지 약물

2018년 우리나라에서 열린 평창 동계올림픽. 전 세계에서 모인 많은 선수가 그동안 갈고닦은 기량을 겨루며 치열한 경쟁을 펼쳤어. 마치 외계인처럼 느껴질 정도로 인간의 한계를 넘나드는 선수들의 엄청난 경기력에 사람들은 많은 박수를 보냈지.

그런데 올림픽 경기에 참여는 했지만, 자신이 대표하는 나라의 국기와 국가는 물론 나라 이름까지 사용하지 못한 선수들이 있어. 바로 동계 스포츠 강국이라 불리는 러시아의 선수들이야. 도대체 무슨 사연인 걸까?

2016년 세계 반도핑 기구는 러시아 정부가 자국 운동선수들의 도핑 샘플을 조작했다고 발표했어. 여기서 도핑은 경기에서 좋은 성적을 거두기 위해 신체적·정신적 능력을 올려 주는 약물을 먹거나 주사하는 행위를 말해. 한마디로 금지 약물을 사용하는 거지. 러시아는 금지 약물을 쓴 자국 선수들이 도핑 테스트를 무사히 통과하도록 샘플을 멀쩡한 것과 바꿨다고 해. 2011년부터 2015년까지 무려 1,000명이 넘는 러시아 선수가 이 혜택을 입었어.

이에 세계 반도핑 기구는 2022년까지 올림픽을 비롯한 국제 대회에서 선수들이 러시아 대표로 참가하는 것을 금지했어. 단, 국가대표팀이 아닌 '올림픽 선수'라는 개인 자격으로 참가하는 것은 허용했지. 또한 국기 대신 흰색-파랑-빨강 횃불이 그려진 러시아 올림픽 위원회의 깃발을 사용하고, 시상식에선 올림픽 찬가를 틀게 했어.

올림픽에 참가한 선수들의 실력은 종이 한 장 정도로 비슷비슷한 경우가 많아. 치열한 경쟁에 내몰린 선수들이 경기력을 향상시키는 약물의 유혹을 쉽게 뿌리치기는 어려울 거야. 아주 조금의 차이로 메달의 색깔이 달라질 수 있으니 말이야. 하지만 자신의 노력이 아닌 금지 약물의 힘을 빌려 최고의 자리에 올라선들 무슨 의미가 있겠어? 자기에게 떳떳하지 못함은 물론 경기를 지켜보는 관중들의 믿음을 저버리는 행위밖에 안 돼.

금지 약물로 전 세계를 충격에 빠뜨린 사람을 애기할 때 미국의 사이클 선수 랜스 암스트롱을 빼놓을 수 없어. 암스트롱은 한때 고환암을 극복한 인간 승리의 상징이자 전 세계에 이름을 떨친 스포츠 스타야. 그는 1996년 당시 고환에서 시작된 암세포가 이미 폐와 뇌 쪽으로 퍼진 상태였고, 사람들은 그에게 시간이 얼마 남지 않았다고 생각했어. 그런데 암스트롱은 엄청난 의지로 수술과 치료를 견뎌 냈고, 마침내 암이 다 나았다는 판정을 받았지.

더욱 놀라운 것은 암스트롱이 1998년에 선수로 복귀해 1999년부터 2005년까지 7년 연속으로 '투르 드 프랑스' 우승을 거머쥐었다는 사실이야. 투르 드 프랑스란 프랑스에서 매년 7월이면 열리는 사이클 경기를 말해. 3주 동안 매일 3,500킬로미터를 달리는 것으로 유명하지. 전 세계에서 올림픽과 월드컵에 이어 세 번째로 큰 규모를 자랑하는 행사라고 해.

이런 엄청난 경기에서 암을 극복하고 7년간 왕좌를 지키는 대기록을 세웠으니, 세계적인 환호를 받는 게 당연했을 거야. 하지만 암스트롱의 영광 뒤에는 금지 약물

금지 약물 사용으로 전 세계를 충격에 빠뜨린 랜스 암스트롱

이라는 부끄러운 진실이 숨어 있었어. 그의 도핑 의혹은 2010년 동료의 제보로 알려졌는데, 2년간의 법정 공방 끝에 그는 에리스로포이에틴erythropoietin과 테스토스테론이라는 금지 약물을 사용한 것을 인정했어. 그동안 암스트롱이 달성한 모든 업적은 박탈되었고, 그는 사이클계에서 영구히 퇴출되었지.

에리스로포이에틴은 콩팥에서 만들어 분비하는 호르몬인데, 골수에서 적혈구의 생성을 촉진하는 역할을 해. 주로 콩팥 기능이 만성적으로 저하된 환자의 빈혈을 치료하는 데 사용하지. 이 호르몬을 운동선수에게 투여하면 경기력 향상에 도움이 된다고 해. 산소를 근육으로 운반하는 적혈구를 증가시키기 때문이야. 지구력이 중요한 육상, 장거리 수영, 사이클 같은 종목의 선수들 사이에 에리스로포이에틴이 퍼진 것으로 보여. 하지만 이 약물을 남용하면 적혈구가 늘어나 열이 나고 가려움증이 생길 수 있어. 아울러 혈관 속에서 피가 덩어리로 굳으면서 심근경색, 뇌경색 등이 생겨 사망에까지 이를 수 있어. 매우 조심해서 써야 하는 약물이지.

테스토스테론은 정소에서 만드는 남성 호르몬으로,

스테로이드의 한 종류야. 스테로이드를 사용하면 근육의 단백질 합성이 촉진되어 근육량이 늘고 회복이 빨라져. 하지만 성기능 장애, 불임, 탈모, 뇌졸중, 심장 마비 등 많은 부작용을 일으킬 수 있지.

운동선수들이 경기력을 올리기 위해 사용하는 약물에는 성장호르몬도 있어. 성장호르몬은 근육량을 늘리고, 지방을 줄이며, 부상에서 회복하는 능력을 높여 줘. 그래서 성적 압박에 시달리는 많은 운동선수들이 성장호르몬의 유혹에 흔들려. 실제로 1988년에 열린 서울 올림픽에서 남자 100미터 세계 신기록을 세우며 우승한 캐나다의 육상 선수 벤 존슨은 남성 호르몬과 함께 성장호르몬을 사용한 것으로 밝혀졌어. 결국 그는 메달을 빼앗기고 기록도 취소되었지.

넷플릭스에서 볼 수 있는 〈이카로스Icarus〉는 러시아 정부의 조직적인 도핑 음모를 폭로해 제90회 아카데미 장편 다큐멘터리상을 받은 영화야. 이 영화의 제목인 '이카로스'는 그리스 신화에 등장하는 인물인데, 아버지가 만들어 준 날개를 달고 크레타섬에서 탈출하다가 떨어져 죽어. 너무 높게 날아서 뜨거운 햇볕에 날개를 붙인 밀랍이 녹은 거지. 영화에서는 금지 약물의 사용을 밀랍으로 붙인 날개를 달고 높이 나는 것에 비유했어. 손쉽게 경기력을 높여 준다는 금지 약물의 유혹은 달콤해 보이지만, 결국에는 파멸로 향하는 위험천만한 급행열차인 거야.

우주인의 골다공증을 막는 양상추

2014년 개봉된 영화 〈인터스텔라〉는 우리나라에서 1,000만 명이 넘는 관객을 끌어들였을 정도로 큰 인기를 누렸어. SF 영화이지만 가족 간의 사랑을 강조해 우리나라 관객들의 감성에 잘 맞았거든. 또한 이 영화는 상대성 이론이나 블랙홀 등의 개념을 활용해 과학에 관한 관심을 높이는 데 크게 이바지했지. 하지만 아직은 영화에서처럼 다른 별로 여행하는 것은 불가능해.

빛의 속도(초당 29만 9,792킬로미터)로 달리는 우주비행선이 있다고 해도 지구에서 가장 가까운 별인 프록시마 센타우리까지 가는 데 걸리는 시간은 무려 4.2년이야. 현재의 기술로는 지구의 이웃 행성인 화성까지 가는 데 만도 7개월이 걸리고, 왕복하려면 1년이 넘는 시간이 필요하다고 해.

우주정거장 안에서 물건이 떠다니고 사람도 떠다니는 영상을 본 적이 있을 거야. 이건 무중력 상태, 더 정확히는 중력이 매우 약한 미세중력 상태이기 때문이야. 우주 비행사들은 미세중력 환경에서 생활하도록 특별한 훈련을 받아. 하지만 우주정거장 안에서 오랫동안 격리된 채 생활하다 보면 우리 몸의 여러 가지 호르몬의 분비가 변화해 신체 기능에 큰 영향을 미칠 수 있어.

우주왕복선 컬럼비아호에서 임무(1995년 STS-73)를 수행 중인 우주 비행사들

특히 뼈에서 칼슘이 빠져나가 뼈가 약해지는 것이 아주 큰 문제 중 하나야. 우주에서 뼛속 칼슘은 한 달에 평균 1퍼센트 정도 감소한다고 해. 뼈의 밀도가 낮은 사람은 우주여행을 하기 곤란하지. 따라서 우주 비행사들은 뼈 형성을 자극하는 약을 매일 맞거나 칼슘과 비타민 D처럼 뼈 건강을 돕는 영양소를 섭취해야 해. 하지만 약과 주사기를 우주선에 충분히 싣기는 어렵다는 점이 문제라고 할 수 있어.

이런 어려움을 해결하기 위해 우주선 안에서 채소를 길러 먹으며 영양소를 공급할 수 있으면 좋겠지? 미국의 한 연구진은 2022년 뼈의 성장을 자극하는 부갑상샘호르몬을 만들어 내는 양상추를 개발했다고 발표했어. 맛도 일반 양상추와 비슷하고, 우주선 안에서도 쉽게 기를 수 있다고 해. 아직 상용화되지는 않았지만, 가까운 미래에 우주선 안에서 채소를 길러 먹는 시대가 올 것으로 보여.

음식 중독과 초가공식품

2009년 미국 예일대학교의 연구진은 음식의 중독성 정도를 평가할 수 있는 문진표를 발표했어. 이 문진표에서 중독성이 가장 강한 음식으로 당당히 1위를 차지한 것은 피자였지. 2위는 초콜릿과 감자칩이었고, 3위는 쿠키였어. 그 뒤로는 아이스크림, 감자튀김, 치즈버거, 탄산음료, 케이크, 치즈가 이어졌어. 이런 음식의 공통점은 무엇일까? 바로 설탕과 지방의 함량, 칼로리, 가공 정도가 높은 초가공식품이라는 거야. 반면에 가공 정도가 낮은 채소나 과일 같은 자연식품은 중독의 염려가 거의 없었어.

꼭 먹어야만 생존할 수 있는 음식에까지 중독이라는 말을 쓰는 건 조금 이상해 보이지 않아? 사실 음식 중독은 마약 중독이나 알코올 중독과는 달리 아직 정식으로 인정된 질병은 아니거든. 초가공식품은 도대체 어떻게 우리를 중독에까지 이르게 만든다는 걸까? 이것에 관해 알아보려면 우선 음식의 가공에 관해 알아야 해.

예로부터 인류는 음식을 날것으로 먹지 않고 가공해서 섭취해 왔어. 음식의 가공이란 날음식에 화학적·물리적 과정을 가해 어떤 형태로든 다르게 만드는 것을 말해. 우리 조상들이 음식을 오랫동안 보관하고 먹을 수 있도록 해 온 발효, 염장, 훈제 등이 대표적인 가공 방법이지. 따라서 우리가 먹는 음식은 대부분 가공식품이라고 할 수 있어.

초가공식품은 가공 과정에서 많은 양의 첨가물, 방부제, 화학물질을 넣어 대량 생산하는 식품을 말해. 잘 포장된 형태로 소비자에게 전해지고 보관 기간이 매우

도파민 분비를 급격히 늘려 중독을 부르는 초가공식품

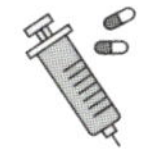

길어서 자연식품을 먹을 때보다 더 큰 즐거움을 얻을 수 있지.

음식을 섭취했을 때 얻는 보상이 전해지는 곳은 뇌의 신경 회로인 쾌락 경로야. 음식이나 약물 같은 자극으로 쾌락 경로의 도파민 수치가 높아지면 우리는 행복한 기분을 느껴. 그리고 어떤 행위를 함으로써 얻게 되는 행복감을 지속하고 더 큰 보상을 얻으려고 다시 같은 행위를 반복해. 하지만 음식의 종류에 따라 도파민을 올리는 정도는 차이가 있어.

설탕, 지방, 소금 함량이 특히 높은 초가공식품은 가공 정도가 낮은 식품보다 쾌락 경로에서 도파민 분비를 급격하게 올릴 수 있어. 따라서 음식을 먹음으로써 얻는 즐거움이 훨씬 더 크지. 일단 이런 즐거움을 맛본 사람들은 그 경험을 잊지 못해서 보상을 계속 얻기 위해 반복적으로 먹게 될 수밖에 없어.

음식 중독과 관련 있는 또 다른 호르몬은 세로토닌이야. 행복 호르몬 중 하나인 세로토닌은 분비량이 줄면 기분이 나빠지고 무언가에 지나치게 집착하는 행동이 나타나. 세로토닌이 줄어든 사람은 단 음식에 끌리는 경향이 있어. 단 음식을 먹어 혈당이 빠르게 올라가면 인슐린 분비가 증가해. 인슐린은 세로토닌 수치를 높이고 기분이 좋아지게 만들지. 하지만 이 효과는 오래가지 않아. 효과가 빨리 사라지니까 단 음식을 계속 찾을 수밖에 없는 거야.

달콤한 쿠키, 티라미수, 아이스크림 같은 초가공식품은 뇌에 가하는 자극이 당근이나 브로콜리 같은 음식보다 강해. 음식에서 얻는 쾌락이 크니 과식하기 쉽지. 초가공식품을 먹은 사람은 그 즐거운 경험을 잊지 못해서 또다시 그 음식을 찾게 되고, 결국에는 중독에까지 이를 수 있다는 말이야. 초가공식품을 섭취한 사람의 뇌에서 나타나는 반응은 마약 같은 중독성 물질을 투여한 사람의 뇌에서 나타나는 반응과 비슷하다는 연구 결과도 있어.

최근 초가공식품의 중독성을 주장하는 연구자들이 많아지고 있어. 동물을 대상으로 한 연구에서는 초가공식품의 중독 현상이 명확히 밝혀졌다고 해. 호주 뉴캐슬대학교의 연구진이 발표한 바에 따르면, 전 세계 인구의 20퍼센트가 음식 중독에 시달릴 정도라고 하니, 초가공식품을 지나치게 많이 섭취하지 않게 조심하자.

가짜 호르몬도 있다고?

출출할 때 간편하게 뚝딱 끓여 먹기 좋은 라면은 우리나라 사람들이 가장 좋아하는 음식 중 하나일 거야. 실제로 우리나라는 1인당 연간 라면 소비량이 78개로, 베트남에 이어 세계 2위를 차지하고 있어.

요즘은 봉지 라면보다 컵라면이 인기를 더 끄는 것 같아. 편리하기로는 편의점에서 금방 먹을 수 있는 컵라면을 따라올 음식이 없지. 늘 시간에 쫓기는 청소년들에게 정말로 딱 맞는 음식이야. 그런데 컵라면 용기에서 환경호르몬이 나와서 건강에 좋지 않다는 뉴스가 가끔 나오던데, 도대체 환경호르몬이 뭘까?

환경호르몬이란 우리 몸 밖에서 들어와 호르몬의 정상적인 작용을 방해하는 화학물질을 가리켜. 다이옥신dioxin, 비스페놀 A, 프탈레이트 등이 대표적이지. 사실 환경호르몬의 정식 명칭은 '내분비계 교란 물질'이야. 1979년 일본의 한 방송에 출연한 학자들이 "환경 중에 배출된 화학물질이 생물의 체내에 유입되어 마치 호르몬처럼 작용한다"라고 말해서 붙여진 '환경호르몬'을 우리나라에서 그대로 쓰고 있는 거지.

환경 단체인 세계자연기금은 화학물질 67종을 환경호르몬으로 꼽았지만, 아직 잘 알려지지 않은 것도 많다고 해. 환경호르몬으로 의심할 수 있는 화학물질은 우리가 사는 주변에서 쉽게 발견할 수 있어. 뜨거운 음료가 담긴 종이컵, 편의점 도시락, 화장품, 플라스틱 용기, 생수가 담긴 플라스틱병, 음식이 눌어붙지 않도록 불소수지를 코팅한 프라이팬, 청소용 화학물질, 주방용품, 영수증 등등 헤아릴 수 없이 많은 곳에 환경호르몬의 위험 요소

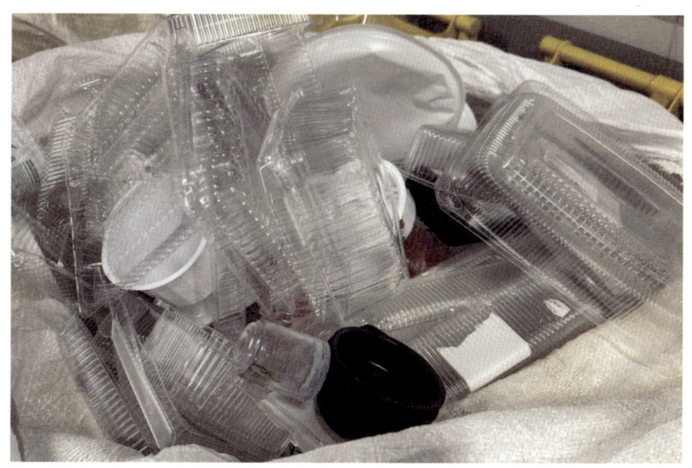

환경호르몬의 위험이 있는 일회용품들

가 숨어 있다고 해도 과언이 아닐 거야.

호르몬은 우리 몸 구석구석을 돌아다니며 정보를 전달하는 화학물질이야. 환경호르몬은 바로 이런 호르몬의 역할을 흉내 내. 우리 몸 안의 메시지를 전하기는 하는데, 이 메시지는 진짜가 아니라 가짜인 거지. 환경호르몬이 보낸 가짜 메시지에 속아 세포가 그대로 일하면 우리 몸은 큰 혼란에 빠져. 한마디로 말해 이름만 호르몬이지 실제로는 가짜 호르몬인 거야.

환경호르몬은 서서히 몸속에 쌓여. 물에 잘 녹지 않는 데다 지방조직과 잘 결합해 축적되기 때문이지. 몸속에서 잘 분해되지도 않고 소변으로 잘 배출되지도 않아. 따라서 일단 몸속에 들어온 환경호르몬은 오랫동안 우리 몸에 영향을 미쳐.

환경호르몬이 몸속에 쌓여 정상적인 호르몬의 작용을 방해하면 무슨 일이 생길까? 생식기 장애(불임·유산·선천적 기형·성조숙증), 발달 장애(자폐증·주의력결핍 과잉행동장애·학습장애), 암(유방암·전립샘암·난소암), 알레르기 질환(아토피·천식), 내분비 질환(당뇨병·비만·대사증후군), 정신 질환(기억력 감소·우울증) 등 많은 질병이 발생할 수 있어.

플라스틱 쓰레기를 먹이로 잘못 알고 다가오는 바다거북

현대 사회에서는 다양한 환경호르몬의 위협을 완벽히 피할 수 없어. 우리가 먹고 마시는 것, 생활필수품까지 화학물질을 하나도 사용하지 않은 것을 찾기란 거의 불가능에 가깝거든.

환경호르몬의 영향은 인간에게만 그치지 않아. 가끔 갈매기나 바다거북 같은 동물들이 버려진 플라스틱을 먹고 죽었다는 뉴스를 본 적이 있을 거야. 이들은 어떻게 평소에 먹지 않던 플라스틱을 섭취하게 되었을까?

〈사이언스 어드밴스Science Advances〉라는 학술지에

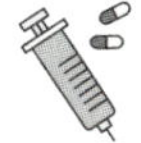

발표된 연구 결과를 보면, 1950년 이후 2015년까지 생산된 플라스틱의 양은 무려 83억 톤이라고 해. 2022년에만 4억 톤의 플라스틱이 새로 만들어졌는데, 생산량은 앞으로도 줄어들지 않을 예정이래. 이렇게 많은 양의 플라스틱이 만들어졌지만 전 세계에서 플라스틱을 재활용하는 비율은 9퍼센트뿐이지. 나머지는 그냥 땅속에 묻거나 산이나 바다 등에 버린다는 말이야. 이것은 어떤 결과를 초래할까?

플라스틱은 분해되는 데 무려 500년이나 걸려. 바다에 버려진 일회용품은 바닷속을 이리저리 떠돌아다니다가 잘게 부서지는데, 이렇게 만들어진 미세 플라스틱은 먹이처럼 냄새가 나거나 바닷물에 밀려 움직이기 때문에 바닷새나 물고기 등이 먹이로 착각하고 먹기도 해. 뱃속에 들어간 미세 플라스틱은 소화되지도 않고 배출되지도 않아서 차곡차곡 쌓여. 그러다가 이들이 잡혀 식탁에 오르면 우리는 결국 미세 플라스틱이 든 음식을 먹게 돼. 우리가 버린 쓰레기를 고스란히 되돌려받는 셈이지.

이렇듯 우리가 편리하게 사용하고 무심코 버리는 플라스틱은 바다에 사는 생물은 물론 인간의 건강까지 위

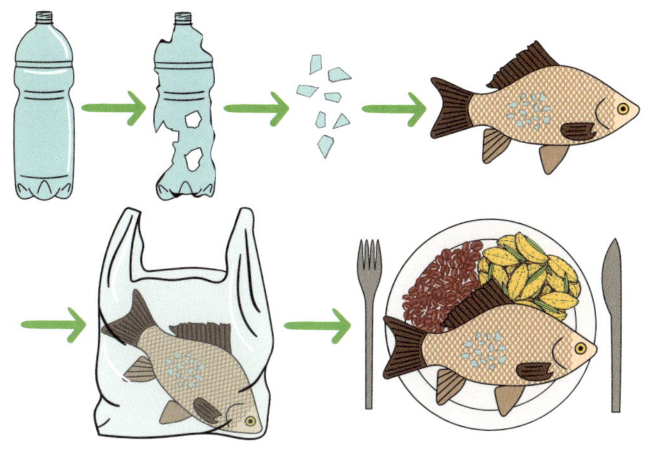

생태계를 순환해 결국 인간의 건강을 위협하는 미세 플라스틱

협하고 있어. 그뿐만이 아니야. 폐기물을 처리하고 오염된 환경을 되살리는 데에도 엄청난 비용이 필요해. 세상에 처음 나왔을 때만 해도 편리함 때문에 축복처럼 여겨졌던 플라스틱은 이제 지구에 재앙을 불러일으킬 수도 있는 존재가 되어 버렸어.

환경호르몬의 피해를 줄이려면 어떻게 해야 할까? 우선 플라스틱보다는 유리나 스테인리스로 만든 용기를 쓰는 것이 좋아. 유아용 젖병과 어린이용 컵, 장난감도 플라스틱이 아닌 유리로 만든 것이나 환경호르몬이 나오지 않는 제품을 선택해야 해. 그리고 패스트푸드 같은 가공식품보다는 신선한 채소나 과일을 즐기는 거야. 이렇게 생활습관을 바꾸다 보면 환경호르몬의 위협에서 좀 더 멀어질 수 있을 거야. 처음에는 당연히 불편하겠지만 환경과 우리의 건강을 위해 꼭 필요한 일임을 마음 깊이 새겼으면 좋겠어.

틈새 토론

호르몬으로 성범죄를 줄일 수 있을까?

우리나라는 2011년부터 일부 성범죄자들에게 약물을 투여해 남성 호르몬인 테스토스테론의 생성을 억제하는 성충동 약물 치료(화학적 거세)를 강제 집행하고 있다.

찬성

재범을 막고 사회를 보호하기 위해 필요한 조치야.

반대

높은 비용에 비해 기대할 수 있는 효과가 낮아.

생각 TIP

- 범죄자에게도 인권이 필요할까?
- 화학적 거세는 치료일까 처벌일까?
- 안전한 사회를 위해 자유를 제한할 수 있을까?
- 범죄를 줄이기 위해 필요한 것은 무엇일까?

1) 물리적 거세는 몸에서 생식기를 없애는 방법이지만, 화학적 거세는 약물 투여를 중단하면 기능이 다시 돌아오기 때문에 비교적 안전하다고 볼 수 있어.

2) 실제로 화학적 거세로 재범이 줄어들었다고 보고되고 있어. 또한 약물 투여와 심리 치료를 병행하기 때문에 재활 효과를 기대해 볼 만해.

1) 성범죄는 성욕을 잠깐 억누른다고 해결되지 않아. 그 비용을 철저한 교육과 방범 강화 등 사회적 안전망을 구축하는 데 쓰는 게 더 효과적이야.

2) 다른 나라들은 아동 성범죄자에 한해 당사자의 동의를 받아 진행해. 반면에 우리나라는 성범죄 유형에 관계없이 강제 집행해 인권을 침해할 가능성이 있어.

참고 자료

도서

가쿠 레이카 지음, 정지영 옮김, 《오비소겐, 독소의 역습》, 삼호미디어, 2018

고문주 지음, 《생어가 들려주는 인슐린 이야기》, 자음과모음, 2011

김경우 지음, 《썩지 않는 플라스틱! 지구와 인간을 병들게 하는 환경 호르몬》, 뭉치, 2021

김대경·유재성·김위근 지음, 《SNS와 스마트폰 중독, 어떻게 해결할까?》, 동아엠앤비, 2023

네고로 히데유키 지음, 이연희 옮김, 《호르몬 밸런스》, 다산북스, 2016

랜디 허터 엡스타인 지음, 양병찬 옮김, 《크레이지 호르몬》, 동녘사이언스, 2019

로버트 러스티그 지음, 이지연 옮김, 《단맛의 저주》, 한국경제신문, 2014

마이클 폴란 지음, 조윤정 옮김, 《마이클 폴란의행복한 밥상》, 다른세상, 2009

만프레드 슈피처 지음, 박종대 옮김, 《노모포비아 스마트폰이 없는 공포》, 더난출판사, 2020

박민수·박민근 지음, 《공부호르몬》, 21세기북스, 2018

박승준 지음, 《내 몸이 궁금한 10대를 위한 호르몬 수업》, 봄마중, 2024

박승준 지음, 《비만 권하는 사회에서 살아남기》, 청아출판사, 2024

박승준 지음, 《비만이 사회문제라고요?》, 초록서재, 2021

박용우 지음, 《음식중독》, 김영사, 2015

박태균 지음, 《환경호르몬, 어떻게 해결할까?》, 동아엠앤비, 2019

안데르스 한센 지음, 김아영 옮김, 《인스타 브레인》, 동양북스, 2020

이흥우 지음, 《스탈링이 들려주는 호르몬 이야기》, 자음과모음, 2010

논문

박승준, 〈음식 섭취의 신경내분비적 조절기전〉, 《대한내분비학회지》 22(6): 391-396, 2007

안창호·강호형·정기영, 〈한국 공군 우주 비행사 의학 선발에 제언〉, 《항공우주의학회지》 22(3): 60-72, 2012

이상섭·김붕년·박수빈·박민현, 〈서울 지역 중학생의 우울증상과 수면양상과의 관계〉, 《신경정신의학》 56(2): 78-83, 2017

이정진·강정희·이선경·채규영, 〈수면시간이 청소년들의 정서에 미치는 영향〉, 《대한소아신경학회지》 21(3): 100-110, 2013

기사

"[국정감사] 1년에 1천만 원 '키 크는 주사' 건강한 아이도 효과 있다?", 〈힐팁〉, 2023.10.25

"금단의 유혹, 운동선수와 약물", 〈한겨레〉, 2007.08.31

"모나리자 '신비한 미소' 원인은 갑상선질환?!", 〈이코노미사이언스〉, 2018.09.27

"생활리듬 만드는 오케스트라 '생체시계'를 맞춰라", 〈헬스조선〉, 2018.03.19

"성장 호르몬, 자란다고 다 좋은 것은 아니다", 〈한겨레〉, 2019.05.06

"스포츠에서 도핑을 금지해야 하는 진정한 이유는?", 〈한겨레〉, 2018.06.14

"키130㎝ 그칠 뻔한 메시… 치료+운동 '성장 마인드셋'으로 우뚝", 〈아시아경제〉, 2022.12.22

"[YouthBrain] 청소년기 명상을 해야 하는 이유", 〈브레인미디어〉, 2021.01.19

사진 출처

19쪽 OpenStax & Tomáš Kebert & umimeto.org / wikimedia

34쪽 Dusso Janladde / wikimedia

54쪽 Helgi Halldórsson / flickr

126쪽 Wayne England / flickr

130쪽 NASA

다른 인스타그램

뉴스레터 구독

오 도 독 ∷ 09

진짜 호르몬 때문일까?
우울증부터 도파민 중독까지

초판 1쇄   2025년 7월 25일

지은이   박승준

펴낸이   김한청
기획편집   원경은 차언조 양선화 양희우 유자영
마케팅   정원식 이진범
디자인   이성아 황보유진
운영   설채린

펴낸곳 도서출판 다른
출판등록 2004년 9월 2일 제2013-000194호
주소 서울시 마포구 동교로 27길 3-10 희경빌딩 4층
전화 02-3143-6478   팩스 02-3143-6479   이메일 khc15968@hanmail.net
블로그 blog.naver.com/darun_pub 인스타그램 @darunpublishers

ISBN 979-11-5633-698-3 44000
    979-11-5633-579-5 (세트)

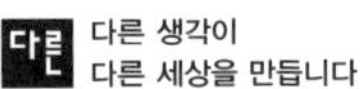

KB263966

해금의 역사와 여정

해금의 유입과 전개양상에 대한 연구

해금의 역사와 여정

해금의 유입과 전개양상에 대한 연구

해금의 역사와 여정
해금의 유입과 전개양상에 대한 연구

A Study on the Introduction and
Development of the Haegeum

최 유 리

사계.

차례.

서문 •

해금과 동행을 시작하며

음악은 언제나 우리의 삶과 함께하며, 때로는 위로가 되고 때로는 희망을 주는 친구와도 같다. 음악 속에서 나는 해금이라는 악기와 운명적으로 만나게 되었다. 해금은 처음 만난 그 순간부터 지금까지 내 삶에 깊은 영향을 주었고, 나는 해금을 통해 많은 것을 배우고 경험할 수 있었다.

고등학생 시절에는 진로와 앞날에 대한 고민이 많았다. 무엇을 해야 할지, 어떤 길을 선택해야 할지에 대한 불안과 혼란 속에서 방황하던 중 우연히 해금을 접하고 매료되었다. 해금 소리의 애절함은 마음을 대신해 주고 아름다운 선율은 시름을 위로해 주는 것 같았다. 해금 소리에 매료된 후, 나는 악기를 배우기로 결심

하고 새로운 목표를 가지게 되었다. 해금은 나에게 단순한 악기가 아니라 삶의 방향을 제시해 준 등대였다.

대학에 입학한 후에는 해금을 전공하면서 여러 교수님과 동기들의 도움으로 음악적 깊이를 더할 수 있었다. 뒤늦게 시작한 해금에 대한 궁금증과 열정은 석사와 박사과정을 거치면서 날마다 커져 갔다. 열정만으로 하는 모든 일이 순항을 겪는 것이 아니듯, 해금 연주가로 무대에 서기까지 어려움이 있었지만 두 분의 선생님 덕분에 다시 일어설 수 있었고, 길을 잃고 헤맬 때도 방향을 찾을 수 있었다. 송권준 교수님과 김애라 선생님의 지혜롭고 따뜻한 격려와 가르침은 오늘의 나를 있게 해 준 밑거름이며, 나를 해금의 길로 안내하는 길잡이었다. 독주회, 협연, 악단 생활과 다양한 무대활동 그리고 서로 다른 환경 속에서 연주자로서의 꿈을 키우고 다져왔다.

연주회장에서 해금을 소개할 때가 있다. 해금에 대해 좀더 자세하게 소개하고 싶었지만 중국에서 들어왔다는 단편적인 기록 외에 다른 내용을 찾아보기 어려웠다. 대중에게 음률로만 다가가는 연주자이자, 해금에 관한 역사적 배경을 폭넓게 알고 기록이 빈약한 분야는 가설을 검증하는 연구자의 모습도 갖춰야겠다는 생각을 했다. 그러던 중에 우리나라에 해금이 어떻게 들어왔는지

정리하면서 악서를 비롯한 여러 문서의 흔적을 쫓다 보니, 우리 민족의 생활 속에 녹아든 해금을 발견하게 되었다.

그동안의 연구를 통해 해금의 유입 시기와 경로에 대한 여러 가지 가능성을 제시하고 몇 가지 기록과 유입설을 정리하면서 구체적인 결과를 얻을 수 있었다. 특히 고려시대와 조선시대의 기록과 해금의 첫 기록인『악서』를 통해 그 유래를 추적할 수 있었다. 이러한 연구는 해금이 언제쯤 우리나라에 들어왔는지 그 시기를 짐작하게 하였으며, 해금이 우리 민족에게 뿌리내린 과정과 민간과 궁중에서 어떻게 사용되었는지를 이해하며 그 속에서 앞으로 해금이 우리 삶의 애환을 함께할 수 있는 길을 찾을 수 있었다.

해금은 우리 민족의 역사와 문화를 고스란히 담고 있는, 연주 악기 이상의 의미를 지니고 있다. 해금은 우리의 소리 유산이며, 과거와 현재를 이어주는 다리이다. 고려시대부터 조선시대에 이르기까지, 해금은 궁중과 민간 모두에게서 사랑받아 왔다.

해금의 전승은 우리 민족의 소리와 문화를 이어가는 중요한 역할을 해왔다. 해금의 소리는 아름다운 음색을 넘어, 우리 조상들의 삶과 이야기를 담고 있다. 해금이 민간에 자연스럽게 녹아들어 서민들의 삶 속에서 함께한 이유는 그 소리가 사람들의 일

상 속에서 위로와 즐거움을 주었기 때문이다. 해금의 소리는 세대를 넘어 이어지며, 우리의 마음을 어루만지고 힘과 용기를 줄 수 있는 귀한 문화유산인 것이다.

궁중과 민간 모두에서 귀하게 여겨져 성별과 계층의 구분없이 감동을 주어온 해금을 전승한다는 것은 우리 민족의 소리 문화를 이어가는 것이며 해금의 소리를 통해 면면히 이어져온 우리의 역사와 더불어 감정을 이어받는 것이다. 궁중의 연회 자리를 빛내고, 깽깽이라 불리며 거리에서 사랑받은 대표적인 악기인 해금은 신분을 초월한 소리로 우리 곁에서 삶의 이야기와 감정을 담고 있는 귀중한 문화유산으로 자리매김하여 왔다.

이 책을 통해 해금의 역사와 아름다움을 많은 사람들에게 전하고 싶다. 우리 민족의 삶과 함께 해온, 소중한 문화유산으로서 해금이 어떻게 우리 문화에 정착하게 되었는지를 살펴보고, 오랜 시간 우리 민족이 어떻게 해금을 즐겨왔는지에 대한 이야기에 공감하며, 해금의 소리에 매료될 수 있기를 바란다.

_ 2025년 6월,
최 유 리

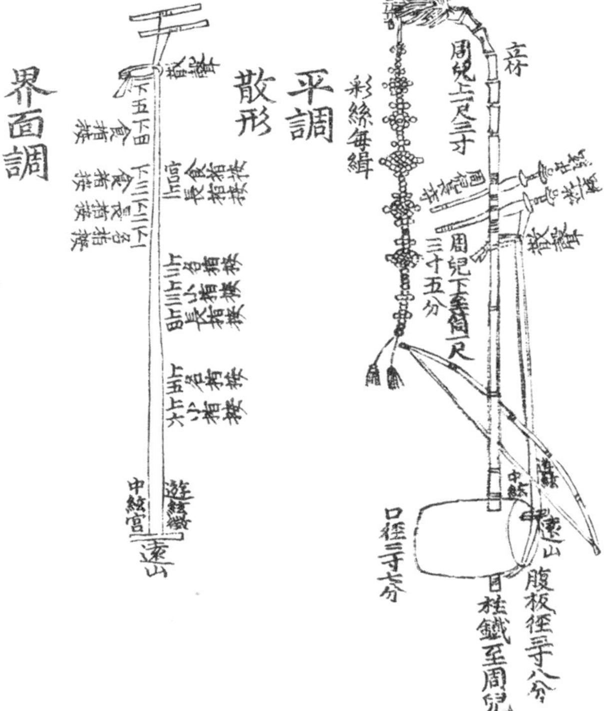

『악학궤범』속 해금.
『악학궤범』은 조선시대 성종 24(1493)년
성현(成俔), 신말평(申末平) 등 편찬하였다.
(서울대학교 규장각한국학연구원)

해금의 기원

해금은 우리나라를 대표하는 찰현악기 중 하나이지만 언제 우리나라에 유입되었는지는 정확하게 밝혀진 바가 없다. 〈한림별곡翰林別曲〉에서 해금에 관한 첫 기록이 나타나 이를 통해 고려시대에 해금의 존재를 확인할 수 있다. 그러나 해금이 언제 고려로 유입되었는지에 대한 기록은 찾아볼 수 없으며, 해금의 유입에 대해서는 연구자들 사이에 다양한 견해가 형성되어 있다. 따라서 해금의 유입을 살펴보기 전에 기록을 통해 해금의 기원과 유입에 대하여 알아보고자 한다. 중국과 한국의 해금해금에 대한 기록을 바탕으로 해금의 기원과 고려로의 유입에 대한 다양한 견해들을 종합적으로 검토하고 고찰해 보고자 한다.

중국과 한국의 해금(혜금) 기록

저자	문헌	시기	명칭	내용	비고
맹호연	연영산인 지정시 (宴榮山人 池亭詩)	당 689 ~740년	嵇琴	대나무로 혜금(嵇琴)을 당기니	대나무 활대
송나라의 고승 (高丞)	사물기원 (事物 紀原)	송	嵇琴	혜금(嵇琴)은 현도(絃鼗)의 모습을 간직하고 있다.	현도 기원
심괄	몽계필담 (夢溪 筆談)	송 1068 ~1077년 (熙寧)	嵇琴	희령 중에 궁궐의 잔치에서 교방 영인 서연이 혜금(嵇琴)을 연주하며 술을 올리자 한 줄이 끊어지니, 연이 곧 혜금(嵇琴)을 바꾸지 않고 다만 한 줄만 써서 곡을 끝마치매, 이때부터 한 줄 혜금(嵇琴)이 비롯되었다.	두줄 혜금
진양	악서 (樂書)	송 1104년	奚琴	해금(奚琴)은 본래 호(胡)의 악기이다. 현도에서 나왔으며 모양도 비슷하다. 해족이 좋아하던 악기이다. 그 제도는 두 줄 사이에 대쪽으로 마찰하고 지금 민간에서 사용한다.	현도기원 해부족 두줄 대나무 활대

진원량 (陳元靚)	사림광기 (事林廣記)	남송 후기 1340년	嵇琴	혜금(嵇琴)은 본래 혜강(嵇康)이 제작한 것이므로 이름을 '혜금(嵇琴)'이라 하였다. 두 줄이고 대나무로 밀며 소리가 청량하다.	혜강의 혜금 제작 두줄 혜금 대나무 활대
미상	한림별곡 (翰林別曲)	고려 1214 ~1259 년	嵇琴	아양의 금, 문탁의 적, 종무의 중금, 대어향과 옥궤향의 쌍가야금, 금선의 비파, 종지의 혜금, 설원의 장고, 아아 밤새 연주하면 그 정경 어떠하겠나.	고려시대 혜금의 첫 기록 종지라는 사람이 연주한 혜금
이색	목은시고 (牧隱詩藁)	고려 1328~ 1395년	奚琴	의기는 선생 음식 접대에 합하고 광채는 아상이 오는 데서 빛났네 해금 소리엔 백설곡이 얽히었고 가양주는 금술잔에 넘실대누나 자리 옮기니 푸른 잔디는 산에 걸친 붉은 해는 재촉을 하네 취하고 배만 불렀다 말하지 마소 노인 공경이 삼재를 갖추었는걸	해금의 연주

황석기	청주 원암연집 (淸州 元巖 宴集)	고려 1364 년	嵇琴	푸른 옥잔이 깊어 맛난 술이 향기로운데, 혜금(嵇琴) 소리는 늘어지고 젓대 소리는 길다. 그 중에 또 고운 목 노래 있어, 일곱 노인이 즐기는데 귀밑머리는 서리같다.	혜금의 소리 묘사
미상	청산별곡 (靑山 別曲)	고려 (시기 미상)	奚琴	가다가 가다가 듣노라 외딴 부엌을 지나가다가 듣노라 사슴이 장대에 올라가 서 해금(奚琴)을 켜는 것을 듣노라.	사슴이 장대에 올라가 해금을 연주함
미상	『고려사』 「악지」	고려 1451년	嵇琴	俗樂 樂器 현금(玄琴. 絃六) 비파(琵琶. 絃五) 가야금(伽倻琴. 絃十二) 대금(大笒. 孔十三) 장고(杖鼓) 아박(牙拍. 六枚) 무애(無㝯. 有粧飾) 무고(舞鼓) 혜금(嵇琴. 絃二) 필률(觱篥. 孔七) 중금(中笒. 孔十三) 소금(小笒. 孔七) 박(拍. 六枚)	속악 악기 분류 혜금 두줄

해금의 기원 악기 현도

중국 송나라 진양陳暘의 『악서樂書』에는 해금이 현도絃鼗에서 나왔고 그 모양도 비슷하다고 기록되어 있다. 여기서는 『악서』의 내용을 바탕으로 해금의 기원악기 현도에 대하여 알아보고자 한다. 먼저 해금의 기원악기 현도에 대해 학자들은 다양한 견해를 나타내고 있는데 그 내용을 살펴보면 다음과 같다.

'현도에서 해금이 나왔다'는 내용에 대해 이혜구는 이렇게 밝히고 있다. 그는 '『신역 악학궤범新譯 樂學軌範』의 각주 76에서 『문헌통고文獻通考』에는 현도가 진비파의 원형인 것 같다 하였고 현도가 해금의 원형이라고 하였는데 현도가 어떻게 생겼는지 모르

는 까닭에 그 기원설은 의심스럽다.'[001]라고 언급하였다. 짧은 문장이긴 하지만 '현도가 해금의 원형이다.'라는 주장에 관한 그의 생각을 엿볼 수 있다. 즉 현도의 정확한 형태를 그 어느 문헌에서도 직접 확인할 수 없기 때문에 해금의 원형이라 판단하기에는 무리가 있다는 것이다.

이혜구가 현도의 해금 기원설에 관해 의구심을 제기한 반면, 전인평은 여러 논문을 통해 현도의 해금 기원설에 대한 긍정적인 견해를 밝히고 있다. 전인평은 '해금이 활을 사용하여 연주하는 현악기와 울림통에 가죽을 덧대어 소리 내는 타악기적 속성을 같이 가지고 있기 때문에 현도에서 해금이 발생 되었다'고 말하고 있다. 그에 따르면 인도 라자스탄 지방의 라바나타 악기와 티벳, 네팔 등의 유사한 형태 악기들을 예시로 들고 있으며, 우리나라에서는 뱀가죽을 구하기 어려워 오동나무 판을 대신 사용하게 되었다고 한다.[002]

전인평이 이러한 주장을 하게 된 계기는 일본 학자 기시베 시게오의 '도에 줄을 팽팽히 펼친 것이 현도이다'라는 문장의 영향이었던 것으로 보인다.[003] 다시 말해 이러한 견해는 현도가 해금의 모형母型이므로 현도도 해금과 같은 찰현악기일 것이라는 단순한 추측에서 나온 결과로 보인다. 그러나 기시베 시게오는 현

도가 현악기와 타악기적 요소를 갖추고 있는 악기라고 언급하였을 뿐, 해금이 현악기와 타악기적 요소를 갖춘 형태의 악기라고 언급하지 않았다. 기시베 시게오의 현도에 관한 견해를 전인평이 해금의 기원이 현도라는 것에 맞추기 위해 재해석한 것으로 볼 수 있다.

또한 전인평의 경우 해금이 찰현악기인 점에 관해서는 언급을 하고 있지만, 이보다는 타악기적 요소를 가진 악기라는 측면을 강조해서 주장하고 있다. 그러나 현악기에 있어 찰현과 발현의 차이는 악기의 분류 형태를 구분 짓는 요소이기 때문에 악기학적으로 굉장히 중요한 부분이라 할 수 있다. 따라서 전인평의 견해는 현도紘鼗를 해금의 모형母型으로 보고 해금과 같은 찰현악기일 것이라는 단순한 추측에서 나온 결과일 뿐 그 근거가 명확하지 않다고 하겠다.

다음으로 이강산은 현도가 역사상 존재하지 않았던 악기이며 해금의 기원과도 관련이 없다고 주장했다. 이러한 주장의 근거는 현도가 『비파부』라는 책에 '백성이 현을 북처럼 연주하여 소리를 냈다百姓弦鼗而鼓之'는 기록에서 현도樂書라는 단어는 '현'과 때리다, 치다라는 의미의 '도'가 결합된 동사적 표현으로 해석한 결과이다. 또한 『강막사의降幕祠议』의 '비파는 현도弦鼗에서 나오고, 생황

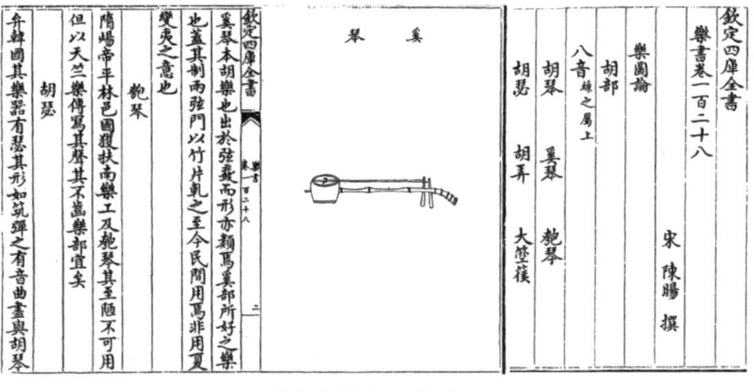

『악서(樂書)』의 해금

은 사죽丝竹에서 나온다'는 내용 중에 사죽丝竹은 실과 대나무라는 뜻으로 악기 이름이 아니기 때문에 현도弦鼗 또한 악기의 이름이 아니라고 주장한 것이다.004 하지만 이러한 이강산의 견해는 현도에 관한 다양한 사료가 있음에도『강막사의降幕祠议』에 기록만을 가지고 현도는 악기가 아니며 해금의 기원과도 관련이 없다는 주장으로 그 근거가 빈약하다. 또한 현도가 악기로 사용이 되었다는 기록은 심약沈約이 편찬한『송서』와 송나라 문헌인『사물기원事物紀原』에 나오므로 이강산의 주장은 재고되어야 할 것이다.

이처럼 해금은 현도에서 나왔다는『악서』의 기록은 여러 학자들로 하여금 해금의 기원에 대해 다양한 학설을 제시하는 단초를 제공하였다. 다음으로 현도에 대한 여러 기록을 통해 보다 상세히 살펴보고자 한다.

해금이 현도에서 나왔다고 기록된 최초의 문헌은 1104년 송나라 진양陳暘의 『악서』인데, 진양은 다음과 같이 기록하고 있다.

해금은 본래 호(胡)의 악기이다. 현도에서 나왔으며 모양도 비슷하다. 해족이 좋아하던 악기이다. 그 제도는 두 줄 사이에 대쪽으로 마찰하고 지금 민간에서 사용한다.[005]

—『악서(樂書)』

진양은 『악서樂書』에서 해금에 대해 본래는 호胡의 악기이며 현도라는 악기를 모체로 해서 만들어진 것으로 현도와 그 모양이 비슷하다고 썼다. 또한 해족이 좋아하던 악기라고 하여, 해금이 해족奚族들 사이에서 널리 연주되었을 것이라는 추측을 가능하게 한다.

이외에도 송나라 문헌인 『사물기원事物紀原』[006]에도 현도에 관한 기록을 찾아볼 수 있다.

혜금은 현도의 모습을 간직하고 있다.[007]

—『사물기원(事物紀原)』

『악서』와 『사물기원』의 기록을 통해 해금과 현도의 연관성을

고대 현도(弦鼗)

확인할 수 있다. 이러한 문헌 자료 이외에도 고대 현도의 실체를 확인할 수 있는 그림 자료가 존재한다.[008] 그림 속의 고대 현도[009]는 발현악기로 동그란 원통과 입죽 그리고 주아가 2개인 것으로 보아, 지금의 해금과 비슷한 모양이다. 현도에 대한 옛 기록들을 좀 더 살펴보자.

두지에 이르기를, 장성을 지을 때 현도를 쳤다. 아울러 누구도 사실을 자세히 알지 못한다. 그 악기는 사상에 끼지 못한다.[010]

―『송서(宋書)』

          해금의 역사와 여정

두지에 이르기를, 진나라 말에 장성을 지을 때 백성들이 현도를 쳤다.[011]

─『중국악무시(中國樂舞詩)』

"진(秦) 말년에 백성이 만리장성 역사로 고생하니, 이 악기[012]를 만들어 수심을 묘사하였다."라고 하였다.[013]

─『산당사고(山堂肆考)』

당의 고취부 노부에는 징, 북, 각이 있고 잔치에는 현도, 가, 소를 쓰고 장례에는 애가를 쓴다.[014]

─『악서(樂書)』

위 기록들은 현도의 실재에 관한 기록으로 이를 바탕으로 여러 사실을 알 수 있다. 『악서』의 기록 '현도는 호인胡人의 악기였다'는 것으로 보아, 중국에서 '호胡'의 개념은 매우 폭이 넓지만 현도絃鼗가 중국 밖의 다른 민족의 악기라는 것이 분명하고, 현도에서 나온 해금과 현도는 모두 호인胡人의 악기라는 것이다. 또한 『송서宋書』[015]에 의하면 현도는 진나라 시황제 246~210 때 만리장성을 쌓던 시기에 사용된 악기였으며 이는 지금으로부터 약 2200여 년 전에 해당한다. 현도가 실제로 사용되었다는 시기인

진시황제 이후 600여 년이 지나 심약沈約이 편찬한 『송서』의 기록은 현재까지 알려진 현도에 관한 기록으로는 가장 오래된 것이다. 그러나 『송서』가 인용한 두지杜摯에 대해서는 그 기록을 찾을 수 없다.

지금까지 살펴본 자료들의 내용을 통해, 다음과 같은 사실을 알 수 있다.

첫째, 현도가 사용된 때는 진秦나라 시황제 때로, 만리장성을 쌓던 시기로 지금으로부터 약 2200년 전에 해당한다.

둘째, 기록에 의하면 현도를 연주할 때 "고鼓; 북, 북소리"하였다는 기록이 있는데, "고鼓"는 손에 채를 잡고 두드리거나 쳐서 소리내는 것을 뜻한다. 예를 들면 북을 치거나, 거문고를 탈 때鼓琴 "고鼓"라고 표현한다. 이같은 내용을 바탕으로 현도는 타현악기나 발현악기였을 것으로 추측되며 해금과 같은 찰현악기는 아니었을 것이다. 찰현악기인 경우에는 찰擦; 비비다, 문지르다, 알軋; 내리누르다, 랍拉; 끌다 등으로 표현되기 때문이다.

셋째, 현도는 백성들의 악기로서 "격식을 갖춘 악기四廂"에는 들지 못하였다. 현도가 사용된 장소는 만리장성을 쌓는 노동 현장이었고 현도는 노역자들이 즐겨 탔던 악기였다. 이 때문에 현도는 사대부들이 즐겼던 비파 등의 악기에 비해 그 기록이 극히 드문 것이다.

넷째, 현도는 호인胡人의 악기였다. 중국에서 "胡"의 개념은 매우 폭이 넓다. 胡에 대해서는 뒤에 자세히 알아보겠지만 현도가 중국 밖의 다른 민족의 악기라는 점은 분명하며, 현도에서 나온 악기인 해금과 현도는 모두 호인胡人의 악기였다고 할 수 있다.

다섯째, 당나라 때 고취부에 현도가 사용되었다는 『악서』의 기록이 있다. 이를 통해 현도는 그 당시 가, 소라는 악기와 함께 잔치에서 널리 연주된 악기였음을 알 수 있다. 이러한 『악서』의 기록은 현도의 실재와 실용에 관한 가장 구체적인 기록으로 보인다.

지금까지 다양한 문헌 내용을 통해 현도라는 악기의 실재를 파악해 보았다. 이를 통해 현재까지 제시된 학자들의 현도와 해금 관련 학설은 모두 단편적인 내용에만 근거해 왔다는 것을 알 수 있다.

또한 현도는 완함의 모체일 가능성이 크다. 앞서 전인평이 주장의 근거로 삼은 기시베 시게오의 기록에서도 볼 수 있듯이 현도는 완함과 연관성을 가지고 있는 것을 확인할 수 있다. 따라서 완함과 관련된 기록들을 살펴보는 작업 또한 중요하다.

940년 당나라 때 편찬된 『구당서舊唐書』와 1044년에 북송 때 편찬된 『신당서新唐書』에 의하면 진비파진한자, 완함 또한 현도에서 나왔다고 한다. 완함은 진晉. 265~316나라 죽림칠현竹林七賢의 한 사

죽림칠현(竹林七賢)의 완함(오른쪽)

람으로 그가 진비파와 비슷한 악기를 연주하는 그림이 옛 무덤에서 발견된 후에 진비파를 완함으로 부르게 되었다. 완함의 현도와 관련성에 대한 기록을 살펴보면 다음의 내용을 알 수 있다.

비파는 4현이며 한나라 악기이다. 처음에 진나라의 만리장성을 쌓을 때 현도를 치는 사람이 있었다.[016]

—『구당서(舊唐書)』

처음에 수나라에 법곡이 있었는데 소리가 맑고 아악에 가까웠다. 그 악기는 요, 발, 종, 경, 당소, 비파가 있다. 비파는 둥근 몸체에 목이 짧아서 이름이 진한자이고, 현도의 옛 제도로서

胡에서 나와, 진나라 때 전하고, 한나라 때 완성되었다.[017]

—『신당서(新唐書)』

지금 청악(淸樂)에서 비파를 연주하는데 속칭 진한자이며, 둥근 몸체에 목이 작아서 현도(弦鼗)의 옛 제도인지 의심이 간다. 다른 것은 모두 위가 넓고 아래는 좁으며 목은 굽었고 형태가 조금 커서 한나라 것인지 의심스럽다. 두 제도를 비슷하게 겸해서 진한이라 했고 진과 한의 법을 통용한다고 한다.[018]

—『구당서(舊唐書)』

완함은 역시 진비파이다. 목이 너무 긴 것은 지금 제도이고 13주가 있다. 무태후 때 촉나라 사람 괴랑이 옛 무덤 안에서 완함이 이와 비슷한 악기를 타고 있는 진나라의 죽림칠현도를 얻었는데 이 때문에 완함이라 하였다.[019]

—『구당서(舊唐書)』

진한비파는 본래 胡人의 현도에서 나왔으며…[020]

—『악서(樂書)』

위의 기록들을 통해 현재 완함비파으로 잘 알려진 발현악기는

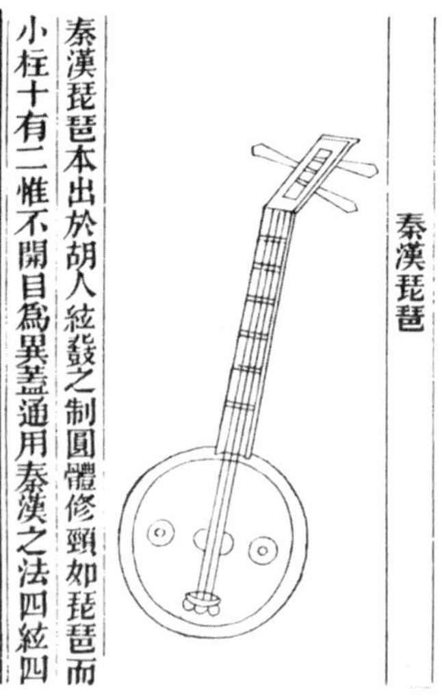

『악서』의 진한비파(秦漢琵琶)

진한자秦漢子, 진비파秦琵琶, 진한비파秦漢琵琶로도 불리었으며 이들과 현도는 서로 연관성을 가지고 있다. 진나라를 거치며 한나라에서 완성되었기 때문에 진한자秦漢子로도 불렸을 것이다. 초기에는 현도의 형태로 된 완함이 진나라와 한나라의 악기 형태를 함께 갖추면서 발전한 것이다. 그러나 당시 완함의 형태는 몸통이 둥글고 목이 짧다는 점에서 현도의 옛 형태인지 의구심이 들 수 있는데, 여러 문헌의 기록에서 현도라는 명칭만 보일 뿐 그 형태에 관한 기록은 찾아보기 어렵기 때문이다. 그러나 앞선 기록을 통해서 비파―완함―현도의 연관성을 추측할 수 있기 때문에 악

기의 형태도 그와 유사했을 것으로 보인다.

다음은 현도와 연관이 있는 악기인 삼현과 사호에 대해서 알아보자.

'삼현三弦'은 일명 현자弦子라고도 하는데 진나라 때의 현도弦鼗가 전신으로 보이며, 원나라 때부터 삼현이라는 이름으로 불렸다[021]는 기록을 통해 삼현 또한 현도가 모체임을 알 수 있다.

'사호四胡'는 중국 소수민족인 해족의 악기 해금에서 유래했다. 악기 모양과 민족의 지리적 환경을 통해 해금의 기원인 해족과 관련이 있으며, 청나라에서 나온 사료에 등장하는 제금은 해금과 같은 악기에 속하며 제금은 사호의 구조와 크기가 거의 같아 고대 해금에서 유래한 것으로 보고 있다. 문헌에 해금이 중국의 오래된 악기인 현도와 관련이 있다고 기록되어 있어, 해금의 기원이 현도임을 추측할 수 있다. 마두금과 사호는 북방 소수민족의 몽골족 악기로 마두금의 해珥 기원은 현존하는 악기의 몽골어 발음의 줄임말과 현재도 차하얼 지역에서 마두금을 해금이라고 부르는 것을 근거로 한다.[022] 따라서 위의 기록을 통해 사호는 해금에서 나왔고 해금의 모체가 현도라는 가정 하에 사호의 모체가 되는 악기 또한 현도라고 할 수 있다.

지금까지 해금의 기원악기인 현도絃鼗를 살펴본 결과를 정리하면 다음과 같다.

첫째, 현도는 해금과 완함, 삼현, 사호 등 찰현악기의 모형母型이라 볼 수 있고, 사대부들이 즐겼던 비파와 달리 현도는 기원전 3세기경 진시황의 만리장성 노역했던 호인胡人이 연주한 악기로 비파 등의 악기에 비해 문헌 기록이 많이 남아있지 않다.

둘째, 현도는 활을 쓰는 찰현악기가 아니라 손가락이나 채를 사용하여 연주하는 발현악기였다. 찰현악기인 경우에는 '찰擦; 비비다, 문지르다', '알軋; 내리누르다', '랍拉; 끌다' 등으로 기록되어 있는데 현도는 연주 방법이 '고鼓'하는 것으로 기록되어 있다.

현도는 기록을 통해 발현악기인 완함과 찰현악기인 해금의 모체가 된 악기임을 알 수 있다. 현도는 완함비파의 원형이기도 하지만 외형적으로 몸통이 둥글고 목이 긴 형태로서 완함보다는 해금과 더 닮은 악기이다. 즉 현도라는 악기에서 발현악기인 비파류 악기와 찰현악기인 해금류 악기 두 종류의 현악기가 파생되었을 것이다.

혜강의 혜금 제작설

'혜금嵇琴'에 대한 최초 기록[023]은 당나라 맹호연의 시에 가장 먼저 나타난다. 현재 통용되고 있는 '해금奚琴'으로 씌어진 기록은 1104년 『악서』에서 먼저 보이는데 '해금奚琴' 보다 '혜금嵇琴'이 적어도 360년 정도는 기록상 앞서 있다. 오늘날 '해금奚琴'의 명칭은 '혜금嵇琴'으로 먼저 표기된 것이다.

'혜금嵇琴'의 제작과 관련하여 죽림칠현竹林七賢의 한 사람인 혜강嵇康. 223~263이 혜금嵇琴을 제작했다는 설이 있다. 이러한 혜강의 혜금嵇琴 제작설이 처음 언급된 기록은 『사림광기事林廣記』[024]이다.

"혜금(嵇琴)은 본래 혜강(嵇康)이 제작한 것이므로 이름을 '혜

금(嵇琴)’이라 하였다. 두 줄이고 대나무로 밀며 소리가 청량하다.”고 하였다.

—『사림광기(事林廣記)』

혜강은 음악이론가이자 금琴연주가로 당시에 있었던 현도를 개량하여 ‘혜금嵇琴’을 만들었을 것이다. 현도를 보고 만들어진 또 다른 악기 완함진비파, 진한자은 혜강과 함께 죽림칠현의 한 사람인 완함阮咸과 관련이 깊다. 기원전 3세기 진시황 때 사용된 현도는 당나라 때까지도 사용되었고 3세기경 발현악기로 추측되는 현도를 모체로 해금, 완함, 삼현 등이 제작되었을 것이다. 따라서 ‘혜금嵇琴’이 혜강의 성을 따서 ‘혜금’으로 불리었고 이를 혜강이 혜금을 제작했다는 근거로 본다.

중국의 문헌에서 ‘혜금嵇琴’이 당나라 때 처음 나타난 이후, 송나라에 들어가서는 민간에서 성행하였는데, 소규모의 합주 형태인 세악細樂에는 늘 혜금嵇琴이 편성되었다. 독주나 중주에서도 혜금嵇琴이 많이 애용된 사실이 『도성기성都城紀胜』, 『무림구사武林舊事』 등 여러 문헌에 기록되어 있다.025

“대나무로 혜금(嵇琴)을 당기니.”026

—『연영산인지정시(宴榮山人池亭詩)』

‘혜금嵇琴’을 기록한 주요 문헌으로 맹호연의 『연영산인지정시宴榮山人池亭詩』가 있다. 『연영산인지정시』는 ‘혜금’에 대한 최초의 기록이며, 해금이 대쪽 활을 사용하여 연주되는 정경을 묘사하고 있다.

희령 중에 궁궐의 잔치에서 교방 영인 서연이 혜금(嵇琴)을 연주하며 술을 올리자 한 줄이 끊어지니, 연이 곧 혜금(嵇琴)을 바꾸지 않고 다만 한 줄만 써서 곡을 끝마치매, 이때부터 한 줄 혜금(嵇琴)이 비롯되었다.027

—『몽계필담(夢溪筆談)』

또한 심괄沈括. 1031~1095은 『몽계필담』에서 송나라의 신종神宗 희령熙寧. 1068~1077 중에 있었던 궁중 연회에서의 혜금 연주 일화를 기록하고 있다.

우리나라에서 해금에 대한 기록을 살펴보면, ‘혜금嵇琴’, ‘혜금嵇琴’으로 고려시대부터 나타난다.

『고려사高麗史』「악지樂志」에서는 속악기로서 ‘嵇琴絃二. 줄이 둘’을 기록하고 있으며 〈한림별곡翰林別曲〉1215~1230, 『동문선東文選』의 〈청주 원암연집淸州 元巖宴集〉에서도 아래와 같이 ‘혜금嵇琴’, ‘혜

금嵇琴’의 기록이 나타난다[028]. ‘혜금嵇琴’, ‘혜금嵇琴’의 명칭은 고려 시대뿐 아니라 조선시대에 들어와서도 함께 사용되었다.

아양의 금, 문탁의 적, 종무의 중금, 대어향 옥기향의 쌍가얏고
금선의 비파, 종지의 혜금(嵇琴), 설원의 장고.
아아 밤새워 연주하면 그 정경 어떠하겠나[029]

—『고려사』「악지」

푸른 옥잔이 깊어 맛난 술이 향기로운데,
혜금(嵇琴) 소리는 늘어지고 젓대 소리는 길다.

1636년 〈조선통신사 행렬도〉 (국립중앙박물관)

그 중에 또 고운 목 노래 있어, 일곱 노인이 즐기는데 귀밑머리
는 서리같다.[030]

—「청주 원암연집(淸州 元巖宴集)」

이러한 기록 외에도 통신사 행렬도에도 해금의 기록이 남아있
는데 1636년인조 14의 통신사 행렬도를 보면 말 위에서 해금을 타
는 그림과 함께 '혜금嵇琴'이라 명시되어 있고[031] 1711년숙종 37 통신
사 행렬도에는 도보로 행진하면서 해금을 타는 모습 위에 '혜금嵇
琴'으로 기록되어 있다[032].

혜강의 혜금 제작설은 '혜금嵇琴', '혜금嵇琴'의 문헌 기록을 통

해 그 가능성을 추측한 가설이다. 기원전 3세기 진시황 때 사용된 현도는 당나라 때까지도 사용되었고, 3세기경 발현악기로 추측되는 현도를 모체로 혜금과 완함이 제작되었다고 추측할 수 있다. 따라서 혜강의 성을 따서 '혜금'으로 불리었고 이것이 혜강嵇康이 혜금을 제작했다는 근거가 되었다고 할 수 있다.

해금은 689년 당나라 시대 이후부터 1711년 조선시대 숙종 37년까지 혜금이라는 명칭으로 사용되었다. 1104년 송나라 진양의 『악서』에 나타난 해금의 기록보다 더 이른 것으로 초기에는 '해금'이 아닌 '혜금'으로 쓰였음을 알 수 있다. 현재 사용되고 있는 '해금'이라는 명칭은 1104년 송나라 진양의 『악서』에서 처음 나타났으며, 혜금과 해금이 혼용되어 쓰인 조선왕조실록의 기록으로 보아 조선시대에는 두 명칭이 모두 사용되었음을 알 수 있다.

지금까지 살펴본 기록들을 바탕으로 첫째, 발현악기인 현도를 모체로 혜강이 혜금을 제작하였다. 둘째, 혜금은 해족奚族의 해금으로 명칭이 바뀌었으나 혼용되다가 현재의 해금으로 정착되었다. 셋째, 해금의 활은 대나무쪽을 사용하다가 말총으로 바뀌었다. 이는 1104년 『악서』 전후로 유목지역인 변경에서부터 변화가 시작된 것으로 보인다.[033]

'혜금' 명칭을 사용한 기록

시기	해금명칭	문헌명	비고
당 689~740년	嵇琴	연영산인지정시	
송 1068~1077년(熙寧)	嵇琴	몽계필담	
고려 1214~1259년	嵆琴	한림별곡	
고려(1451년)	嵆琴	고려사 악지	속악기조 "嵆琴(絃二)"
남송 후기 1340년	嵇琴	사림광기	
고려 1364년	嵇琴	청주 원암연집	
조선 1392~1863년	嵇琴·奚琴	조선왕조실록	
조선 1636(인조 14년)	嵇琴	통신사 행렬도	
조선 1711(숙종 37년)	嵆琴	통신사 행렬도	

'해금' 명칭을 사용한 기록

시기	해금명칭	문헌명	비고
송 1104년	奚琴	악서	제128권 樂圖論 胡部
고려 1328~1395년	奚琴	목은시고	
고려(시기 미상)	奚琴	청산별곡	
조선 1392~1863년	嵇琴·奚琴	조선왕조실록	
조선 1493(성종 24년)	奚琴	악학궤범	

해금의 나라 ‘奚’

해족의 뿌리는 중국 밖 동북 지역의 호胡, 동호東胡와 같은 유목 민족으로 해금과 胡는 매우 밀접한 관계가 있다. 중국의 해금류 악기를 보면 현대에 와서도 그 명칭에 거의 ‘胡’가 붙는다.

예를 들면 호금胡琴, 이호二胡, 경호京胡, 오호奧胡, 야호椰胡, 사호四胡, 판호板胡, 남호南胡 등이다. 일본에서도 유일한 찰현악기를 호궁胡弓[034]이라고 한다. 중국에서 胡는 진秦 이전에는 북방 유목 민족인 흉노匈奴만을 일컬었으나 304년부터 439년에 이르는 5호 16국 시대五胡十六國 時代[035] 이후 중국을 제외한 국경 밖 이민족을 총칭하게 되었다. 따라서 실제 어휘에 나타나는 ‘胡’는 만주, 몽골, 중앙아시아, 아라비아 등 폭넓은 지역의 이민족을 말한다.

우리나라에서 '胡'는 주로 '오랑캐'라고 하여 청나라의 여진족이나 중국을 가리키는 말로 쓰였다. 『악서』에서는 호부胡部 악기의 지역을 설명하면서 중국 서쪽의 여러 지명으로 기록하고 있다.

많은 호부 악기는 대개 서역西域의 여러 지역의 악기로 설명되어 있는데 이를 보면 "胡는 곧 서역"이라고 추정할 수도 있으나, 갈고羯鼓와 모원고毛員鼓에서 보이듯이 중앙아시아 외에도 동남아시아扶南, 부남와 인도天竺, 천축의 악기까지 호부에 포함된 것을 알 수 있다. 이처럼 호胡가 가리키는 지역은 매우 넓으며 중국은 해족을 '동부호지종東部胡之種'으로 기록하고 있다. 동쪽의 호胡로서 동호東胡는 해奚 외에도 오환烏丸, 선비鮮卑 등 여러 종족이 포함되고 있다. 오환산 일대에 사는 동호東胡는 오환烏丸, 선비산 일대에 사는 동호는 선비鮮卑라고 하였다.

중국은 중국 밖의 동북쪽을 동호로 구분하였으며 해족의 뿌리는 호胡, 동호東胡 등 중국 밖 동북지역의 유목민족이다. 그런 까닭에 해금은 '본래 호胡의 악기'라고 한 것이다. 뿐만 아니라 『악서』에서 "진한비파는 본래 '호인胡人'의 현도에서 나왔다秦漢琵琶本出於胡人絃鼗"고 하여, 해금의 모체라고 하는 현도도 호인의 악기라 하고 있다.

그러나 지금까지 동호東胡를 의미하는 '해奚'036에 대한 연구는 거의 전무한 실정으로 여기서는 중국의 정사正史를 중심으로

'해琴'의 역사와 지리적 위치, 기타 관련 기록 등을 살펴보고자 한다.

『악서(樂書)』의 호부(胡部)악기와 그 해당 지역

호부(胡部) 악기	해당 지역
정동발(正銅鈸)	고창(高昌)·소륵(疎勒)
화동발(和銅鈸)	서융(西戎)
호부(胡缶)	서융
갈고(羯鼓)	구자(龜玆)·고창·소륵·천축(天竺)
첨고(檐鼓)	서량(西涼)
모원고(毛員鼓)	부남(扶南)·천축
답랍고(答臘鼓)	구자·소륵
계루고(雞婁鼓)	구자·소륵·고창
제고(齊鼓)	서량
도뢰(鞉牢)	구자
해금(奚琴)	胡
진한비파	胡
구자비파	구자
피리	강호(羌胡)·구자
쌍피리	호부 안국(安國)
21관 소	구자
대호가(大胡笳)	서융
횡취(橫吹)	胡·서역
의취적	서량

해부족과 해금의 관련성이 기록된 가장 오래된 문헌은 송나라 때 진양이 지은 『악서』로 첫 구절은 다음과 같다.

"奚琴本胡樂也"

해금은 본래 '胡'의 악기이다.[037]

—『악서』

이 기록을 통해 해금은 본래 '호'의 악기임을 알 수 있는데, 여기서 '호胡'는 동호족인 '해나라'를 가리키는 말이다. 이에 대한 기록은 『신당서』에서도 찾아볼 수 있다.

"해는 동호족이며 오환산을 보호한다."

—『신당서』

『신당서』의 기록을 통해, 동호는 해나라를 가리키고, 해금은 해나라의 악기였음을 알 수 있다.

송나라 말宋末 원나라 초元初의 학자 마단림馬端臨. 1254~1323이 편찬한 『문헌통고』에서도 해금과 해부족에 관한 기록이 다음과 같이 서술되어 있다.

“奚琴 胡中奚部所好之樂 出於奚鼗而形亦類焉”

해금은 호족 중 해부족이 즐기는 악기이다.[038]

— 『문헌통고』

여러 호족 중에서도 해금은 해부족이 즐겨 연주하던 악기라는 구체적인 사실을 『문헌통고』에서 확인할 수 있으며, 『문헌통고』의 내용은 조선시대의 악서인 『악학궤범樂學軌範』에서도 인용되고 있다.

“文獻通考云, 奚琴, 胡中奚部所好之樂”

문헌통고에 “해금은 오랑캐(胡) 중 해족(奚族)이 좋아하는 악기인데,

— 『악학궤범(樂學軌範)』

이를 보아 조선시대에는 중국의 사료인 『문헌통고』의 내용을 신빙성 있는 사료로 받아들였음을 알 수 있다.

『문헌통고』와 같은 시기에 지어진 구양수歐陽脩, 1007~1072의 7언 율시 〈시원문해금작試院聞奚琴作〉[039]에도 해나라와 해금 관련 기록이 있어 주목된다.

“奚琴本出奚人乐, 奚虏弹之双泪落”.

해금은 본래 해부족의 음악에서 나온 것이고,

해노(奚奴)가 이를 뜯으면 눈물이 두 줄기 흘러내린다,

—〈시원문해금작(试院闻奚琴作)〉

〈시원문해금작〉에도 해금은 해부족의 음악에서 나온 것이라는『악서』와『문헌통고』의 내용을 따르고 있다. 구양수는 해부족의 노예가 해금을 뜯으면 눈물이 두 줄기 흘러내린다고 했는데, 해금의 구슬픈 음색을 시로 표현한 것이라 할 수 있다.

조선시대에도 해금의 시초에 대한 논의가 이루어진 글이 있어 주목되는데 그 내용을 살펴보면 다음과 같다.

저들이 문장을 평론하기도 하고 과명을 비교하기도 하다가 술이 거나해지고 등잔의 불똥이 앉을 무렵 뜻이 높고 태도가 심각하여 붓이 떨어지고 종이가 날다가 문득 나를 돌아보고 묻기를, '너는 해금의 시초를 아느냐?' 나는 황망히 몸을 굽히고 대답합니다. '모르옵니다.' '옛적 혜강이 처음 만들었더니라.' 나는 또 얼른 몸을 굽신하고 '예예, 그렇습니까'하면, 누군가 웃으면서, '아닐세, 해부족의 금이란 뜻이지. 혜강의 혜자가 당키나 한가.' 이렇게 좌중이 분분하지만, 도대체 나의 해금과 무슨 상관

이 있겠소?[040]

—〈유우춘전(柳遇春傳)〉

위에서 살펴본 〈유우춘전柳遇春傳〉의 내용을 통해 조선시대에도 해금의 시초에 관한 논의가 있었음을 알 수 있다. 해금은 혜강이 만들었다는 '혜강의 해금 제작설'과 해부족의 악기였다는 '해부족의 악기설'이 분분했던 것이다. 진양의 『악서』, 마단림의 『문헌통고』 외에도 조선시대 성종재위 1469~1494(음력) 때 편찬 된 『악학궤범』의 기록도 조선의 사람들이 해금을 해부족의 악기라 인식하고 있었다는 것을 보여준다.

이밖에 중국의 문헌 자료를 통해서도 해금은 해부족의 악기였다는 사실을 발견할 수 있다.

奚, 也称库莫奚。它是我国东北地区一支古老的民族, 源于东胡, 盛于唐辽。后来多被融合在汉、契丹等族中, 元代完成了最后的融合过程。奚是个勤劳、勇敢而又富于智慧的民族, 在今西拉木伦河和老哈河流域创造了带有自己特点的经济类型和璀灿光华的民族文化。这个民族虽早已溘然不闻, 但它的历史作用是不可泯灭的, 奚琴的创制就是一例。[041]

해는 고막해라고도 불리는데 중국 동북지역의 아주 오래된 민족으로 그 기원은 동호에서 시작되며 당과 요에 번성했다. 후에 대다수가 한족이나 거란족 등에 융합되었고 원나라 때에 최후의 융합과정을 완성했다. 해족은 근면하고 용감하고 지혜가 넘쳐나는 민족이었다. 지금의 시라무룬강과 라화허 노합화 유역에서 자신들만의 독특한 경제 유형과 찬란하게 빛나는 민족문화를 창조했었다. 이 민족은 이미 그 흔적조차 없지만 그들의 역사 작용은 사라질 수 없는 것이었고 해금의 창제가 바로 그 한 예이다.

위의 글에서는 해부족이 해금을 창제했다고 서술하였다. 이는 진양의 『악서』의 기록인 "해금은 본래 호의 악기이다"라는 기록에서 호는 해부족을 나타내므로 동일한 내용이라 할 수 있다. 즉, 중국의 문헌 자료는 해금을 해부족의 악기로 오래전부터 인식하고 있었다고 기록하고 있다.

奚琴其形制除陈旸乐书所绘 外, 尚有日本《体源抄》, 朝鲜《乐学轨范》, 清朝《续文 献通考》及今之朝鲜族奚琴可据.[042]
해금은 그 형체가 진양의 『악서』가 묘사한 것 외에도 또한 일본의 『체원초』라는 책과 조선의 『악학궤범』 청나라 때 『문헌통고』

그리고 오늘날 조선의 해금에서 그 근거를 찾을 수 있다.

이 글에서 제시한 중국, 일본, 조선의 자료들은 모두 해금을 해부족의 악기로 기록하고 있다. 살펴본 사료를 통해 해금은 해나라 해부족의 악기였음을 알 수 있다.

해나라는 3세기 초 무렵 고막해고막해, 고모해, 고몍해라는 이름으로 건국하여 그 후 400년 후 중국의 수나라 때 부터 해奚로 바뀌었다. 중국의 정사인 『금사金史』에서 해는 한나라 말기에 건국하여 북주·수·당나라 때 강성했고 800년간 존속했다고 기록하고 있다.

본 장에서는 첫 번째 시기는 고막해庫莫奚로 시작하여 수隋 이전까지 고막해로 불렸던 시기, 두 번째 시기는 수 이후 해奚로 바뀌어 당唐과 대립한 해의 전성기, 세 번째 시기는 요遼와 금金의 지배하에 있었던 해의 시기로 나누어 살펴보도록 하겠다.

고막해(庫莫奚)의 시기

고막해(庫莫奚)의 성립

고막해가 언제 정확하게 시작되었는지는 분명하지 않다. 다만

고막해는 한말漢末에 거란과 함께 일어났고[043], 수隋 이후부터 '해'
로 불렸다고 한다.[044] 이 기록대로라면 후한後漢 시기가 25년~220
년이므로 고막해가 성립된 시기는 늦어도 3세기 초 무렵으로 추
정할 수 있다. 고막해가 처음 기록된 『위서魏書』에 의하면 고막해
국의 조상은 동부 우문宇文의 다른 종족이다.[045] 그런가하면 고막
해는 선비鮮卑의 다른 종족이다.[046] 또 다른 기록을 보면 해는 동
호東胡의 종족이고[047], 흉노匈奴의 다른 종족이다.[048]

　앞의 기록들을 종합하면 고막해와 해는 우문, 선비, 동호, 흉노
와 모두 관계가 있다. 그러므로 고막해의 뿌리를 확인하기 위해
서는 이들 종족을 모두 알아볼 필요가 있다.
　우선 우문은 부족 연합체였던 선비의 한 부족이며 선비는 모
용, 우문, 독발, 걸복, 탁발씨 등이 중심이었다.[049] 따라서 우문은
선비에서 갈라져 나온 부족이므로 선비—우문—고막해의 관계가
성립된다. 즉 고막해는 선비의 후손이기도 하고 우문의 후손이기
도 한 것이다. 선비는 몽골리아와 만주의 경계에 있는 홍안령 지
역에서 기원하여 오랫동안 퉁구스계로 이해되었지만 프랑스 학
자 펠리오Paul Pelliot와 일본 학자 토리이 류우조鳥居龍藏의 연구에
의해서 몽골계로 인정된 종족이다.[050]
　동호東胡에 대해서 알아보면, 전국시대에 중국인은 흉노를 '

호胡'라 총칭하였고 흉노보다 동쪽의 종족을 '동호東胡', 서쪽의 종족을 '임호林胡'라고 불렀다.[051] 그렇다면 동호는 흉노와 같은 종족으로서 흉노의 일부일 뿐이다.

동호와 선비의 관계를 살펴보면 기원전 2세기 무렵 동호가 묵특冒頓 선우單于의 흉노에게 공격을 받고 적봉赤峰 지역에서 홍안령산맥 안으로 피하게 되어 오환산烏桓山 지역으로 들어간 세력을 '오환', 선비산鮮卑山 지역으로 들어간 세력을 '선비'라 부르게 되었다.[052] 따라서 선비는 동호에서 갈라져 나간 것이므로 선비는 동호의 후예가 된 것이다. 앞의 모든 기록을 종합하면 흉노—동호—선비—우문—고막해의 종족 관계가 성립되고 고막해와 해의 종족에 대한 기록은 모두 부합하게 된다.

정리하면 흉노의 일부로서 동호가 있었고, 동호는 흉노의 공격으로 홍안령산맥의 선비와 오환으로 갈라졌다. 그 후 선비의 일부인 우문이 시라무룬강沙拉木倫河[053] 유역으로 진출하고 그 일부가 고막해를 세운 것이다. 선비의 하나인 우문이 시라무룬강 유역에서 두각을 나타내기 이전인 3세기 초에 우문의 일부가 고막해를 세운 것으로 추정된다. 3세기 중엽부터 모용부, 시라무룬강 유역의 우문부, 단부, 탁발부가 두각을 나타내었고, 후에 모용부는 전연, 후연, 서연, 남연을 세우고 탁발부는 북위 왕조를 수립하였다.[054] 그리고 고막해의 직계 부족인 우문부는 344년 모용부

 해금의 역사와 여정

에 의해 멸망하였다.[055]

고막해(庫莫奚)의 전개

이렇게 세워진 고막해가 중국 사서에 처음 등장하는 것은 4세기 전반 무렵이다. 고막해는 선비의 한 부족인 모용부의 모용원진慕容元眞에게 공격을 받고 송막松漠 사이로 근거지를 옮겼다.[056] 그후 4세기 말인 388년에는 북위의 태조道武帝에게 공격을 당하여 네 부락과 말·소·양·돼지 십여만 마리를 빼앗긴 후 십수 년 동안 모든 종족과 고막해가 번성하였다.[057] 5세기 후반인 북위의 문성제452~465와 헌문제465~471 때 고막해는 매년 명마와 가죽을 북위에 바쳤다.[058] 498년에는 고막해가 안주安州를 침입하였고,[059] 이후 539년에는 다시 사신을 보내고 지역의 산물을 바치는 것을 시작으로 무정543~550 말까지 해마다 북위에 조공을 바쳤다.[060]

이 시기에 고막해는 점차 종족이 늘어나 욕흘주(욕흘왕), 막하불, 계개, 목곤, 실득의 다섯 부족으로 나누고, 부족마다 사근俟斤을 한 사람씩 임명하여 다스리게 하였다.[061] 그리고 아회씨阿會氏라는 강력한 지도자가 고막해 다섯 부족을 모두 이끌었다.[062]

고막해는 한때 돌궐에 복속하여 거란과 자주 싸웠으며 전쟁에서 노획한 재물과 가축을 상으로 주었다.[063] 이런 점은 흉노의 경우도 마찬가지였다. 한서漢書「흉노전」에 의하면 전투에서 취득

한 노획품은 노획한 자에게 주어지며 만약 사람을 얻으면 그 자를 노비로 삼게 하였다.[064]

고막해는 목축을 주로 하여 물과 초원을 따라 이동하였지만[065] 한편으로는 농사도 짓는 목주농부牧主農副의 형태였다. 목축에서 말은 유목민들 사이에서 가장 높은 위치를 차지하였는데, 부족들 사이의 통신과 협력을 위한 이동성, 전투의 기동성, 식량의 부차적 공급원으로 중요하게 여겨졌다. 양은 목축업의 기반으로 식량, 가죽, 연료를 제공하였고 가축 중에서 가장 많은 비율을 차지하였다.[066] 그리고 가축 중에 돼지가 포함되어 있었다는 것은 농경 정착 생활의 일면을 말해 주는 것이다.

목주농부 형태는 흉노에게 있어서도 마찬가지였다. 다만 고정된 지역에서의 농사가 아니고 몇 년에 한 번씩 농지를 변경했다. 이런 방법은 메마르고 척박한 몽골고원에 적합한 것이었다.[067] 선비족도 이미 신석기 시대부터 흥안령 동쪽의 동몽고를 원거주지로 삼아 농목 교착지대인 시라무룬강 유역에서 목주농부 형태로 살아왔다.[068] 그러나 고막해가 북위에 명마를 특산물로 바쳤다는 것은 여전히 유목민의 특성을 그대로 지니고 있었다는 것을 말하고 있다.

당시의 고막해는 활을 이용한 사냥을 잘 하였고 약탈도 자주 하였다.[069] 가축과 사람을 대상으로 한 약탈은 유목사회의 경제활

동의 하나였다. 군마는 가축 중에서 특히 중요 대상이었으며, 농업과 제철 등의 수공업에 종사하는 사람들을 끌고 갔다.[070]

고막해(庫莫奚)의 위치

사서史書에 처음 등장한 고막해의 위치는 송막松漠의 사이이다.[071] 여기서 말하는 송막은 평지송림平地松林 또는 천리송림千里松林을 말하며,[072] 지도상으로는 시라무룬강沙拉木倫河 상류지역으로 하북성 북부와 내몽고자치구에 걸쳐있는 지역이다.[073]

이후 고막해의 위치는 흥안령산맥의 남단南端에서 라오하강哈河과 시라무룬강沙拉木倫河의 유역을 차지하고 있다. 라오하강은 일명 노하老河·토하土河로 지금의 내몽고자치구와 요령성의 경계

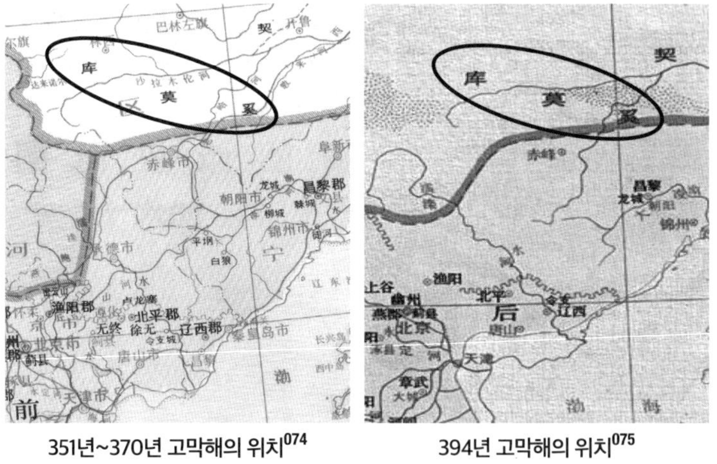

351년~370년 고막해의 위치[074]　　　　394년 고막해의 위치[075]

지역을 흐르는 강이다. 4세기 말인 388년에도 약락수弱洛水[076] 유역을 차지하고 있었고 현재 내몽고자치구의 적봉시赤峰市의 북쪽과 경계를 접하였다.

5세기 후반에는 고막해의 영토가 남으로 확장되어 적봉시와 승덕시承德市를 포함하고 조양시朝陽市의 북쪽과 경계를 이룬다.

6세기 중간 동위534~549 시기에는 서쪽의 경계이던 흥안령산맥을 넘어서 해의 영토가 서북쪽으로 확장된 것을 볼 수 있다.

수나라581~618 당시 해는 이전보다 훨씬 남하하여, 영토의 중심이던 시라무룬강을 거의 벗어나 강의 상류만 포함하고 있다. 고막해 당시 차지했던 현재의 적봉시는 거란에게 내주고 승덕시만 포함한 채 약간 축소되어 있으며 남쪽으로는 거의 현재의 북경

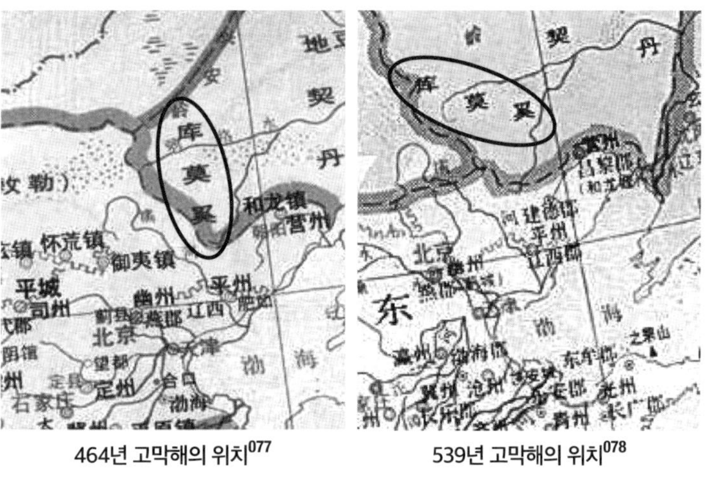

464년 고막해의 위치[077]　　　539년 고막해의 위치[078]

과 근접해 있다.

648년 당은 해에 요락도독부饒樂都督府를 설치하였다. '해의 동쪽에는 거란, 서쪽으로는 돌궐, 남쪽에는 백랑하白狼河, 북쪽에는 습나라霫國에 이른다'고 하였다. 해의 남쪽에 접한 백랑하는 현재 요령성 남부의 대능하大凌河이며 발해[079]로 흘러드는 강이다.

이후 808년 해는 현재 북경 동북쪽에 있는 난하灤河를 중심으로 자리 잡고 있었다. 난하는 현재 중국 내몽고자치구에 인접한 하북성 동북부에서 발원하여 승덕承德, 천서遷西, 천안遷安을 거쳐 발해로 흘러드는 강이며 일명 난수灤水라고도 한다.

해는 당이 망하고 송나라가 들어서기 전인 943년에는 현재 북경 위에 근접하여 남하해 있다. 북쪽의 요의 영향으로 이전보다

수(581~618) 시기의 해

당 요락도독부 시기의 해

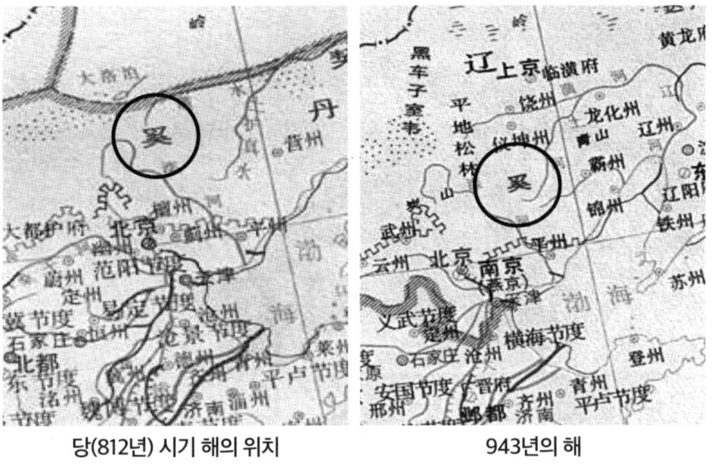

당(812년) 시기 해의 위치   943년의 해

위축된 것으로 보인다.

해나라가 있던 곳은 현재 중국 요령성의 요하遼河 서쪽 지역으로 내몽고자치구, 하북성의 북부에 해당하는 지역이다. 해는 만리장성 이북의 북경과 근접한 지역까지 남하해 있었다. 이 지역은 중국의 황하 문명보다 수천 년 앞서는 고조선 문명의 발상지이기도 하다.

특히 적봉시는 기원전 7000여 년 부터 형성된 형성된 문화유적의 중심지로 기원전 2000여 년 '하가점夏家店 하층문화' 등의 중심적인 유적지이다.⁰⁸⁰ 하가점 하층문화는 그곳에서 대가 끊기고 요동으로 이동했다가 다시 한반도로 이주한 것으로 추정되므로 적봉시 일대에서 단군조선의 흔적을 찾아야 한다는 주장이 제

기되기도 하였다.[081] 홍산문화에서 발견되는 옥저룡玉猪龍을 옥웅
룡玉熊龍으로 보고 홍산문화의 주도 세력을 단군신화의 웅녀족으
로 보는 견해가 있을 정도이다.[082] 뿐만 아니라 적봉의 신석기문
화가 일찍이 유목 기마문화를 습득했다면 적봉은 중앙아시아에
이르는 광범위한 유목문화의 뿌리가 될 수 있음을 말하고 있다.[083]

전성기의 해(奚)

앞서 살펴본 대로 고막해는 수나라 이후 '해奚'로 바뀌었다. 해
는 거란과 함께 시작하여 원위元魏[084] 때 고막해라 불렸고 우문의
주周·수隋·당唐을 지나면서 모두 군사가 강하다고 하였다.[085] 특히
중국 역사상 강대국이었던 수·당 시기가 해의 전성기였다는 사
실은 주목할 만하다. 수나라581~618 시기에 해는 수와 충돌한 기
록이 없이 사신과 특산물을 보내면서 평화롭게 지낸 것으로 보
인다.[086]

당나라가 들어선 후 해는 당나라와 전쟁을 하기 시작했고 당
이 망할 때까지 화친과 전쟁을 반복하게 된다. 당이 들어선 후 고
조高祖 때 고개도高開道가 해의 군사를 끌고 유주를 다시 공격하였
다가 실패했고,[087] 그 후 정관 3년629에 사신을 보내어 조공朝貢하
기 시작하여 17년간 모두 네 번의 조공을 바쳤다.[088]

조공이라는 기록을 대개는 복종의 의미와 함께 예의를 갖추어 물품 등을 바치는 것으로 이해하고 있으나 실제로 유목민들이 '조공을 바쳤다'는 중국의 기록들은 오히려 유목민들을 달래기 위해 막대한 뇌물을 보냈던 사실을 숨기려한 외교적 연막이었다. 흉노의 경우 중원 왕조에 대해 최소한의 복종 표시만 하면 그 대가로 대량의 이익을 얻을 수 있는 속임수에 불과하다는 현실을 이해한 후 조공체제를 적극 수용하였고, 조공체제에서 획득한 자원을 이용하여 초원에서 세력을 재건하였다.[089] 해의 경우에도 당의 지덕756~757 이후 매년 하례를 올리기 위해 수백 명이 유주幽州까지 갔으며 추장 3~50명을 뽑아 장안의 궁궐에 보내면 당나라는 그들을 인덕전에서 맞이하여 금과 비단을 내리고 돌려보냈다.[090]

정관 22년648에는 해의 가도자可度者가 부족을 이끌고 당나라에 항복하니 당은 처음으로 요락도독부饒樂都督府를 설치하여 가도자를 요락도독으로 임명하며 당의 종실과 같은 이씨 성을 내리고 누번현공樓煩縣公에 봉하였다. 그리고 5부—아회부, 처화부, 오실부, 도계부, 원사절부의 이름을 바꾸고 요락부에 속하게 하였다.[091] 당은 고종高宗으로 바뀐 후에도 가도자를 대장군에 임명하고 화친체제를 유지하고자 하였다.[092]

당이 요락도독부를 설치한 이후에 해는 당의 영향을 받았으나 이는 제한적이고 형식적인 것이었다. 현경 5년660에 가도자가 사망하자 해는 기다렸다는 듯 당에 반기를 들었으나, 다음 해에 당나라에 토벌당하고 해의 왕 필제匹帝는 죽임을 당하였다.[093] 696년 측천무후則天武后 때에는 거란과 함께 당에 등을 돌리고, 해의 많은 사람이 돌궐에 복속하여 두 나라가 겉과 속이 되어 '양번兩蕃'이라 불리게 되었다.[094]

당나라와 해가 대등한 입장으로 된 것은 이대보李大輔[095]가 해의 지도자가 된 이후였다. 경운 원년710 당나라에서 예종睿宗이 즉위하자 해의 이대보가 사신을 보내 특산물을 바쳤는데 이에 예종은 잔치를 열고 후한 상을 내렸다.[096] 그 후 연화 원년712 당의 현종玄宗이 즉위 후 12만 군사를 동원하여 해를 기습하였으나 도리어 이대보에게 크게 패하였다.[097] 이때의 패전으로 인해 당나라는 적극적으로 해와 화해정책을 쓰게 되었다. 해가 화친을 제의하자 당은 고안공주固安公主를 이대보에게 시집보냈으며, 대장군과 도독으로 임명하였고 그 외에도 요락군왕饒樂郡王으로 봉하고 많은 예물을 보냈다.[098] 황실의 여자를 해의 수령首領에게 시집보냈다는 것은 해와 당의 관계가 사실상 서로 동등하다는 의미였다. 당나라는 상대방이 약할 경우에 황녀가 아닌 후궁을 격하시

켜 보냈다.[099] 이러한 통혼정책은 중국 왕조가 채택했던 이민족에 대한 정책 중 가장 중요한 것으로, 당나라 이후에 이민족의 군장을 위로하여 화평을 목적으로 혼인시키는 경우를 화번공주和蕃公主라 불렀다.[100]

당나라에 대한 이런 영향력 덕분에 해는 거란과 협력하여 유성柳城에 영주도독부營州都督府를 다시 설치하도록 했으며[101], 해와 당의 대등한 관계는 이대보가 죽은 후에도 지속되었다. 개원 8년720 이대보가 거란을 돕기 위해 가서 전사하니 그 동생 노소魯蘇가 대를 잇게 되었는데[102] 당은 조서를 내려 노소를 보새군 경략대사를 겸하게 하였으며 성안공주의 딸 위韋를 동광공주東光公主로 봉하여 시집보냈다.[103] 726년에 당나라는 노소를 봉성군왕奉誠郡王에 봉하고 우우림위 장군을 내리고 그 휘하의 수령을 무려 200명이나 뽑아 모두 낭장郞將 벼슬을 내렸다.[104]

이와 같은 해와 당의 밀월 관계는 그리 오래가지 못했다. 개원 18년730 해의 무리가 거란의 가돌우可突于의 위협으로 다시 배반하고 돌궐에 투항하였다. 2년 후 신안왕이 해를 토벌하니 존장尊長 이시소고가 5천 가구를 거닐고 항복했다. 그래도 당은 이시소고를 귀의왕歸義王으로 봉하여 귀의주 도독으로 임명하고 재물 십만 단을 내리며 그 부락을 유주 경계에 살도록 하는 등 회

유책을 썼다.[105] 이시소고가 죽자 아들 연총延寵이 계승하고 거란과 함께 반란했다가 항복하였다. 당나라는 연총에게 요락도독과 회신왕懷信王을 내리고 종실 출신 의방공주宜芳公主를 시집보냈으나, 연총이 공주를 죽이고 다시 반란하자 해의 다른 추장 사고娑固를 소신왕昭信王과 요락도독으로 임명하여 평정하였다.[106] 그만큼 해의 세력이 강했기 때문에 해가 반란을 해도 당은 해를 쉽게 제압하지 못하고 회유하며 전란을 피하고자 하였다. 대력766~779 이후에는 해가 당에 조공을 때때로 바치면서 이런 관계는 한동안 지속되었다.[107]

해는 당나라의 영향력 아래서도 그 세력을 계속 유지하였고 정원 4년788에는 실위室韋와 함께 진무振武를 공격하기도 했다.[108] 그러다가 795년에 유주에서 6만여 명의 병력으로 다시 당나라와 싸우게 되었으나 크게 패하고 말았다.[109] 이후 해는 점차 세력이 약해진 것으로 보인다. 원화 원년806에는 해의 왕 매락梅落이 요락 부도독과 귀성왕歸誠王을 계승하였고 808년에 당은 해의 수령 색저索低를 현재 북경의 북동쪽에 있는 단檀, 계薊 양주의 병마사로 임명하고 이씨 성을 내렸다. 그러나 해는 약 100년 전에 비해 당에게 그리 위협적인 세력이 되지 못였으며, 당은 소극적인 유화책만을 사용한 것으로 보인다. 이러한 화친 관계는 해가 사신을 보내고 명마를 바치면서 한동안 유지되었다.[110]

그러나 당 태화 4년830 문종文宗 때에 해가 다시 변경을 침략하였다 패하여 대장大將 2백여 명이 잡히고 우두머리 여갈如羯이 포박 당하였다. 5년 후에는 해의 대수령 익사랑匿舍朗이 조공하였다. 그후 당이 선종宣宗으로 바뀐 다음 해인 대중 원년847에 북부의 해가 모두 당과 싸웠으나 추장이 사로잡히고 장락帳落[111] 20만 채를 소실당하고 양과 소 7만 마리, 수레 5백 승乘을 빼앗겼다.[112] 함통 9년868에는 해의 왕 돌동소突董蘇가 대도독 살갈薩葛을 시켜 조공을 바쳤다. 이 조공 기록이 해의 당에 대한 마지막 조공이다.

이후 거란이 강성해지자 해는 거란을 막지 못하고 부족을 이끌고 복속하였다. 그러나 포로에게 행해지는 가혹한 부역으로 인해 해는 참지 못하고 추장 거제去諸가 다른 부족을 이끌고 서쪽으로 이동하여 당나라에 항복하여 현재 북경의 북서쪽인 규주嬀州 북산에 정착하였고, 동해東奚와 서해西奚로 불리게 되었다.[113] 서해가 자리 잡은 규주의 북산은 바로 냉형산슌陘山이었다.[114] 이전에도 해는 한여름이 되면 반드시 냉형산으로 이동하여 생활하였는데 그 냉형산은 규주 서북쪽에 있다고 하였다.[115] 따라서 서해가 자리잡은 규주 북쪽의 냉형산은 전부터 해가 활동해온 지역이었다. 그에 비해 동해는 당시 비파천琵琶川에 남아 있었고 위치는 유주幽州 동북쪽 수백 리 밖에 있다고 하였다.[116]

당나라 시기에도 해는 여전히 다섯 부족[117]이 있었다. 고막해 시기처럼 사근俟斤이 각 부족을 다스렸으며 뛰어난 3만여 명의 군사가 있었다. 풍속은 돌궐과 같았으며 늘 물과 풀을 따라서 이동하여 목축을 생업으로 하며 옮겨 다녀 거주지가 일정하지 않았다. 거처는 담요로 천막을 짓고 사는데 마차를 영營으로 쓰기도 하고, 본영은 늘 5백 명의 병사가 지켰다.[118]

마차를 영으로 쓸 때는 거주할 곳을 정한 뒤 마차를 둥그렇게 둘러 세우고 그 안에 천막을 지었다. 대개 부락의 우두머리가 가장 안쪽에 자리를 잡고 그 옆으로 지위와 서열에 따라 안에서 밖으로 자리가 나뉘었다.[119] 내륙 유라시아의 여러 민족이 사용하는 천막에는 세 가지 종류가 있는데 거실 부분과 수레가 하나로 고정된 것, 거실 부분과 수레가 분리되는 것으로 한 곳에 오래 머물 때 설치하는 것, 거실이 절첩식 텐트로 되어 있어 지상에서 조립하는 것 등이다.[120]

영 밖의 다른 부락들은 모두 산골짜기에 흩어져 살았으며 세금은 없었다. 해인들은 활을 쏘는 사냥을 잘하고 거란과 전쟁을 자주 하였다.[121] 해가 강력한 군사력으로 전쟁을 자주 할 수 있었던 것은 산을 잘 타는 강한 군마軍馬[122]와 수준 높은 금속 가공기술이 뒷받침했기 때문이다. 내륙 아시아의 실위室韋와 해 안에서는 요 제국이 나타나기 훨씬 이전에 비교적 일찍 금속을 가공하

는 기술이 전문화되어 있다.[123] 흉노의 경우도 가장 자신있는 분
야는 제련과 철기제조였다. 내몽고의 백운악박白雲顎博 등지에는
대량의 철광석이 묻혀 있었기 때문에 철기를 생산하는데 유리한
천연 조건을 제공하였다.[124]

해는 기장 농사를 많이 지었는데 수확을 하여 산 밑의 움에 저
장하였다. 나무를 잘라 절구를 만들고 질그릇 솥에 된죽을 만들
어 찬물에 섞어 먹었다.[125] 유목민들이 기장을 먹었다는 기록은 흉
노의 유적에서도 확인된다. 몽골의 울란바토르 북쪽 약 100㎞에
있는 노욘 산지의 노인울라 분묘와 바이칼호 남안의 이보르가 성
터에서는 수많은 기장·조·콩류의 유물이 발견되고 있다.

이런 곡식 유물이 모두 식량으로 쓰였다고는 할 수 없지만 흉
노에는 곡식을 먹는 풍습은 분명히 있었다. 후한 때에도 복종한
남흉노에게 다량의 곡류를 지급했던 것을 보면, 후대에 이르러
곡물을 먹는 풍습이 형성되었음을 추측할 수 있다.[126]

『신오대사新五代史』에 의하면 해의 수천 가구가 서쪽으로 이동
하여 서해를 이루었는데, 거제去諸가 이끌고 간 서해의 부족이 농
사를 알게 되어 변민邊民들의 황무지를 빌려 기장 농사를 지었다
고 하였다.[127] 또한 『요사遼史』에서도 주곡을 '속粟'이라 하였는데
이는 조 또는 기장으로 보이며 이후에는 일반적인 곡물을 뜻하

 해금의 역사와 여정

는 말로 인식되었다.[128] 이처럼 해의 농사에서 기장이 많은 비중을 차지하였다.

요와 금의 지배하의 해

요遼나라를 건국한 거란은 한말漢末에 고막해와 함께 일어났다. 거란은 늘 해의 동쪽에 있었고 고막해와 '다른 종족異種'이지만 '뿌리는 같다同類'고 하였다.[129] 911년 해는 요의 영향력 아래 들어갔으나 완전히 복속服屬한 것은 그로부터 훨씬 후인 996년이었다.[130] 이것은 해가 나타나서 사라질 때 까지의 시기를 한나라 말부터 8백여 년간이라 한 『금사金史』의 기록[131]과 부합하는 것이다. 해는 요의 지배하에서도 준 지배계급으로 존재했으며, 해의 그러한 저력은 요나라를 멸한 금金나라에서도 어느 정도 존속하였다. 따라서 해를 충분히 알기 위해서는 요와 금의 지배하에 있었던 해의 기록까지도 살펴볼 필요가 있다.

당나라 말에 해는 이미 강성해진 거란의 지배하에 들어갔고 그 여파로 동해와 서해로 분리되었다. 거란은 이미 요를 건국하기 전 해인 906년 거란의 북쪽에 있던 동해를 대대적으로 공격

하여 대부분 항복을 받았다.[132] 요의 건국 후 태조 4년910에는 오마산烏馬山에 있던 해의 고지庫支와 사자저查剌底, 서발덕鋤勃德 등이 요에 반발기도 하였으나 실패하였다.[133] 이듬해인 911년 정월에는 요의 태조가 직접 서해를 정벌하였다. 동해에 있던 잔존 세력도 수차례에 걸친 요의 회유에도 불구하고 험난한 지형에 의지하여 버텼는데 결국 토벌당하고 이후 해의 땅은 지도에서 영원히 사라졌다.[134]

이렇게 해는 요의 지배하에 들어갔으나 922년에 다시 전가산箭筈山에서 해의 호손胡損이 반란을 일으켰지만 완전히 토벌당하였다.[135] 당시 해는 다섯 부족인 요리, 백덕, 오리, 매지, 초리의 5부해五部奚로 불렸는데, 요의 태조는 전가산의 해를 평정하고 타괴부墮瑰部를 더 설치하여 6부해로 불리게 되었고, 발로은勃魯恩을 해왕으로 삼았다.[136] 해 6부는 따로 해왕부奚王府라 하고 태종이 즉위하자 상곤常袞과 재상宰相을 둘씩 두는 등 직제를 보완하였다.[137] 해의 지배층 자제들은 궁에 분산시켜 입적入籍시키고 모두 이리근夷離堇[138]에 임명하였다.[139]

한편 해와 당의 관계는 907년에 당이 망한 후 끊겼으나, 923년 후당後唐이 생기면서 잔존했던 서해와 잠시 옛 관계를 회복하게 된다. 후당의 장종莊宗은 서해의 소자掃剌에게 이씨 성을 내리

고 이름을 소위紹威로 고쳤고, 소위가 죽자 아들 예자拽剌가 자리를 계승하면서 여러 번 사신을 보내 조공을 하였다.[140] 그러나 925년 후당은 망하고 해는 요의 지배하에 놓이게 된다.

요의 태조는 해의 6부 외에도 포로들을 잡아 따로 질자질달부迭剌迭達部를 설치하여 서북 변경의 홍안령산맥에 인접한 경주慶州의 남쪽에 살면서 흑산黑山 북쪽을 지키게 하였고, 을실오외부乙室奧隗部를 설치하여 동북로 병마사의 관할 아래 두었다.[141] 그리고 요의 통치하에서도 해의 거점이었던 서해, 동부해, 오마산해는 속국군屬國軍으로서 여전히 그 명맥을 유지하였다.[142] 성종 때에는 인구의 증가에 따라 모두 52부족이나 되었다. 각 부족은 인구에 따라 크고 작은 부족으로 구분되었는데 해육부奚六部는 대부족이었다.[143] 원래 '부락部落'은 '부部'를 말하고 '씨족氏族'은 '족族'을 말한다고 하였는데 해왕부는 부락이 있는 씨족이었다.[144] 부部, 혈를 복수의 가계혈통를 포함한 씨족으로 해석하는 것이 학계의 일반적인 의견이므로[145], 앞의 기록대로 해 부족은 대부족이었다는 것으로 확인된다.

성종은 994년 해부奚府를 남극부와 북극부로 나누어 통치하다[146] 996년에는 해왕 화삭노和朔奴가 올야兀惹 정벌에 실패하자 제후와 같은 지위를 누리던 해 6부를 북부에 예속시켰다.[147] 이때까

지는 요의 지배하에서도 자치권을 행사하였으나 이후에는 자치권을 잃고 완전히 요에 복속되었다. 997년 성종은 해 5부가 해마다 노루를 잡아 바치는 것을 없애주었고[148], 해왕奚王 밑에 있는 모든 부족의 공물貢物을 면제해 주었다.[149] 또한 각각 부部를 설치하여 절도사를 두고 모두 남부에 속하게 하여 농사와 사냥을 하도록 하였다.[150] 해는 고막해 때부터 농사를 지었지만, 요의 지배하에서도 농사를 지었다. 이처럼 요는 해인奚人을 다수 수용하면서 그 영향으로 비교적 농경성을 많이 흡수하였다.[151]

해인은 거란인에 버금가는 큰 부족으로서 해왕부 밑에서 자치를 누리는 등 거란인과 동등한 대우를 받으며 거란인과 함께 요나라 병력의 지주가 되었다.[152] 요는 유목계 이민족을 거란인과 동등하게 대우하여 부족제도에 편입하고 각 부의 목지牧地를 지정하여 거란법으로 통치하였다. 그중에 해인은 거란 인구를 보충하기 위하여 중용되었으며 거의 준 지배민족으로 대우받았다.[153]

해금의 유입

중국의 문헌을 통해 해금의 고려 유입 이전 해금 명칭의 연원과 유입 과정을 파악하고, 고려시대의 해금 기록을 통하여 해금의 한반도 정착 시기를 추론할 수 있다.

고려시대의 해금 연주에 관한 첫 기록은 〈한림별곡翰林別曲〉에 나타난다. 해금은 고려시대 이전 통일신라에 사용된 악기의 기록[154]에는 보이지 않으므로 고려시대에 유입되었을 것으로 보인다.

고려시대 『고려사高麗史』 「악지樂志」의 〈속악기조〉에 '줄이 둘'이라는 기록을 통해 해금이 고려시대에 존재하였음을 알 수 있고, 고려시대에는 '속악'에 해금이 사용되었음을 알 수 있다. 〈속악기조〉 외 고려시대 해금에 관한 기록은 『고려사』 「악지」의 〈한림별

곡翰林別曲〉 외에도 〈청산별곡靑山別曲〉, 이색李穡의 『목은시고牧隱詩藁』, 황석기黃石奇의 〈청주 원암연집淸州 元巖宴集〉 등에서 찾아볼 수 있다. 그러나 이러한 문집 등에서 보이는 해금은 '해금, 혜금, 쌍현' 등 다양한 이름으로 기록되어 해금의 유입에 대한 이견異見을 형성하고 있고, 다양한 견해들이 존재하므로 세밀하게 분석하여 고찰해 보아야 한다.

해금 유입에 관한 학자들의 주장은 5가지 정도로 볼 수 있다.

해금의 고려 유입설은 11세기 송나라 교방악사를 통해 들어왔을 것이라는 '송나라 교방악사 유입설'과, 고려 예종 때 송나라에서 들어온 '쌍현雙絃'이라는 악기가 해금일 것이라는 '쌍현 유입설', 〈한림별곡〉의 내용에서 추정할 수 있는 시기에 근거하여 남송南宋으로부터 유입되었을 것이라는 12세기 '남송南宋 유입설', 원元나라 시기에도 해금이 고려에 유입되었다는 기록이 없으므로 고려가 원나라의 지배를 받았을 때 해금이 유입되었을 것이라는 '원나라 유입설', 해부족의 멸망 시기에 해인들이 고려로 귀화할 당시 해금이 유입되었을 것이라는 '해인의 고려귀화 유입설' 등이 있다.

해금의 5가지 유입설에 대하여 관련 기록을 확인하여 그 실체를 구체적으로 알아보자.

해금의 고려유입설

시기		내용
송나라 교방악사 (敎坊樂士) 유입설	1073년 전·후	1073년 전·후로 중국 송(宋)나라의 교방악(敎坊樂)이 민간 무역과 공식 사절단을 통해 고려로 전입되었고, 이를 궁중의 교방악으로 사용하면서 고려에서는 이를 '당악(唐樂)'이라 명명하였다.[155] 이 시기 송나라 교방악에 해금이 사용된 기록을 참고하여 고려로 교방악이 들어올 때 해금이 유입되었을 것이라는 가설이다.
쌍현(雙絃) 유입설	1114년	쌍현 유입설은 고려 예종 때 송에서 들어온 "쌍현(雙絃)"이라는 악기가 해금일 것이라는 가설로, 『고려사』「악지」 중 송신사악기(宋新賜樂器)의 기록을 근거로 제시된 가설이다.
남송(南宋) 유입설	1127 ~1279년	고려는 중국의 남쪽을 지배한 송과 문물교류가 주로 이루어졌는데, 1127~1279년까지 152년간 존속한 남송[156] 때 해금이 유입되었을 것이라는 가설이다.
원나라 호금(胡琴) 유입설	13 ~14세기	고려가 원나라의 지배를 받았을 때 해금이 원나라를 통해 고려로 들어왔을 것이라는 가설이다.
해인들의 고려 귀화(歸化) 유입설	1030년 ~1117년	해나라가 멸망하고 고려시대에 해인(奚人)들이 고려에 귀화(歸化)한 사실(史實)을 근거로 해인이 고려로 귀화하였을 당시 해금이 함께 유입되었을 것이라는 가설이다.

송나라 교방악사

해금의 '송나라 교방악사 유입설'은 송나라의 교방악사가 고려로 들어올 때 해금을 가지고 들어왔을 것이라는 가설이다. 이에 대한 연구는 이강산의 논문에서 찾아볼 수 있다. 그는 『고려도경高麗圖經』[157]의 일부를 발췌하며 희녕熙寧 당시 교방악사인 서연이 활동[158]했음을 언급했는데, 서연이 해금을 연주하였으므로 11세기 무렵 한반도에 들어온 교방악사들 중에 해금을 연주하는 악사가 포함되어 있었을 것이라는 주장을 하였다.

이강산에 따르면 중국 북송의 교방악사들에 의해 궁중에서 연주되던 해금이 11세기 송나라의 신종의 시기 즉 고려시대 문종 무렵에 교방악사들을 통해 한반도에 유입되었을 가능성이 있다. 하

지만 12세기까지는 고려의 궁중악에서는 연주되지 않았던 것으로 보아 민간에서 먼저 연주되었을 가능성이 있으며, 이후에 궁중으로 유입되어 사용되었다고 보고 있다.[159]

현재 고려의 음악은 양부(兩部)로 되어 있는데 왼편에 있는 것은 당악(唐樂)으로 중국 음악이고, 오른편에 있는 것은 향악(鄉樂)으로 대체로 오랑캐 음악이다. 중국 음악의 경우에는 악기가 모두 중국의 제도와 같으며, 향악의 경우에는 고(鼓), 판(版), 생(笙), 우(竽), 필률(觱篥), 공후(空侯), 오현금(五絃琴), 비파(琵琶), 쟁(箏), 적(笛)이 있는데 형태와 제작(形制)에 약간 차이가 있다.[160]

ー『고려도경(高麗圖經)』

그러나 『고려도경』의 기록에 나타난 한반도에 들어온 여러 악기들의 이름 중에 해금은 찾아볼 수 없다. 『고려도경』과 같이 고려의 양부 음악에 사용되는 악기 목록 중 해금은 포함되어 있지 않으므로, 해금의 '송나라 교방악사 유입설'은 주장의 근거가 약하다.

송신사악기의 쌍현

'쌍현 유입설'은 고려시대 예종 때 송나라에서 들어온 "쌍현雙絃"이라는 악기가 해금일 것이라는 가설로, 『고려사』「악지」 중 송신사악기宋新賜樂器의 기록의 내용을 근거로 파생된 것이다.

이를 뒷받침하는 주장 중 하나로 이강산[161]은 고려시대 이전 통일신라의 기록에서 두 줄을 가진 현악기 또는 해금의 기록을 찾아볼 수 없었던 점과 송나라의 신新악기로서 들여보내진 두 줄을 가진 쌍현이 단순한 악기의 명칭이 아니라 두 줄의 구조를 취한 악기, 즉 해금일 가능성이 크다는 의견을 제시하였다.[162]

예종(睿宗) 9년 6월 신사(信使) 안직숭(安稷崇)이 송나라에서

돌아올 때 송의 휘종(徽宗)이 신악(新樂)을 보냈다. 철방향, 석
방향, 비파, 오현금, 쌍현(雙絃), 쟁, 공후, 필률, 적, 포생, 훈, 대
고, 장고, 박판, 곡보(曲譜), 지결도(指訣圖) 등을 보냈다. 이 해
10월 태묘(太廟)에 친협(親祫)하였는데 그때 송의 신악을 겸
용하였다.[163]

―『고려사』「악지」

이에 관해 쌍현이 해금일 수도 있다는 가능성은 열어두고 있
으나, 송신사악기宋新賜樂器에서 언급된 기록만을 가지고 추측하
기에는 어려움이 있다고 본다. 또한 쌍현雙絃의 제한적인 기록과
고려시대에 일반화되기 시작한 해금의 명칭에 관한 의문점도 존
재한다. 이를 정리해 보면 다음과 같다.

첫 번째로 혜금秔琴의 명칭은 당唐나라의 시인 맹호연이 활동
하던 시기부터 사용되었다. 이에 관한 기록은 앞서 다루었던 내
용들과 같이 여럿 존재하지만 쌍현雙絃이라는 명칭을 사용한 예
는 국내에서도 극히 제한적이며, 총 200권으로 이루어진 방대한
음악이론 기록인 송나라 진양의 『악서』에 나타난 악기 목록에서
도 쌍현雙絃은 찾아볼 수 없다. 마찬가지로 송사宋使 등과 같이 중
국 음악과 관련된 문헌에서조차 쌍현雙絃에 대한 언급은 존재하

지 않는다.[164] 만일 쌍현雙絃이 해금이라면 송나라 이전부터 이미 통용되고 있었던 혜금嵇琴 또는 이와 관련된 이름으로 들어오는 것이 통상적이라고 판단된다.

두 번째로 민간에서 쌍현雙絃이 아닌 해금이라는 명칭 사용이 일반화되어 기록되었다는 사실이다. 송나라의 황제인 휘종徽宗이 보낸 신악기新樂器의 목록에 쌍현雙絃이라고 표기되어 있었다면 쌍현의 기록이 남아있었을 것이다. 하지만 쌍현이라는 명칭은 고려시대의 기록 어디에서도 찾아볼 수 없고, 오히려 해금이라는 이름으로 일반화되어 기록된 사실을 여러 문헌에서 확인할 수 있다.

내가 어렸을 적에 우리 백씨(伯氏)의 집에 가면 백씨가 손님들과 남헌(南軒)에 앉아 있는 것을 보곤 하였다. 손님이 거문고를 한두 곡조 연주하고 또 쌍현(雙絃)을 뜯으며 연주하였는데 그 소리가 정묘(精妙)하여, 듣고 있으면 점점 빠져들어 지루한 줄을 모를 지경이었다. 물러 나 그분의 이름을 여쭈어보니 바로 선생이었다.[165]

—『허백당집』

이강산은 '쌍현 유입설'의 가능성을 강조하며 조선시대 성종

때 편찬된 『악학궤범』의 저자 중 한 사람인 성현成俔. 1439~1504[166]의 시문집인 『허백당집』[167]을 근거로 제시하였다.

위 사료는 성현의 어린시절 일화 중 '김취영'이라는 인물에 관한 것으로 백씨 집에 가서 보았던 거문고와 쌍현의 연주 기록이다. 1114년 고려 궁중에 유입된 해금은 성현의 『허백당집』이 씌어질 당시까지 '쌍현'이라는 명칭과 혼용되어 기록되지도 않았으며 한 번도 기록되지 않았던 것으로 보아 쌍현(雙絃)의 명칭을 해금을 대신하여 사용했다는 것은 근거가 부족하다.

해금은 조선시대에 널리 사용되고 있었고, 『고려사』 「악지」 중 송신사악기의 기록과 『허백당집』의 기록 외엔 쌍현을 찾아볼 수 없기 때문에 이러한 단편적인 사료로 쌍현이 해금이라 단정을 짓기에는 아쉬움이 남는다.

그러므로 '무撫쌍현雙絃'의 뜻을 '어루만지다', '손으로 누르다', '손으로 쥐다'를 채택하여, 뜯으며 연주하는 발현악기가 아닌 두 줄의 현악기를 연주하였다고 하며 쌍현雙絃이 해금일 가능성이 있다는 주장은 정황상의 추측으로 정확한 근거를 찾아볼 수 없다.[168] 또한 당시 송나라에서 보내온 악기는 쌍현을 제외하고 모두 궁중음악에 사용된 악기들이었는데, 민간에서만 연주되던 해금을 굳이 쌍현이라는 이름으로 함께 보냈다는 것은 가능성이 낮다.

남송(南宋) 유입설

고려시대의 기록인 〈한림별곡翰林別曲〉에 해금이 등장하는 것으로 보아 우리나라에서는 고려시대부터 해금이 연주되고 있었다. 이에 '남송南宋 유입설'은 12세기 후반에 이르러서도 해금의 한반도 유입에 관한 기록이 보이지 않기 때문에 고려시대의 역사에 근거하여 해금이 남송으로부터 들어왔을 것으로 추측한 것이다.

송나라 시대 진양의 『악서』에 해금이 기록된 시기는 1104년이므로 송에는 이미 해금이 존재했으며, 『고려사』「악지」의 송신사 악기宋新賜樂器[169]에서 나타난 내용으로 볼 때 고려 예종 9년1114, 예종 11년1116 신악과 대성 아악이 고려로 수입되었음을 알 수 있다.

고려는 전통적으로 중국의 북쪽을 지배하고 있는 금나라보다 중국의 남쪽을 지배한 송나라와 문물교류가 이루어졌는데 이러한 이유로 신대철은 1127~1279년까지 152년간 존속한 남송 때 유입되었다고 말한다. 해금이 고려에 유입된 시점을 〈한림별곡翰林別曲〉의 제작 연대인 1215~1250년 경보다 앞선 의종 9년~10년1155~1156 언저리 시점, 혹은 그 이전인 12세기 후반으로 제시하였다.[170]

또한 〈한림별곡翰林別曲〉의 제작 연대가 1215~1250년 경으로 추정된 견해에 의하면 해금의 고려 유입 시점은 위에서 추정된 시점보다 17년이나 16년 정도 앞당겨져 12세기 후반이 될 것이며[171] 해금을 전해 준 나라는 위에서 남송이라고 주장한다.

그러나 이와 같은 주장은 정확한 기록이 없으므로 남송으로부터 해금이 들어왔을 것이라는 남송南宋 유입설은 정설로 확립되기 어렵다.

원나라의 호금과 해금

'해금奚琴'의 명칭은 중국에서 당·송을 거쳐 원나라 때도 나타나고 있다. 원나라 때도 해금이 고려에 유입되었다는 기록은 없다. 다만 고려가 원나라의 지배받았던 시기에 원나라를 통해 고려로 들어왔을 것으로 추측할 수 있다. 송방송과 권오성은 『고려도경高麗圖經』과 몽골 민속으로 원나라로부터 해금이 전해졌을 것이라 주장하고 있다.

그러나 송권준은 이러한 주장에 대해 〈한림별곡翰林別曲〉에 보이는 해금의 기록을 바탕으로 원으로부터 해금이 수입되었다는 주장은 설득력이 없다고 주장한다.[172] 〈한림별곡〉은 고려가 원나라로부터 정치적 영향을 받기 이전의 고려가요로, 이 시기에는

이미 해금이 속악기로 사용되었다. 그러므로 원나라로부터 해금을 유입되었다는 것은 성립하지 못한다고 주장하고 있다. 더불어 송권준은 『원사』의 기록에는 '호금'이 등장하는데 호금에 대한 설명은 비파와 흡사하기 때문에 원나라는 해금이 아닌 호금이란 명칭을 사용하였으며 한국의 해금과는 그 형태가 달랐음을 주장하였다.[173]

여기서는 원나라의 호금에 대해 알아보고 호금의 한반도 유입설에 대해 다시 고찰하도록 하겠다.

내가 부연에 있었을 때에 일찍이 수십 곡을 지어 병사들이 노래를 하게 하였는데, 이제 대략 몇 편을 적어 본다.… 3편: 말총 호금이 한 군의 수레(마차) 뒤를 따르고….[174]

—『몽계필담(夢溪筆談)』

해금이 중국 내에서 '호금胡琴'으로 기록된 것은 『몽계필담夢溪筆談』이 처음이다. 진양의 『악서』보다 앞선 심괄의 『몽계필담』에는 '말총으로 연주한 호금胡琴'의 기록이 있는데, 이는 1082년원풍 5에 북변에 주둔하는 송나라 군대의 병사들 사이에서 호금이 사용되었던 것을 기록한 것으로 추정된다. 이때문에 『몽계필담夢溪筆談』에 기록된 '말총 호금'을 원나라의 호금으로 추측하기

도 한다.[175]

희령(1068~1077) 중에 궁궐의 잔치에서 교방 영인 서연이 해
금을 연주하며 술을 올리자 한 줄이 끊어지니, 연이 곧 嵇琴을
바꾸지 않고 다만 한 줄만 써서 곡을 끝마치매, 이때부터 한 줄
嵇琴이 비롯되었다.[176]

—『몽계필담(夢溪筆談)』

『몽계필담』에는 희령熙寧. 1068~1077 중에 궁중 연회에서 있었던
'혜금嵇琴'의 연주 기록도 함께 있다. 이 기록에서는 당시 지역과
장소에 따라 혜금嵇琴과 호악胡琴이 별개의 악기로 따로 사용되었
음을 알 수 있다.

화부사, 제도는 비파와 같고, 목이 곧고, 品[177]이 없고, 작은 통
이 있고, 둥근 배가 반병 모양 같고, 가죽으로 면을 덮고 4현이
며 각 기둥에 줄을 이었다. [178]

—『악부잡록(樂府雜錄)』

한편『몽계필담夢溪筆談』이전 당나라 때에도 호금胡琴 기록이
있었는데, 그때는 호금이 비파의 별칭이었다고 한다. 『악부잡

록樂府雜錄』이나 『악서』에 나오는 호금은 4현이거나 그 당시의 기록을 참고해 볼 때 비파이다. 일본에서도 『교훈초敎訓抄』에 "비파는 호금"이라고 되어 있다.[179]

호금, 제도는 화부사와 같고, 목은 말려있고 용의 머리이며, 2현이고, 활을 끌어 쓰며, 활은 말총이다.[180]

—『원사(元史)』

숭천노부(崇天鹵簿) 중 天樂 1부에 火不思 2, 쟁 2, 胡琴 2 포함.[181]

—『원사(元史)』

『흠정사고전서欽定四庫全書』의 해금奚琴에 대한 설명의 마지막 부분에는 "원사元史 호금의 제도는 화부사火不思와 같아서 목을 감은 용수龍首에 2현이며 활을 문지른다. 활의 줄은 말총이므로 호금도 역시 해금류이다. 현재 이름은 해금이다."라고 기록되어 있다. 다만 해금奚琴은 무악기舞樂器, 호금胡琴은 가취악기笳吹樂器로 그 용도가 다를 뿐이다.

결론적으로 현재 해금류의 중국 명칭인 호금과 원나라의 호금

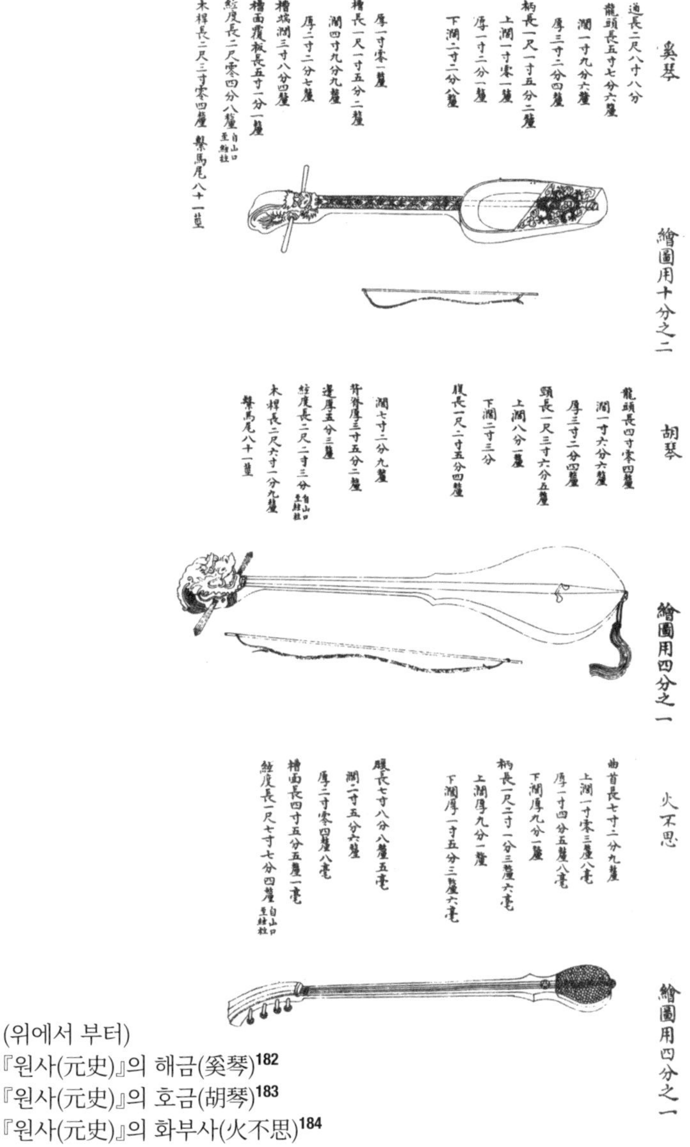

(위에서 부터)
『원사(元史)』의 해금(奚琴)[182]
『원사(元史)』의 호금(胡琴)[183]
『원사(元史)』의 화부사(火不思)[184]

해금의 역사와 여정

은 그 제도가 전혀 다르다. 원나라의 호금은 해금과 그 형태가 근본적으로 다르며 활도 줄 사이에 끼어있는 것이 아니고 분리되어 사용되었다. 원나라의 해금奚琴은 그 명칭만 같을 뿐 실제로는 별개의 악기이며, 호금胡琴도 현재 중국의 호금과는 다른 형태의 독특한 악기라 할 수 있다.

이렇게 원나라의 해금과 호금은 형태에서는 서로 유사한 악기이지만 우리나라나 중국의 해금과는 전혀 달랐음을 알 수 있다. 고려가 원나라의 지배를 받던 시기에는 이미 해금이 고려로 정착하였을 시기이기 때문에 원나라를 통해서 해금 유입되었을 것이라는 주장은 설득력이 없다.

해인들의 고려 귀화

해금의 고려 유입설과 관련하여 고려시대에 해인奚人들이 고려에 귀화한 사실을 살펴보고자 한다. 1030년부터 1117년 사이, 해나라[185]가 요나라의 지배를 받았던 시기에 해인들이 고려로 귀화한 기록들이 발견된다. 특히 조선시대 전기에 편찬된 『고려사高麗史』에는 거란과 해족이 고려로 귀화한 기록이 자주 나타나는데, 『이위공문대李衛公問對』 상권에는 거란과 해족에 대해 다음과 같이 서술하고 있다.

契丹, 奚는 北狄二國名이라[186]

契丹과 奚族은 북쪽 오랑캐의 두 나라 이름이다.

—『이위공문대』上卷

위의 기록으로 보아 고려시대에는 거란과 함께 해족을 북쪽 오랑캐로 보고 있음을 알 수 있다. 이 두 나라 사람들의 고려 귀화 내용을 『고려사』의 기록을 살펴보면 다음과 같다.

“冬十月. 是月, 契丹奚哥·渤海民, 五百餘人, 來投, 處之江南州郡.”[187]

거란(契丹)의 해가(奚哥)[188]와 발해(渤海)의 민(民) 5백여 명이 내투(來投)하니, 그들을 강남의 주군(州郡)에 거주시켰다.

—『고려사』, 1030년(庚午二十一年)

거란의 해가와 발해를 합쳐 5백여 명이 고려에 들어 왔다는 것으로, 기록에는 5백여 명이라고 하였으나 상당히 많은 수의 사람들이 이 시기에 고려로 귀화하였고 고려는 이들을 받아들여 강남에 살게하였다.

“戊申 契丹奚家內乙古等二十七人, 來投.”[189]

거란(契丹)의 해가(奚家)의 내을고(內乙古) 등 27인이 내투(來投)하였다.

—『고려사』, 1032년(壬申元年)

5백여 명이 귀화한 2년 후인 1032년에는 27명이 또다시 고려로 귀화였는데, 이때는 1030년에 비해 훨씬 적은 수의 사람들이 들어왔다.

"契丹奚家古要等十一人, 來投, 處之江南."[190]
거란(契丹)의 해가(奚家) 고요(古要) 등 11인이 내투(來投)하자, 강남(江南)에 거주하게 하였다.

—『고려사』, 1033년(癸酉二年)

1033년에도 거란, 해가, 고요 등에서 11명의 사람들이 고려로 귀화한 것을 알 수 있는데 이때도 1030년과 마찬가지로 이들도 강남에서 살게 했다.

"癸丑, 塞北奚家積乙仇等, 來投."[191]
계축 변방 북쪽 해가(奚家) 족속의 적을구(積乙仇) 등이 내투(來投)하였다.

—『고려사』, 1033년(癸酉二年)

1033년에는 총 2번에 걸친 귀화 내용이 보이는데 정확한 숫자는 보이지 않는다.

6월 을사일에 상서우승 유백인(柳伯仁)을 사은사(謝恩使)로 거란에 파견하였다. 동여진의 영새장군 모이라(募伊羅) 등 50명이 와서 토산물을 바쳤다. 계축일에 북쪽 변방의 해족(奚族) 적을구(積乙仇) 등이 귀순하여 왔다.

—『고려사』, 1040년(정종 6)

1040년의 기록에는 고려가 사은사를 거란에 파견했지만, 한편으로는 동여진의 영세장군 등 50명이 고려로 와서 토산물을 바쳤다는 내용이 있다. 이는 고려가 강성한 나라였으며 이 시기에 해족 적을구 등이 귀순했다.

"北朝奚家軍乃哥以蕃賊霜丘子阿主及鐵甲一副來, 納款."[192]
무신 도병마사(都兵馬使)가 아뢰기를, 북조(北朝) 해가(奚家)의 군사 내가(乃哥)가 번적(蕃賊)[193]인 상구(霜丘)의 아들 아주(阿主)와 철갑(鐵甲) 한 벌을 가지고 와서 귀부하였습니다. 라고 하였다.

—『고려사』, 1106년(丙戌元年)

1106년에는 해가의 군사 내가乃哥가 철갑 한 벌을 가지고 귀화했다는 상세한 내용이 있다. 이는 당시 고려가 귀화인에게 철갑을 받을 만큼 강성한 나라였음을 보여준다.

"契丹三十三人漢兒五十二人奚家一百五十五人熟女眞十五人渤海四十四人來投."[194]

거란(契丹)인 33인, 한아(漢兒) 52인, 해가(奚家)인 155인, 숙여진(熟女眞) 15인, 발해(渤海)인 44인이 내투(來投)하였다.

—『고려사』, 1116년(丙申十一年)

1116년에는 1030년 이후로 가장 많은 북방 민족이 고려로 귀화하였다. 이때 해가는 155인으로 북방 민족 중 가장 많은 사람이 귀화하였다.

"壬辰 渤海五十二人, 奚八十九人, 漢六人, 契丹十八人, 熟女眞八人, 自遼來投."[195]

임진 발해인(渤海人) 52인, 해인(奚人) 89인, 한인(漢人)인 6인, 거란인(契丹人) 18인, 숙여진인(熟女眞人) 8인이 요(遼)에서 내투(來投)하였다.

—『고려사』, 1117년(丁酉十二年)

1117년의 기록에도 1116년의 기록에서와 같이 귀화인의 수를 자세히 밝히고 있으며, 해인이 89인으로 다른 북방 민족들과 비교했을 때 가장 많은 수를 차지하고 있음을 알 수 있다.

이처럼 해인들이 고려에 귀화한 시기는 1030년부터 1117년까지로 요나라가 금나라에 의해 멸망한 해인 1125년에 가까운 시기이다. 요나라가 해를 지배하에 두었던 요의 초기에는 이런 귀화 기록이 보이지 않는다. 요나라가 해를 완전히 복속한 996년 이후 해인들의 고려 귀화가 일어난 것이다.

해인들이 고려에 귀화한 사실은 해금이 우리나라에 유입된 시기와도 관련지을 수 있다. 우리나라에 언제 해금이 유입되었는지에 대해 정확하게 알 수 없지만, 우리나라에서 가장 오래된 해금에 대한 기록이 있는 문헌인 〈한림별곡〉[196]을 통해서 시기를 짐작할 수 있다.

〈한림별곡〉이 만들어진 연대는 1215년~1230년으로 해인들이 고려에 귀화한 시기보다 85년~200년이 앞선다. 따라서 이 시기 고려에 귀화했던 해인들에 의해 당시에 해금이 고려에 전파되었고 그후에 〈한림별곡〉에 해금의 기록이 나타났을 것이다. 앞에서 살펴보았던 것과 같이 〈한림별곡〉 이전 시기에는 해금에 관한 문헌기록이나 도상 자료가 현재까지는 발견되지 않았다.

『고려사』의 내용을 살펴보면, 고려로 귀화한 후에 각 지역에 흩어져 살았던 귀화인들은 자신들의 문화를 간직하며 본래 나라의 악·가·무를 연주하고 있음을 알 수 있다. 고려의 왕도 귀화인들의 문화를 흥미롭게 구경한 기록이 전해지는데 내용을 살펴보면 다음과 같다.

"丁卯 王至南京. 契丹投化人, 散居南京圻內者, 奏契丹歌舞雜戲

以迎駕, 王駐蹕觀之."[197]

정묘 〈왕이〉 남경(南京)에 도착하자, 투화(投化)하여 남경 기내(圻內)에 흩어져 사는 거란인(契丹人)이 거란의 가무(歌舞)와 잡희(雜戲)를 연주하며 어가를 맞이하였으며, 왕이 어가(御駕)를 멈추게 하고 관람하였다.

—『고려사』

위의 내용은 거란인들을 고려로 귀화한 후에도 자신들의 문화를 간직하며 가무와 잡희를 왕 앞에서 연주했음을 알 수 있는 기록으로, 왕 또한 이들의 문화를 없애거나 핍박하지 않고 오히려 어가를 멈추고 구경했음을 알 수 있다.

이러한 구체적인 귀화인과 해금에 대한 기술을 볼 때 해인들은 그들이 가장 사랑하고 아꼈던 악기인 해금을 가지고 고려에

귀화했고 귀화 후에도 고려의 삶 속에서 해금을 연주했을 가능성이 매우 크다. 가야금이 가야를 대표하는 악기인 것 처럼 해금은 해나라의 상징과도 같은 악기였다. 해금이 없었다면 해나라의 존재가 알려지지 않았을 것이며, 해인들의 고려 귀화를 통해 해금이 자연스럽게 고려의 문화 속으로 들어올 수 있는 단초를 제공했을 것이다.

『악장가사』의 〈한림별곡(翰林別曲)〉에 나타난 해금.
〈한림별곡(翰林別曲)〉은 최초의 경기체가로 고려 고종 때
한림(翰林)의 여러 선비들의 합작으로 모두 8장으로 이루어졌다.
가사는『고려사』「악지」와『악학궤범』「악장가사」에 전하는데,
『고려사』에 수록된 가사는 한문과 이두로 되어 있다.

기록에 나타난
해금

고려시대 해금의 기록은 문헌 사료로만 남아있고 도상 자료는 존재하지 않는다. 고려 문헌의 기록에서 해금을 중심으로 해금의 한반도에 정착한 시기를 유추하고, 해금 연주 양상 기록을 통해 고려시대에 유입된 이후 해금의 모습을 살펴보고자 한다.

고려시대와 달리 조선시대에는 문헌과 그림자료가 함께 전해져 해금에 관한 구체적인 모습을 좀더 자세히 살펴볼 수 있다. 조선시대의 사료와 도상 자료를 통해 고려시대에 한반도로 유입된 해금이 구체적으로 어떠한 음악에서 사용되었으며, 우리나라에서 전통악기로 어떻게 자리매김하였는지 그 과정을 따라가 보자.

고려시대의 해금 기록

고려시대 해금 연주에 관한 기록은 『고려사』 외에도 4개의 문집에 전해진다. 그중에서 연대가 가장 이른 것은 〈한림별곡翰林別曲〉이다. 〈한림별곡〉은 고려 고종1214~1250 때 지어졌으며, 〈한림별곡〉에 나와 있는 옥궤향은 1249년에 사망한 최이崔怡가 아꼈던 기생이었으므로 〈한림별곡〉이 지어진 시기는 확실해 보인다.[198] 〈한림별곡〉에는 당시 풍류에 애용된 악기들과 명인들의 이름이 나열되어 있다.

阿陽 琴 文卓 笛 宗武 中笒 帶御香 玉机香 雙伽倻ㅅ고

金善 琵琶 宗智 嵇琴 薛原 杖鼓

위 過夜景 긔 엇더 ᄒ니 잇고

아양의 금, 문탁의 적, 종무의 중금, 대어향과 옥궤향의 쌍가야금,
금선의 비파, 종지의 해금, 설원의 장고,
아아 밤새 연주하면 그 정경 어떠하겠나.

—〈한림별곡(翰林別曲)〉

고려시대 해금 관련 최초의 기록인 〈한림별곡〉에는 "종지宗智"라는 해금 명인의 이름을 구체적으로 기록하고 있어 의미가 더욱 크다. 또한 〈한림별곡〉에는 해금을 "혜금嵇琴"으로 기록하고 있는데 이는 1104년에 편찬된 『악서』에 기록된 "해금奚琴"과는 명칭이 다르다는 것을 알 수 있다. 고려가요로 유명한 〈청산별곡靑山別曲〉에도 "해금奚琴"에 관한 기록이 있어 당시 사람들이 해금을 즐겼던 것을 알 수 있다. "해금奚琴"은 〈청산별곡〉에서 다음과 같이 나타난다.

가다가 가다가 드로라 에정지 가다가 드로라
사ᄉ미 짒대예 올아셔 奚琴을 혀거를 드로라
얄리얄리 얄라성 얄라리 얄라.

가다가 가다가 듣노라 외딴 부엌을 지나가다가 듣노라

사슴이 장대에 올라가서 奚琴(해금)을 켜는 것을 듣노라.

— 〈청산별곡(靑山別曲)〉[199]

구전으로 전해져 오던 〈청산별곡〉은 조선시대에 이르러 훈민정음 창제 이후 기록되었기 때문에 "奚琴"이라는 명칭이 고려시대 당시의 기록이라 확신할 수 없다.

고려말인 14세기 후반에 기록된 이색李穡. 1328~1396의 『목은시고牧隱詩藁』와 황석기黃石奇. ?~1364의 〈청주 원암연집淸州 元巖宴集〉에는 당시 주연酒宴에서 해금이 연주되었던 정경을 기록하고 있다.

의기는 선생 음식 접대에 합하고	氣合先生饌
광채는 아상이 오는 데서 빛났네	光浮亞相來
해금 소리엔 백설곡이 얽히었고	奚琴縈雪曲
가양주는 금술잔에 넘실대누나	杜酒艶金盃
자리 옮기니 푸른 잔디는 깨끗하고	移席綠莎淨
산에 걸친 붉은 해는 재촉을 하네	踞山紅日催
취하고 배만 불렀다 말하지 마소	莫言徒醉飽
노인 공경이 삼재를 갖추었는걸	敬老備三才

— 이색(李穡)의 『목은시고(牧隱詩藁)』[200]

이색의 『목은시고』에 나타난 것처럼 해금이 풍류 모임에서 사용되었고 그 명칭은 "嵇琴"이었음을 알 수 있다.

황석기의 〈청주 원암연집〉은 고려말에 일곱 명의 늙은 선비가 주연을 즐기는 정경을 기록한 것으로 해금과 피리 그리고 노랫소리를 각각 묘사하고 있다. 〈청주 원암연집〉에는 해금의 명칭을 "혜금嵇琴"으로 쓰고 있다.

푸른 옥잔이 깊어 맛난 술이 향기로운데	碧玉杯深美酒香
해금 소리는 늘어지고 피리 소리는 길다	嵇琴聲緩笛聲長
그 중에 또 고운 목노래 있어	箇中又有歌喉細
일곱 노인 즐기는데 귀밑머리는 서리 같네	七老相歡鬢似霜

— 황석기(黃石奇)[201]의 〈청주 원암연집(淸州 元巖宴集)〉[202]

고려말의 작품으로 추정되는 『목은시고』와 〈청주 원암연집〉 두 문집에서 해금의 명칭을 각각 다르게 나타난다는 점에 주목할 필요가 있다.

『고려사』「악지」에는 속악기 중에 해금이 포함되어 있으나 자세한 설명없이 "줄이 둘"이라고만 기록되어 있다. 「악지」의 속악기조 악기들은 신라의 삼현삼죽 외에 해금, 장고, 피리, 박 등의 악기가 추가되고 아박과 무고 등 무구舞具가 포함된 것이다. 그 기

록을 살펴보면 다음과 같다.

俗樂 樂器

현금(玄琴. 絃六) 비파(琵琶. 絃五) 가야금(伽倻琴. 絃十二) 대
금(大笒. 孔十三) 장고(杖鼓) 아박(牙拍. 六枚) 무애(無㝵. 有粧
飾) 무고(舞鼓) 해금(嵇琴. 絃二) 필률(觱篥. 孔七) 중금(中笒.
孔十三) 소금(小笒. 孔七) 박(拍. 六枚)

—『고려사』「악지」 권71: 31[203]

고려시대 해금 기록의 특징은 속악기이며 궁중이나 민간에서
모두 성격이 같았다는 점이다. 『고려사』「악지」의 속악기들은 신
라시대의 삼현삼죽을 중심으로 해금이 속악과 풍류 등에서 널리
사용되고 있었음을 알 수 있다.

고려시대 해금의 기록

시기	해금 명칭	문헌명
1214~1259	嵇琴	〈한림별곡(翰林別曲)〉
1328~1396	奚琴	『목은시고(牧隱詩藁)』
14세기 후반	嵇琴	〈청주 원암연집(淸州 元巖宴集)〉
연대 미상	奚琴	〈청산별곡(青山別曲)〉
1451	嵇琴	『고려사』「악지(樂志)」

〈한림별곡〉에서 해금은 “혜금嵇琴”으로 처음 나타나는데, 해금을 연주한 악사의 이름이 함께 기록되어 있다는 점에서 중요한 자료이다. 〈한림별곡〉 이후 약 100년 지난 자료인 『목은시고』에서는 해금의 한자 표기가 “해금奚琴”으로 기록되어 있는데, 해금으로 연주한 〈백설곡〉이라는 악곡의 명칭이 함께 등장하여 당시 해금 독주의 모습과 악곡을 알 수 있다. 「청주 원암연집」에는 해금과 피리 그리고 노래의 합주 모습이 나타나 있어 고려시대 해금의 다양한 연주 형태를 파악할 수 있다. 『고려사』 「악지」에서는 해금은 속악기로 속악과 풍류 등에서 널리 사용되었고 “혜금嵇琴”으로 표기되어 있어, 고려시대에는 해금의 명칭을 “혜금嵇琴”과 “해금奚琴”으로 혼용하였음을 알 수 있다.

| 고려시대의 해금 |

고려시대 노래와 문학 속 해금

경기체가는 고려시대 고종 때 발생하여 고려 후기와 조선 전기까지 문학의 한 장르로 자리 잡아 임진왜란 이후 자취를 감추기 전까지 지배 계층의 삶과 문화를 엿볼 수 있는 독특한 시가 형식이다. 경기체가는 한문투의 화려한 표현과 우리말이 조화롭게 사용되었으며 귀족들의 학문적 자부심, 자연의 아름다움, 술과 음악 등의 풍류적 삶을 노래한다. 고려가요는 고려시대에 민간에서 불리던 민요적 성격의 노래로, 속요(俗謠)라고도 한다. 고려 후기부터 조선 초기에 걸쳐 한문으로 기록되었으며, 대부분 구전으로 전해졌다.

경기체가의 중 가장 오래된 작품은 고려시대의 '한림'이라는 관직명에서 유래한 한림의 여러 선비들이 지은 〈한림별곡〉이다. 〈한림별곡〉은 『악학궤범』과 『악장가사』에는 국한문으로, 『고려사』 「악지」에는 한문과 이두로 실려 전한다. 〈청산별곡〉은 조선시대에 이르러 한글이 창제된 후 문자로 정착된 대표적인 고려가요이다.

여기서는 해금에 대한 기록을 살펴볼 수 있는 〈한림별곡〉과 〈청산별곡〉의 전문을 살펴보며 해금을 즐기던 당시로 돌아가 보자.

한림별곡

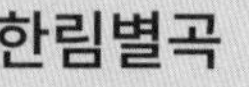

元淳 文(원순 문) 仁老 詩(인로 시) 公老 四六(공로 사륙)

李正言(이정언) 陳翰林(진한림) 雙韻走筆(쌍운주필)

冲基(충기) 對策(대책) 光鈞(광균) 經義(경의) 良鏡(량경) 詩賦(시부)

위 試場(시장)ㅅ 景(경) 긔 엇더ᄒ니잇고

(葉) 琴學士(금학사)의 玉笋門生(옥순문생)

琴學士(금학사)의 玉笋門生(옥순문생)

위 날 조차 몃부니잇고

유원순의 문장, 이인로의 시, 이공로의 사륙변려문

이규보와 진화의 쌍운주필

유충기의 대책문, 민광균의 경서해석, 김양경의 시와 부

아, 이러한 분들이 모두 모여 시험을 치는 광경 그것이 어떠합니까?

금의가 배출한 뛰어난 많은 제자들 금의가 배출한 뛰어난 많은 제자들

아, 나까지 몇 분입니까?

唐漢書(당한셔) 莊老子(장로자) 韓柳文集(한류문집)

李杜集(이두집) 蘭臺集(난대집) 白樂天集(백락천집)

毛詩(모시) 尙書(상서) 周易(주역) 春秋(춘추) 周戴禮記(주대예기)

위 註(주)조쳐 내외온 景(경) 긔 엇더ᄒ니잇고

(葉) 太平廣記(태평광기) 四百餘卷(사백여권)

太平廣記(태평광기) 四百餘卷(사백여권)

위 歷覽(역남)ㅅ 景(경) 긔 엇더ᄒ니잇고

당서와 한서, 장자와 노자, 한유와 유종원의 문집

이백과 두보의 시집, 난대영사들의 시문집, 백거이의 문집

시경과 서경, 주역과 춘추, 대대례와 소대례

아, 이러한 책들을 주석까지 외는 광경이 그 어떠합니까?

태평광기 사백여 권을, 태평광기 사백여 권을

아, 두루 읽는 그 광경이 어떠합니까?

眞卿書(진경서) 飛白書(비백서) 行書(행서) 草書(초서)

篆籀書(전주서) 蝌蚪書(과두서) 虞書南書(우서남서)

羊鬚筆(양수필) 鼠鬚筆(서수필) 빗기 드러

위 딕논 景 긔 엇더ᄒ니잇고

(葉) 吳生劉生(오생유생) 兩先生(양선생)의

吳生劉生(오생유생) 兩先生(양선생)의

위 走筆(주필)ㅅ 景(경) 긔 엇더ᄒ니잇고

진경서, 비백서, 행서와 초서

전서와 유문, 과두문, 우서와 남서

양수필, 서수필 비스듬히 들어

아, 찍는 광경 그것이 어떠합니까?

오선생과 유선생 두 선 생이, 오선생과 유선생 두 선생이

아, 붓을 들어 글을 써 내려가는 광경, 그것이 어떠합니까?

黃金酒(황금주) 柏子酒(백자주) 松酒(송주) 醴酒(예주)

竹葉酒(죽엽주) 梨花酒(이화주) 五加皮酒(오가피주)

鸚鵡盞(앵무잔) 琥珀盃(호박배)예 ㄱ득 브어

위 勸上(권상)ㅅ 景(경) 긔 엇더ᄒ니잇고

(葉) 劉伶(유영)陶潛(도잠) 兩仙翁(양선옹)의

　　　劉伶(유영)陶潛(도잠) 兩仙翁(양선옹)의

　　　위 醉(취)혼 景(경) 긔 엇더ᄒ니잇고

황금주, 잣을 섞어 빚은 술, 솔잎을 넣어 빚은 술

댓잎 삶은 물로 담근 술, 배꽃 넣어 빚은 술, 오가피 삶은 물로 담근 술,

이렇게 좋은 술들을

앵무새의 부리 같이 만든 술잔, 호박으로 만든 술잔에 가득 부어

아, 윗사람에게 권하는 광경 그것이 어떠합니까?

유영과 도잠 두 신선이, 유영과 도잠 두 신선이

술에 취한 광경 그것이 어떠합니까?

紅牧丹(홍목단) 白牧丹(백목단) 丁紅牧丹(정홍목단)

紅芍藥(홍작약) 白芍藥(백작약) 丁紅芍藥(정홍작약)

御柳(어류) 玉海(옥해) 黃紫薔薇(황자장미) 芷芝冬栢(지지동백)

위 間發(간발)ㅅ 景(경) 긔 엇더ᄒ니잇고

(葉) 合竹桃花(합죽도화) 고온 두 분 合竹桃花(합죽도화) 고온 두 분

　위 上暎(상영)ㅅ 景(경) 긔 엇더ᄒ니잇고

붉은 모란, 흰 모란, 짙붉은 모란

붉은 작약, 흰 작약, 짙붉은 작약

능수버들과 옥매, 노란 장미와 자줏빛 장미, 지란과 영지와 동백

아 어우러져 핀 광경, 그것이 어떠합니까?

합죽과 복숭아꽃 고운 두 분이, 합죽과 복숭아꽃 고운 두 분이

아, 서로 비친 경치 그것이 어떠합니까

阿陽琴(아양금) 文卓笛(문탁적) 宗武中琴(종무중금)

帶御香(대어향) 玉肌香(옥기향) 雙伽倻(쌍가야)ㅅ고

金善琵琶(금선비파) 宗智嵇琴(종지혜금) 薛原杖鼓(설원장고)

위 過夜(과야)ㅅ 景(경) 긔 엇더ᄒ니잇고

(葉) 一枝紅(일지홍)의 빗근 笛吹(적취)

　一枝紅(일지홍)의 빗근 笛吹(적취)

　위 듣고아 좀드러지라

아양이 타는 거문고, 문탁이 부는 피리, 종무가 부는 중금

대어향 옥기향의 쌍가야금

금선이 타는 비파, 종지가 타는 해금, 설원이 치는 장고

이 밤을 새워 노는 광경 그것이 어떠합니까?

일지홍이 비스듬히 부는 피리 소리, 일지홍이 비스듬히 부는 피리 소리

아, 듣고서야 잠들고 싶습니다

蓬萊山(봉래산) 方丈山(방장산) 瀛州三山(영주삼산)

此三山(차삼산) 紅樓閣(홍루각) 婥妁仙子(작작선자)

綠髮額子(녹발액자) 錦繡帳裏(금수장리) 珠簾半捲(주렴반권)

위 등망오호(등망오호)ㅅ 景(경) 긔 엇더ᄒ니잇고

(葉) 綠楊綠竹(녹양녹죽) 栽亭畔(재정반)애

　　綠楊綠竹(녹양녹죽) 栽亭畔(재정반)애

　　위 囀黃鸎(전황앵) 반갑두셰라

봉래산, 방장산, 영주산의 삼신산

이 삼신산 홍루각의 미녀

아름다운 여인이 비단 장막 안에서 구슬로 만든 발을 반쯤 걷어 올리고

아, 오호를 바라보는 광경, 그것이 어떠합니까?

푸른 버들과 대나무를 심은 정자가 있는 언덕에서 푸른 버들과 대나무

를 심은 정자가 있는 언덕에서

아, 지저귀는 꾀꼬리가 반갑기도 하구나.

唐唐唐(당당당) 唐楸子(당추자) 皂莢(조협)남긔

紅(홍)실로 紅(홍)글위 요이다

혀고시라 밀오시라 鄭少年(정소년)하

위 내 가논 듸 ᄂ 갈셰라

(葉) 削玉纖纖(삭옥섬섬) 雙手(쌍수)ㅅ길헤

　　削玉纖纖(삭옥섬섬) 雙手(쌍수)ㅅ길헤

　　위 携手同遊(휴수동유)ㅅ 景(경) 긔 엇더ᄒ니잇고

호두나무, 쥐엄나무에
붉은 실로 붉은 그네를 맵니다.
당기시라. 미시라 정소년이여.
아, 내가 가는 곳에 남이 갈까 두렵다
옥을 깎은 것처럼 고운 두 손길에 옥을 깎은 것처럼 고운 두 손길에
아, 손을 마주 잡고 함께 노는 풍경 그것이 어떠합니까?

경기체가의 대표작품 〈한림별곡〉 속 신진 사대부들은 풍류를 누리며 그들의 학문과 교양을 뽐낸다. 특히 후렴구 "경 긔 엇더하니잇고"는 운율을 살리면서 경기체가의 정서적 특징을 형성하는 중요한 요소로 사대부들의 학문적 성취와 풍류의 가치를 강조하며, 문장 속에 생동감을 불어넣는다.

고려시대의 궁중과 사대부 사회에서는 학문뿐만 아니라 음악도 빼놓을 수 없는 문화였다. 궁중 음악과 민속 음악에서 사용되었던 해금은 당대 음악 문화에서 핵심적인 역할을 했으며, 〈한림별곡〉에서도 악기가 등장해 학문과 예술이 자연스럽게 어우러지는 모습이 나타난다. 작품 후반부에는 붉은 그네를 타며 풍류를 즐기는 장면이 등장하는데, 이는 귀족들이 학문에만 몰두한 것이 아니라 음악과 놀이를 통해 삶의 여유를 즐겼음을 보여준다. 고려시대 지배층에게 풍류는 단순한 오락이 아니라 교양과 신분을 드러내는 방식이었다.

〈한림별곡〉은 반복되는 후렴구와 운율을 활용해 사대부들의 자부심과 학문적 깊이를 생동감 있게 표현하며, 또한 후대의 가사문학에도 깊은 영향을 미쳤으며, 고려 문학의 중요한 유산으로 남았다.

청산별곡

살어리 살어리랏다 청산(靑山)애 살어리랏다

멀위랑 ᄃᆞ래랑 먹고 청산(靑山)애 살어리랏다

얄리 얄리 얄랑셩 얄라리 얄라

살고 싶어라 살고 싶어라. 청산에 살고 싶어라.

머루랑 다래를 먹고 청산에서 살고 싶어라

우러라 우러라 새여 자고 니러 우러라 새여

널라와 시름 한 나도 자고 니러 우리노라

얄리 얄리 얄라셩 얄라리 얄라

우는구나 우는구나 새여. 자고 일어나서 우는구나 새여.

너보다 근심 많은 나도 자고 일어나서 울며 지내노라

가던 새 가던 새 본다 믈 아래 가던 새 본다

잉 무든 장글란 가지고 믈 아래 가던 새 본다

얄리 얄리 얄라셩 얄라리 얄라

날아가던 새(갈던 사래)를 본다. 물 아래(평원 지대)로 날아가던 새를 본다.

이끼 묻은 쟁기(녹슨 무기)를 가지고 물 아래로 날아가던 새를 본다

이링공 뎌링공 ㅎ야 나즈란 디내와숀뎌

오리도 가리도 업슨 바므란 또 엇디 호리라

얄리 얄리 얄라셩 얄라리 얄라

이럭저럭하여 낮은 지내왔지만

올 사람도 갈 사람도 없는 밤은 또 어찌 지낼 것인가?

어듸라 더디던 돌코 누리라 마치던 돌코

믜리도 괴리도 업시 마자셔 우니노라

얄리 얄리 얄라셩 얄라리 얄라

어디에다 던지던 돌인가? 누구를 맞히려던 돌인가?

미워할 사람도 사랑할 사람도 없이 (그 돌에) 맞아서 울며 지내노라

살어리 살어리랏다 바르래 살어리랏다

ᄂᆞ 무자기 구조개랑 먹고 바르래 살어리랏다

얄리 얄리 얄라셩 얄라리 얄라

살겠노라 살겠노라. 바다에서 살겠노라.

나문재, 굴, 조개를 먹고 바다에서 살겠노라.

가다가 가다가 드로라 에졍지 가다가 드로라

사스미 짒대예 올라셔 히금(奚琴)을 혀거를 드로라.

얄리 얄리 얄라셩 얄라리 얄라

가다가 가다가 듣노라. 외딴 부엌을 지나가다가 듣노라.

사슴이 장대에 올라가서 해금 켜는 것을 듣노라

가다니 비브른

도긔 설진 강수를 비조라.

조롱곳 누로기 미와 잡ᄉᆞ와니 내 엇디 ᄒᆞ리잇고

얄리 얄리 얄라셩 얄라리 얄라

가더니 배가 불룩한 독에 진한 술을 빚는구나.

조롱박꽃 같은 누룩이 매워 (나를) 붙잡으니 나는 어찌하리오.

〈청산별곡의 시적 화자와 주제에 대한 다양한 견해〉

— 유랑민(流浪民)이라는 견해: 시적 화자는 몽골의 침략, 척신의 횡포, 무신의 난 등 내 내우외환에 시달리며 고통받는 고려 말의 민중으로. 이들은 현실의 어려움에서 벗어나고자 하는 이상향을 소망한다

— 실연(失戀)한 사람이라는 견해: 실연의 슬픔을 잊기 위해 청산으로 도피하고 싶어하는 사람의 심정을 노래한다

— 지식인(知識人)이라는 견해: 고려 말기의 혼란한 사회에서 좌절한 지식인으로 사회의 부조리와 혼란 속에서 현실의 고통을 잊고자 기적과 술로 도피처를 삼고 있다.

주로 자연의 아름다움과 궁중의 생활을 노래하던 경기체가의 대표작 〈한림별곡〉과 달리 〈청산별곡〉은 삶의 고통과 비애를 노래하며 화자의 절망과 고뇌를 드러내는데 청산과 바다는 화자가 꿈꾸는 이상향을 상징하며, 고통 없는 삶을 상징한다. 현실의 어려움에서 벗어나고자 한다.

특히 7장은 사슴으로 분장한 광대가 장대에 올라가서 해금을 켜고 있다. 이것을 들으며 현실의 시름을 잊는다는 해석과 사슴이 해금을 켜는 것과 같은 기적적 상황을 바라는 민중의 마음을 볼 수 있다. 이는 당시 백성들 사이에서 민중 악기로서의 해금의 위치를 확인할 수 있다. 또한 시름에 겨운 고려 백성들의 삶에 음악이 위로가 되었음을 알 수 있다.

조선시대의 해금 기록

조선시대에도 해금은 '혜금嵇琴'과 '해금奚琴' 두 개의 명칭으로 함께 사용했다. 조선시대 대표적인 궁중 기록인 『조선왕조실록朝鮮王朝實錄』에 나타나는 해금 관련 기사들을 살펴보면 다음과 같다.

『조선왕조실록』에서 '혜금嵇琴'이라는 명칭은 「세종실록」, 「성종실록」, 「연산군일기」, 「영조실록」에서 총 10건의 기사를, '해금奚琴'의 명칭으로는 「세종실록」, 「연산군일기」, 「숙종실록」, 「정조실록」에서 총 10건의 기사를 볼 수 있는다. 세종과 연산군 시대에는 '혜금嵇琴'과 '해금奚琴' 두 명칭이 병용되었으며 후대로 갈수록 같은 '해금奚琴'의 명칭을 사용했다.

『조선왕조실록(朝鮮王朝實錄)』에 실린 '혜금(嵇琴)' 관련 기사

	시기	내용
세종실록 47권	세종 12년 경술(1430) 3월 18일(무오)	상정소에서 여러 학의 취재에 있어 경서와 여러 기예의 수목에 대하여 아뢰다[204]
세종실록 60권	세종 15년 계축(1433) 5월 5일(정사)	문소전에 임금이 친히 제사를 지낼 때의 당상악의 위치에 대한 기사[205]
세종실록 65권	세종 16년 갑인(1434) 7월 18일(계사)	관습 도감에서 어전 예연에서의 향악과 당악에 쓸 해금·아쟁 등을 청하다[206]
성종실록 75권	성종 8년 정유(1477) 1월 8일(정미)	예조에서 일본국 통신사 사목을 아뢰다[207]
성종실록 100권	성종 10년 기해(1479) 1월 20일(정축)	예조에서 통신사의 사행에 필요한 여러 일들을 조목마다 아뢰다[208]
연산군일기 12권	연산군 2년 병진 (1496) 1월 1일(경진)	승정원에 내수사의 단자를 내리다[209]
연산군일기 41권	연산군 7년 신유(1501) 9월 7일(임오)	박판·현금·피리 등을 대내로 들이라 하다[210]
연산군일기 45권	연산군 8년 임술 (1502) 8월 16일(을묘)	장악원에 갈고, 가야금, 현금 등을 내전으로 들이라고 어서를 내리다[211]
연산군일기 61권	연산군 12년 병인 (1506) 1월 8일(무자)	당비파 등 여러 악기를 취홍원에 들이게 하다[212]
영조실록 121권	영조 49년 계사(1773) 7월 27일(갑신)	사옹원에 나아가서 찬품을 받다[213]

『조선왕조실록(朝鮮王朝實錄)』에 실린 '해금(奚琴)' 관련 기사

	시기	내용
세종실록 101권	세종 25년 계해 (1443) 9월 16일	관습 도감의 광대 기녀들의 기예교육과 혈차비의 나이 조정 등에 관한 의정부의 건의[214]
세종실록 116권	세종 29년 정묘 (1447) 5월 2일	춘하 추동의 제향과 시속 명절의 별제에 쓰는 악기를 제정하다[215]
세종실록 117권	세종 29년 정묘 (1447) 7월 2일	휘덕전의 제사에 쓰이는 당상악과 당하악의 악기배치를 정하다[216]
연산군일기 28권	연산군 3년 을해 (1497) 10월 7일	삼위 선유관 동청례가 보고한 사행의 일정 내용[217]
연산군일기 50권	연산군 9년 계해 (1503) 6월 12일	두 대비를 위한 잔치 때 해금 잘타는 기녀를 뽑아 들이게 하다[218]
연산군일기 51권	연산군 9년 계해(1503) 11월 20일	두 대비가 창경궁 내전에서 잔치를 베풀다[219]
연산군일기 57권	연산군 11년 을축 (1505) 1월 4일	당비파 등의 악기를 시기에 미쳐 만들어 들이게 하다[220]
연산군일기 58권	연산군 11년 을축 (1505) 7월 8일	악기들을 모두 침향과 순금으로 장식하다[221]
숙종실록 12권	숙종 7년 신유(1681) 11월 6일	영소전 담제 뒤 풍악에 필요한 악기 명목과 전폐 진천의 악장[222]
정조실록 6권	정조 2년 무술(1778) 11월 29일	악기·악곡·연주 등 악제를 정비하게 하다[223]

두 개의 명칭을 가진 해금은 조선시대에 이르러 아속雅俗의 구별이 없이 폭넓게 쓰이는 중요한 악기가 되었다. 민간에서의 풍류뿐만 아니라 궁중의 제례악, 연향악, 행악에 이르기까지 거의 모든 음악에 빠짐없이 쓰이게 되었는데 궁중 기록을 통해 그 연주 양상을 살펴보고자 한다.

궁중의 해금 기록

조선은 성리학적 이상 국가를 건설하기 위하여 예악제도를 정비하였고 1474년성종 5 『국조오례의國朝五禮儀』가 그 하나이다. 여기서 오례五禮는 제사祭祀에 관한 길례吉禮, 사상死喪에 관한 흉례凶禮, 비어備禦에 관한 군례軍禮, 인국과의 교제에 관한 빈례賓禮, 관혼에 관한 가례嘉禮로 인간 관계에서 일어나는 일을 다섯으로 분류하여 인간으로서 바른 도리를 실현하고자 한 것이다.[224] 『국조오례의』는 조선시대 내내 중요한 규범이 되었다.

조선시대 해금은 모습은 『국조오례의』에 처음 나타나는데, 해금의 모습을 살펴보면 다음과 같다.

『국조오례서례國朝五禮序例』 권1은 길례吉禮에 관한 20항목으로 구성되어 있는데 이중 속부악기俗部樂器의 도설圖說에서 해금奚

『국조오례의(國朝五禮儀)』에 기록된 해금

琴을 『문헌통고文獻通考』를 인용하여 설명하고 있다.

『문헌통고』에서 말하였다. "해금은 오랑캐 가운데 해부족(奚部族)이 좋아하는 악기이다. 현도(絃鼗)에서 나온 것으로 모양도 유사하다. 그 제도는 두 줄 사이에 대쪽(竹片)을 넣어 마찰시킨다(軋). 민간에서 간혹 사용하기도 한다."

—『국조오례서례』 권1

길례(吉禮)에서 연주된 해금

길례吉禮 제사는 규모에 따라 대사大祀, 중사中祀, 소사小祀로 나

뉘었다. 원구圓丘·사직社稷·종묘宗廟·영녕전永寧殿 제사는 대사이
고, 풍운뢰우風雲雷雨·악해독嶽海瀆·선농先農·선잠先蠶·우사雩祀·문
묘文廟·역대시조歷代始祖 제사는 중사이며, 영성靈星·명산대천名山
大川·선목先牧·둑제纛祭·여제厲祭 등은 소사이다.[225]

종묘제례(宗廟祭禮)

조선의 제4대 임금인 세종대왕 때 아악을 일대 정비하면서 종
묘제례악도 고려시대와는 달라졌다. 세조 9년1463까지 종묘제례
에 아악이 연주되다 세조 9년에 이르러 세종 때에 지은 보태평과
정대업을 종묘의식으로 채택하였다. 속악인 보태평과 정대업은

『국조오례서례』와 『종묘의궤』의 종묘제향 악기 비교

	등가		헌가	
	국조오례서례 (성종)	종묘의궤 (숙종)	국조오례 서례(성종)	종묘의궤 (숙종)
사	당비파2 향비파1 가야금1 거문고1 아쟁1 대쟁1 월금1 해금1	당비파1 향비파1 가야금1 거문고1 아쟁1	당비파4 향비파1 가야금1 거문고1 월금1 해금2	당비파1 해금1

세조 10년1464 정월 종묘친사宗廟親祀에 처음 연주된 이후 조선시대 말까지 종묘에 쓰였고 현대에 들어서도 종묘제향에 보태평, 정대업이 연주되고 있다.²²⁶ 성종1459~1494 때 편찬된『국조오례서례』와 숙종1674~1720 때 편찬된『종묘의궤』의 종묘제향의 악기 편성을 비교하면 성종 때에 비해 숙종 때 종묘 등가와 헌가 모두 악기 수가 많이 줄었는데, 특히 헌가의 경우에는 현악기의 수가 많이 준 것을 알 수 있다.

해금의 경우에는 숙종 때는 종묘 등가에 편성이 되지 않았으나 헌가에서는 당비파와 함께 유일하게 편성된 것을 알 수 있다. 『춘관통고』의 종묘 악현도 숙종 때와 같이 등가에 해금이 편성되지 않았으나 헌가에서는 당비파와 함께 1개가 편성되었다.

경모궁 제례(景幕宮 祭禮)

영조 38년1762 윤5월 사도세자가 28세의 젊은 나이로 뒤주에 갖혀 사망한 후 재기再朞가 지나자 신위는 사도세자의 사당인 수은묘垂恩廟에 모셔졌다. 1776년 3월에 사도세자의 아들인 정조가 즉위하자 곧 사도세자에게 장헌莊歡이라는 시호를 올리고 수은묘를 고쳐지어 경모궁景幕宮이라 이름지었다. 정조는 즉위년에 이 휘지로 하여금 악장을 짓게 하였고 악기 조성은 즉위년 8월부터 시작하여 다음해 5월에 완성되었다. 경모궁 제례에 음악이 연주

『경모궁의궤』악현

경모궁 헌가

北

		박		노도		
진고	편종	어		축	편경	방향
훈	피리	노래		노래	大쑳	태평소
해금	지	생	大金	장고	당적	향비파

된 것은 영조의 상喪이 끝난 정조 2년1778 5월 이후부터이다. 악기 편성은 등가 19명, 헌가 21명의 악공이 쓰였다. 이는 종묘에 등가 22명, 헌가 24명의 악공이 쓰인 것에 비해 규모가 약간 작을 뿐이다.[227]

정조는 즉위년 8월 28일에 김한기와 정상순을 악기도감 제조로 삼아 경모궁 악기를 만들 것을 명하였는데, 경모궁 악기 조성은 다음해 5월 25일에 완성되었다. 정조1776~1800때 만든 『경모궁의궤景幕宮嚴軟』에 실린 악기 편성과 일무佾舞는 〈『경모궁의궤』악현〉 표[228]와 같다.

『경모궁의궤』의 악현을 살펴보면 해금은 등가에 편성이 되지

않고 헌가에만 편성되었다. 이는 정조 때에 편찬된 『춘관통고』에
실린 경모궁 악현과 같다.

혼전(魂殿) 음악

휘덕전輝德殿은 세종 28년인 1446년 3월에 승하한 소헌왕후昭憲王后의 혼전이다. 부재시모상父在時母喪이므로 상기喪期를 굽혀 15개월만인 세종 29년1447 5월 4일에 담제禫祭를 지냈는데 담제 후에 휘덕전의 사시납향四時臘享과 속절별제俗節別祭에 음악을 썼다. 휘덕전 제향에 쓴 악곡은 문소전 제향악과 같았다.[229]

제례악에 해금 용례가 처음 나타난 것은 세종이 재위한 시기로 종묘가 아닌 문소전文昭殿[230], 휘덕전輝德殿, 관왕묘關王廟[231]의 제향에서 해금이 편성되었다.

의정부(議政府)에서 예조(禮曹)의 공문에 의거하여 아뢰기를, 휘덕전(輝德殿)에서 모시는 춘하추동의 큰 제향과 시속 명절의 별제(別祭)에 동궁(東宮)께서 친히 거행하실 때의 악기(樂器)는… 전정(殿庭)에는 박(拍), 방향(方響), 대금(大琴), 교방고(敎坊鼓), 방향(方響) 각 하나씩 가운데 있고, 왼편으로 첫째 줄에 해금(奚琴), 가야금(伽倻琴), 비파(琵琶), 현금(玄琴) 각 하나씩,… 여섯째 줄에 장고(杖鼓) 둘이고 오른편으로 첫째 줄에

현금(玄琴), 향비파(鄕琵琶), 가야금(伽倻琴), 해금(奚琴) 각 하나씩,…

— 세종 29년, 1447년 5월 2일

의정부에서 예조(禮曹)의 정문(呈文)에 의거하여 아뢰기를, 휘덕전(輝德殿)에서 섭행(攝行)하는 제사(祭祀)에… 당하악(堂下樂)은… 둘째 줄에 향필률, 가공(歌工) 2, 대금(大琴) 2, 가공(歌工) 2, 해금(奚琴),…

— 세종 29년, 1447년 7월 2일

해금은 등가의 초헌 당악에는 빠져있으나 전정의 아헌, 종헌 향악에는 편성되어 있다. 이는 조선 초기인 세종 당시에는 해금이 향악에만 사용되고 당악에는 편성되지 않은 것으로 추정된다. 이것은 해금이 고려 때 속악기로서만 사용된 관습이 조선 초까지 그대로 이어진 것으로 볼 수 있다. 다만 왕이 친히 참석하여 제례를 봉행하는 친행親行에서는 해금이 두 개 편성되었으나 다른 사람이 대신하는 섭행攝行에서는 하나만 편성되고 있다. 휘덕전 제향의 경우도 전정의 당하악에만 해금이 편성되었고 친행과 섭행의 차이도 문소전과 같다.

1592년 임진왜란 이후에는 원묘를 폐지함에 따라 17세기 이후
부터는 혼전만 있게 되었다. 영소전은 숙종 6년1680 10월 승하한
숙종의 초비 인경왕후仁敬王后의 혼전이고, 경녕전은 숙종 27년
1710 8월에 승하한 계비 인현왕후仁獻王后의 혼전이다.[232]

문소전에 임금이 친히 제사를 지내는 때의,… 당하악(堂下樂)
은 박(拍)을 중간에 두고, 첫째 줄에는… 해금 하나를 왼쪽에 하
나를 오른쪽에 둔다.

— 세종 15년, 1433년 5월 5일

원묘인 문소전文昭殿과 혼전인 소경전昭敬殿의 악현을 살펴보면
위 사료의 내용과 같이 해금이 전상악殿上樂에서는 편성되지 않고
전정악殿庭樂에서만 편성되었고, 문소전의 전정악에서는 좌우에
각각 1개씩, 소경전의 전정악에서는 1개만 편성되었다.

관왕묘(關王廟) 음악

1786년 정조 10년 2월 이후부터 관왕묘 제향에 비로소 음악이
연주되었다. 관왕묘 악장은 정조가 친히 지은 것이다.

2월. 이에 앞서 상이 직접 관왕묘(關王廟)의 비명(碑銘)을 지어

묘정(廟廷)에 세웠었다. 이때에 이르러 상이 비명을 분장(分章)하여 악가(樂歌)로 만들도록 명하고, 음악은 3장(章)을 쓰도록 하였다. 관왕묘에 음악을 사용하는 것이 이때에 시작되었다.…악기는 중고(中鼓)가 하나, 장고(杖鼓)가 둘, 필률(觱篥)이 둘, 대금(大筌)이 둘, 태평소(太平簫)가 둘, 대금(大金)이 하나, 소금(小金)이 하나, 가(歌)가 둘, 해금(奚琴)이 둘이다.

— 신숙주(申叔舟) 편저 『국조보감』[233]

『속악원보』 권2에 무안왕묘武安王廟. 관왕묘 제례악이 실려있는데 이 악곡은『속악원보』 권1의 종묘제례악에서 발췌한 것이다. 재미있는 점은 관왕묘악은 정대업의 11곡 중 군중軍中에서 사용되던 악기인 태평소가 연주되는 곡인 소무, 분응, 영관만을 채택했다는 것이다. 악기 편성은 박 1, 대금大筌 2, 장고 2, 노래 2, 피리 2, 해금 2, 태평소 2, 중고中鼓 1, 대금大金 1, 소금小金 1이다.[234]

관왕묘의 제사에 사용되는 악기는 무장武將의 제향에 맞게 관악기와 타악기로 구성되는데 해금이 포함되어 있다는 점에서 주목할 만하다. 조선시대에 현악기가 배제된 악기 편성에 해금이 연주되었다는 사실은 비사비죽非絲非竹이라 하여 지속음을 낼 수 있는 해금을 관악기로 인식했음을 보여주는 것이다. 관왕묘 음악에서 이와 같은 악기 편성은 해금을 현악기가 아닌 관악기로

분류한 최초의 기록이며, 현재에도 해금은 관악기로 분류되고 있다.

앞서 기술한 대로 세종조에 해금이 제례악에 사용되기 시작한 것은 확인 할 수 있지만 구체적으로 어떠한 용례로 편성되었는가는 성종 때에 와서 비로소 알 수 있다.

『악학궤범』 권2에 의하면 속악진설도설의 악현樂懸에 보이는 오례의五禮儀[235]와 성종 때 종묘 영녕전 등가와 헌가, 문소전 친행親行 전정악과 문소전 섭행 전정악殿庭樂, 연은전延恩殿 친행 전상악殿上樂과 전정악, 연은전 섭행攝行 전정악, 전정헌가와 전정고취 등에 해금이 각각 배치되어 있다.

오례의 종묘 영녕전의 악현을 보면 해금이 등가에 하나, 헌가에 두 개가 배치되었다. 세종 때에 비하면 종묘의 등가와 헌가에 모두 아·당·향악기가 사용되고 있다. 오례의 종묘 등가 진설은『세조실록』 제48권의 등가도와 완전히 같다.

문소전은 세종 때와 같이 전정 헌가에만 해금이 배치되어 있다. 친행과 섭행의 차이도 세종 때와 같다. 연은전은 문소전보다 편성은 작았으며 음악은 문소전과 같았다. 따라서 전정헌가에만 해금 하나가 편성되었다. 오례의와 성종조의 전정헌가, 오례의와 성종조의 고취에는 모두 해금이 두 개씩 편성되었다.

『악학궤범』의 해금 진설(陳說) 등가 악현(樂懸)

	오례의 종묘 영녕전	성종조 종묘 영녕전	문소전 친행 전상악	문소전 섭행 전상악	연은전 섭행 전상악
박	1	1	1	1	1
歌	6	6	12	6	4
피리	2	2	2	1	1
대금	2	2	·	·	·
당적	2	2	2	1	1
퉁소	1	1	2	1	1
비파	향1 당2	향1 당2	당2	당2	당2
해금	1	1	·	·	·
방향	1	1	2	1	1
장구	2	2	6	2	2
생황	생1 화1	생1 화1	생1 화1	생1 화1	·
거문고	1	1	금2	금1	·
가야금	1	1	슬2	슬1	·
쟁	아1 대1	아1 대1	아1 대1	아1 대1	아1 대1
鼓	절1	절1	교방1	교방1	교방1
월금	1	1	·	·	·
훈	1	1	·	·	·
지	1	1	관2	관1	·
어	1	1	·	·	·
축	1	1	·	·	·
편종	편종1 특종1	편종1 특종1	·	·	·
편경	편경1 특경1	편경1 특경1	·	·	·
총	37	37	40	23	16

『악학궤범』의 해금 진설(陳設) 헌가 악현(樂懸)

	오례의 종묘 영녕전	성종조 종묘 영녕전	문소전 친행 전정악	문소전 섭행 전정악	연은전 섭행 전정악	오례의 전정 헌가	성종조 전정 헌가	오례의 고취	성종조 전정 고취
박	·	1	1	1	1	·	1	1	1
歌	6	6	8	4	2	6	·	8	·
피리	6	6	4	향1 당1	향1 당2	6	5	향2 당6	6
대금	대4 중2 소2	대4 중2 소2	2	2	2	대4 중2 소2	6	9	8
당적	2	2	4	1	1	2	4	3	4
퉁소	2	2	4	1	1	2	5	4	4
비파	향1 당4	향1 당4	향2 당8	향1 당3	향1 당1	향1 당4	향2 당6	향2 당8	향2 당6
해금	2	2	2	1	1	2	2	2	2
방향	2	2	4	2	1	2	2	4	2
장구	8	8	12	6	2	8	8	18	8
생황	생1 화1 우2	생1 화1 우2	·	·	·	생1 화1 우2	·	생2 화2 우2	·
거문고	1	1	2	1	1	1	2	2	2
가야금	1	1	2	1	1	1	2	2	2
쟁	·	·	·	·	·	·	아1 대1	아2 대2	아1 대1
태평소	2	2	·	·	·	2	·	·	·
鼓	노2 진1 교방1	노2	교방3	교방2	교방1	삭1 건1 응1 진1 교방1	삭1 건1 응1	교방2	·
노도	2	2	·	·	·	·	·	·	·
월금	1	1	·	·	·	1	2	2	2
훈	2	2	·	·	·	2	·	·	·
지	2	2	·	·	·	2	·	·	·
관	2	2	4	1	·	2	·	·	·
어	1	1	·	·	·	1	1	·	·
축	1	1	·	·	·	1	1	·	·
편종	3	3	·	·	·	3	3	·	·
편경	3	3	·	·	·	3	3	·	·
총	70	69	62	29	19	69	60	84	51

따라서 성종조에 이르러 해금은 국가적인 행사인 오례의의 종묘, 전정헌가, 고취 등에 모두 사용되었고 문소전과 연은전에서는 헌가에만 사용되었다. 해금은 대체로 헌가에 두 개가 배치되었는데 왕이 직접 참석하지 않는 섭행이나 종묘의 등가에는 하나만 편성되었다. 해금의 배치 수는 피리나 대금 등 다른 관악기에 비하면 적은 수이다.

『악학궤범』에서 해금은 향악기로서 다만 향악에만 사용된다고 한 부분은 고려시대와 같으나 조선시대의 성종조에 와서 아악기, 당악기와 함께 제례악에 사용된 점은 다르다. 세종 때에 해금을 향악기로 언급한 기록은 『조선왕조실록』에서도 확인된다.

상정소(詳定所)에서 여러 학(學)의 취재(取才)에 있어 경서(經書)와 여러 기예(技藝)의 수목(數目)에 대하여 아뢰기를,… 악학(樂學)은… 거문고(玄琴), 가야금, 비파, 대금, 장고, 해금, 당비파(唐琵琶), 향피리(이상은 향악)이요

— 세종 12년, 1430년 3월 18일

해금이 제례악에 사용된 기록을 보면 숙종 때의 영소전永昭殿, 정조 때의 관왕묘關王廟의 기록이 있다. 영소전 전정악은 성종 때의 문소전 섭행 편성보다 약간 작은 편성으로 구성되어 있다.

1706년 숙종 32년의 『종묘의궤』에 의하면 종묘 영녕전 등가에 해금이 없는 점이 『악학궤범』 당시와 다르고, 헌가에 1인이 편성되어 있고 오례의에 등가 1인, 헌가 2인이 편성되어 있어 차이가 없다.[236]

그 뒤에 예조에서 또 종묘 제향(宗廟祭享) 때 전폐(奠幣), 진찬(進饌)에는 악장(樂章)이 있으므로 영소전(永昭殿)에도… 전정악(殿庭樂)인 향비파(鄕琵琶) 1, 가야금(伽倻琴) 1, 대금(大笒) 2, 교방고(敎坊鼓) 1, 현금(玄琴) 1, 당비파(唐琵琶) 1, 필률(篳栗) 1, 당적(唐笛) 1, 방향(方響) 1, 해금(奚琴) 1, 장고(杖鼓) 2, 퉁소(洞簫) 1, 가(歌) 2, 집박(執拍) 1, 휘(麾) 1이다.

— 숙종 7년, 1681년 11월 6일

수강문(壽康門)에서 장악원 제조 서유녕(徐有寧)을 소견(召見)하였다.

서유녕에게 동관왕묘와 남관왕묘 제향(祭享)에 연주할 악공들을 거느리고 뜰에서 연습하라고 명하였는데, 제향이 하루 남았고 악장을 새로 만들었기 때문이다. 악공들은 모두 개주(介胄)를 착용하고 오방기치(五方旗幟)를 세웠으며, 영신(迎神)에는 왕재장(王在章)을, 전헌(奠獻)에는 힐향장(肹饗章)을, 송신

(送神)에는 석하장(錫煆章)을 연주하였다. 악기는 중고(中鼓)
1, 장고(杖鼓) 2, 필률(觱篥) 2, 대금(大笒) 2, 태평소(太平簫)
2, 대금(大金) 1, 소금(小金) 1, 가(歌) 2, 해금(奚琴) 2이다.[237]

— 정조 10년, 1786년 2월 4일『일성록』

관왕묘의 제향은 세종 때와 같은 편성으로 관현악기, 타악기, 해금으로 구성되어 있다.

이상으로 조선시대에 해금이 제례악에 사용된 예를 문헌을 통해 살펴보았다. 초기인 세종 때의 해금은 문소전의 제향 향악기로서 헌가에만 편성되면서 고려시대 속악기로서의 관습을 그대로 이어갔다. 세종 때는 오례의와 회례연에 아악을 사용했으므로 해금은 편성되지 않았다. 세조를 거쳐『악학궤범』에 이르면 종묘의 등가와 헌가 아·당·향악기가 함께 사용되고 있다. 따라서 성종조에 이르러 해금은 오례의의 종묘, 전정헌가, 고취 등에 모두 사용되었다. 해금은 헌가에 두 개가 배치되었는데 왕이 직접 참석하지 않는 섭행의 경우나 종묘의 등가에는 하나만 편성되었다.

앞의 기록들에서 제례악에 해금이 사용된 것은 알 수 있으나 언제부터 해금으로 당악을 연주했는지는 알 수 없다.『악학궤범』 당시에는 아·당·향악기가 모두 편성되어 합주를 하였다.『악학

궤범』, 오례의 종묘, 성종 때 종묘에는 등가와 헌가에 종경과 함께 해금이 편성되었고 오례의 전정헌가, 성종 때의 전정헌가에도 종경과 함께 해금이 편성되었다. 따라서 『악학궤범』 이후부터는 종경이나 당피리와 함께 해금으로도 당악을 연주했을 것으로 보인다.

가례(嘉禮)에서 연주된 해금

가례嘉禮는 조선조 궁중에서 운영된 오례五禮 가운데 하나로서 길례 다음으로 중요한 의례이다. 사가私家에서 가례는 관례冠禮나 혼례를 뜻하지만 왕가에서 가례는 임금의 성혼과 즉위, 왕세자와 왕세손의 성혼과 책봉, 칙서勅書를 맞이하는 의식, 동지와 정지正至와 삭망朔望에 왕세자와 백관이 조회하는 이식, 문과와 무과의 전시文武科殿試, 존호尊號 등의 다양한 의례를 포함한다.[238]

조회(朝會)

조회朝會에서 주악은 전정헌가殿庭軒架가 담당하고 조참에서는 전정고취殿庭鼓吹가 담당하여 전정고취가 쓰인 의례보다 격이 높은 의례에 쓰였다.[239]

『악학궤범』의 전정헌가 도설을 살펴보면 건고 1, 응고 1, 삭고

『악학궤범』의 시용 전정헌가 도설(圖說)

		삭고			건고			응고	
		편종			박			편경	
편경	당비파	당비파	방향	어	축	방향	당비파	당비파	편종
당비파	피리	피리	피리	장고	장고	피리	피리	당적	당비파
향비파	대쟁		당적	장고	장고	당적		아쟁	향비파
월금	당적		거문고	장고	장고	거문고		퉁소	월금
퉁소	퉁소		가야금	장고	장고	가야금		퉁소	퉁소
편종	해금	대금	대금	대금	대금	대금	대금	해금	편경

1, 편종 3, 축 1, 어 1, 박 1, 방향 2, 당비파 6, 향비파 2, 피리 5, 월금 2, 장고 8, 가야금 2, 거문고 2, 해금 2, 대금 6, 퉁소 5, 당적 4, 아쟁 1, 대쟁 1로 편성된다.

『악학궤범』의 전정헌가는 『국조오례서례』의 69인에서 60인으로 그 규모가 다소 축소되었으며, 악기 편성에서 아악기의 사용이 줄면서 아악적인 요소를 덜고 당악과 향악의 연주에 근접한 형태로 완성되었다.[240]

진연(進宴)

진연進宴은 조선조 궁중에서 행한 연향으로 궁중 연향 전반을 가리키는 포괄적인 의미로 쓰이기도 하고, 나라의 큰 경사를 맞아 특별히 베푸는 큰 규모의 연회를 가리키는 의미로 쓰이기도

한다. 큰 규모의 궁중 연향은 인조 때까지 진풍정進豊呈이라 하였으나 이후에 진연은 국왕의 망오望五, 오순五旬, 대왕대비의 주갑周甲 등을 맞는 해에 베풀던 잔치로 그 의미가 한정된다. 나라의 경사에 행하던 연향은 진연 외에 진찬進饌, 진작進爵 등으로도 명명되었으나 진찬과 진작은 모두 넓은 의미의 진연에 속하였다.[241]

진연進宴은 연향 참석자를 남녀로 구분하여 외연外宴과 내연內宴으로 구별하여 행하는 것이 관례로, 외연은 궁궐의 정전正殿에서 행하였고 내연은 내전에서 행하였다. 외연과 내연으로 구별하여 행한 것은 진연에만 국한되지 않았다. 국왕이 정무에 힘쓴 군신의 노고를 치사하기 위해 정조正朝나 동지冬至에 조하朝賀가 끝난 후에 행하는 회례연會禮宴과는 별도로 중궁전에서는 명부들을 위한 정지내명부회의正至內命婦會儀를 행하였고, 매해 중추월에 80세 이상의 노인을 위한 양로연을 베풀 때에도 왕대비가 80세 이상의 부인들을 위해 별도로 중궁양로연中宮養老宴을 행하였다.[242] 진연, 진찬, 진작 등의 연향 전말을 기록한 의궤로 19종이 현재 전해진다.

조선조 궁정에서는 전정헌가殿庭軒架, 전정고취殿庭鼓吹, 전상악殿上樂; 登歌, 전후고취殿後鼓吹, 전부고취前部鼓吹, 후부고취後部鼓吹 등의 다양한 악대가 설치 운용되었으며, 이들 악대 외에도 관현맹인管絃盲人과 여령女伶 등의 악인을 두었다. 진연, 진찬, 진작 등

의 연향에서 주악을 주도한 것은 전정헌가와 등가이다. 이들 악대는 주로 외연에 쓰였고 내연에는 관현맹인이나 여령이 쓰였다.

16세기부터 18세기까지 연향악에 대한 그림 자료에 나타난 조선시대 후기 해금의 연주와 활용 양상에 대해 알아보자.

1829년 기축년의 궁중잔치(국립중앙박물관)

현전 진연의궤·진찬의궤·진작의궤의 종류[243]

의궤명	간행시기	설행목적
풍정도감의궤	인조대	대왕대비(인목대비)를 위한 내연
(기해)진연의궤	숙종 45년(1719)	기로소 입사
(갑자)진연의궤	영조 20년(1744)	51세 기로소 입사
(을유)수작의궤	영조 41년(1765)	영조 망팔(望八)
원행을묘정리의궤	정조 19년(1759)	혜경궁 홍씨의 회갑
기사진표리진찬의궤	순조 9년(1809)	혜경궁 홍씨의 관례 60주년
자경전진작정례의궤	순조 27년(1827)	순원왕후 존호 기념
(무자)진작의궤	순조 28년(1828)	순원왕후 사순(四旬)
(기축)진찬의궤	순조 29년(1829)	등극 30년
자경전진작정례의궤	헌종 14년(1848)	순원왕후 육순(六旬), 왕대비 망오(望五)
(무진)진찬의궤	고종 5년(1868)	대왕대비(신정왕후) 주갑(周甲)
(계유)진작의궤	고종 10년(1873)	고종 존호 기념
(정축)진찬의궤	고정 14년(1877)	대왕대비(신정왕후) 칠순(七旬)
(정해)진찬의궤	고종 24년(1887)	대왕대비(신정왕후) 팔순(八旬)
(임진)진찬의궤	고종 29년(1892)	고종 41 등극 30년
(신축)진연의궤	광무 5년(1901)	오종 오순(五旬)
(신축)진찬의궤	광무 5년(1901)	명현태후 망팔(望八)
(임인)진연의궤	광무 6년(1902)	고종 51 기로소 입사, 고종 망육(望六)

연향악의 해금 연주·그림자료 목록

시기	도판명	내용
1535	중묘조서연관사연도 (中廟朝書蓮官賜宴圖)	대금류의 횡적 1, 해금 혹은 비파류의 현악기 2, 거문고 혹은 가야금과 비슷한 현악기 1
1585	선조조기영회도 (宣祖耆英會圖)	초적 1, 대금 1, 북 1, 당비파 1, 해금 1, 피리 혹은 퉁소류의 종적 1, 거문고 1, 장구 2, 피리 혹은 퉁소류의 종적 1
1621	기로소연회도 (耆老所宴會圖)	박 1, 장구 1, 북 2, 대금류의 횡적 2, 종적 2, 거문고 2, 해금 1
1621	기석설연지도 (耆碩設宴之圖)	박 1, 장구 1, 북 2, 대금류의 횡적 2, 퉁소와 비슷한 종적 1, 거문고 3, 해금 1
1691	칠태부인경수연도 (七太夫人慶壽宴圖)	거문고와 비슷한 현악기 3, 북 1, 관악기 5, 장구 2, 해금 1, 비파 2
1691	칠태부인경수연도 (七太夫人慶壽宴圖)	해금 1, 비파 2, 거문고와 비슷한 현악기 1, 관악기 2, 장구 1
1691	경수연도 (慶壽宴圖)	박 1, 편경 1, 북 1, 장구 2, 해금 1, 당비파 2, 관악기, 거문고와 비슷한 현악기 3 등 16인
1691	경수연도 (慶壽宴圖)	해금 1, 비파 2, 거문고와 비슷한 현악기 1, 관악기 2, 장구 1 등 8인

1720	기사계첩 (耆社契帖)	경현당석연도 (景賢堂錫宴圖)	해금, 당비파, 대쟁 또는 거문고, 아쟁 또는 가야금, 대금, 퉁소, 교방고 등 악공 29인과 악사 3인
		기사사연도 (耆社私宴圖)	해금 4, 교방고 1, 대금 4, 당비파 4, 퉁소 4, 장구 2
		어첩봉안도 (御帖奉安圖)	박 1, 장구 1, 북 1, 해금 2, 당비파 1, 퉁소 혹은 피리류의 종적 4, 대금 1 등 13인
		봉배귀사도 (奉盃歸社圖)	장구 2, 당비파 2, 해금 3, 대금 2, 퉁소 혹은 피리류의 종적 2, 북 1, 박 1
1724	갑진기사연회첩 (甲辰耆社宴會帖)		북 1, 대금 2, 피리 혹은 퉁소류의 종적 1, 당비파 1, 해금 2, 장구 2
1744	기사경회첩 (耆社慶會帖)	본소사연도 (本所賜宴圖)	교방고, 박, 피리, 대금, 당비파, 장구, 해금 등 14인
		사악선귀사도 (賜樂膳歸社圖)	대금, 피리, 혹은 퉁소류의 종적, 해금, 장구, 비파
1744	종친부사연도 (宗親府賜宴圖)		비파, 북, 해금, 대금류의 횡적, 피리 혹은 퉁소류의 종적 등 15인

《경이물훼》〈중묘조서연관사연도〉(국립고궁박물관)

《중묘조서연관사연도첩(中廟朝書筵官賜宴圖帖)》

16세기인 1535년중종 30 중종이 왕세자의 교육을 담당한 39명의 서연관書筵官들에게 내려준 연회의 장면을 그린 그림이다. 이 그림 속에는 악공 5명이 있는데 대금류의 횡적 1, 해금 혹은 비파류의 현악기 2, 거문고 혹은 가야금과 비슷한 현악기 1명, 성악 1명이다. 악공들은 모두 홍포에 대를 둘렀고 오른쪽 끝에 횡적을 부는 인물과 나머지 4명의 모자가 다르다.

〈선조조기영회도〉 그림 아래쪽의 악공들. (국립중앙박물관)

〈선조조기영회도(宣祖耆英會圖)〉

1585년선조 18 만70세 이상으로 2품 이상의 관직을 지낸 원로 기신耆臣 7인의 기영회 장면을 그린 그림이다.

〈기영회도〉에서와 달리 연주자들은 대청 밖에 있으며, 악기 편성은 왼쪽부터 초적 1, 대금 1, 북 1, 당비파 1, 해금 1, 피리 혹은 퉁소류의 종적 1, 거문고 1, 장구 2, 피리 혹은 퉁소류의 종적 1명으로 구성된 것으로 보인다. 가운데에서 박을 치는 집박執拍의 모자가 다른 악공과는 다르다. 〈선조조기영회도〉에서 보이는 해금의 모습은 『악학궤범』과 『제기악기도감의궤』의 해금의 도상과 유사하다. 마디가 많은 대나무를 입죽으로 사용하고, 산성의 위치가 주아의 아래에 달려있다는 점에서 15~17세기의 일반적인

해금의 모습으로 보인다. 또한 입죽이 줄 바깥쪽으로 향해 있는 경안해금의 모습을 하고 있다.

〈기로소연회도(耆老所宴會圖)〉

1621년광해군 13에 70세 이상 대신 9명의 기로연의 기록화이다. 박 1, 장구 1, 북 2, 대금류의 횡적 2, 종적 2, 거문고 2, 해금 1로 구성되어 있으며, 집박과 다른 연주자들의 복식이 서로 다르다. 〈기로소연회도〉에서는 해금이 가장 오른쪽에 배치되어 있는데 입죽의 끝은 휘어져 있다. 이는 18세기 해금의 모습으로 『종묘의궤』, 『경모궁의궤』, 『춘관통고』의 나타난 해금에서 입죽의 끝이 휘어진 해금을 찾아볼 수 있다.

〈기석설연지도(耆碩設宴之圖)〉

1621년 광해군 13년에 광해군이 우의정을 지낸 정창연鄭昌衍, 1552~1636 등을 비롯한 70세 이상의 연로대신 9명의 기로연耆老宴 장면이다. 악공들은 대청 밖에 앉아서 연주하는데 박 1, 장구 1, 북 2, 대금류의 횡적 2, 퉁소와 비슷한 종적 1, 거문고 3, 해금 1명으로 구성되었다. 박은 박판拍板을 묶은 끈이 휘날리는 것처럼 표현하였고, 거문고의 괘가 매우 뚜렷하게 그려져 있다. 〈기로소연회도〉와 동일한 장면을 그린 것이다.

〈기석설연지도〉의 악공들. (서울대학교 규장각한국학연구원, 서울대학교 중앙도서관)

〈칠태부인경수연도(七太夫人慶壽宴圖)〉

숙종 17년1691 8월에 열린 일곱 부인들의 수연壽宴을 그림과 글로 기록한 것이다.

제1실과 2실 사이 공간으로 16명으로 구성된 악대가 있고 박을 치는 집박악사와 편경 연주자가 제외되어 있다. 악사들을 살펴보면 거문고와 비슷한 현악기 3, 북 1, 관악기 5, 장구 2, 해금 1, 비파 2이 보인다. 해금은 비파 옆에 위치하며, 입죽이 줄 쪽으로 휘어있는 모습이다. 〈칠태부인경수연도〉의 두번 째 그림에서 제

1745년 〈칠태부인경수연도〉 (부산박물관)

2실의 당 밖에 악인 8명이 보이는데 해금 1, 비파 2, 거문고와 비슷한 현악기 2, 관악기 2, 장구 1 등을 연주하고 있어 악기 배치가 첫번 째 그림과 다르다.

〈경수연도(慶壽宴圖)〉

1691년숙종 17 숙종이 신하들 가운데 70세 이상의 노모를 모신 자들에게 쌀과 비단을 하사하고, 이를 기념하는 연회가 별도로 열렸다. 이 연회는 일곱 집안의 대부인大夫人 및 자손부子孫婦, 재신宰臣, 사대부士大夫들을 초청하여 시행하였는데 일곱 분의 노부인을 모신 연회라하여 소위 '칠태부인경수연도七太夫人慶壽宴圖'로 일컬어진다.

첫 번째 건물과 두 번째 건물 밖에 16인으로 구성된 악대가 있

1691년(숙종 17년) 8월 경수연(慶壽宴)을 그린 그림.

다. 집박 악사는 홍포를, 다른 악공은 녹포를 입고 뒷줄 왼쪽 끝의 악공도 홍포를 입었다. 집박 악사 옆에 편경이 1개 있다. 이 악기의 틀에는 『악학궤범』이나 현행의 편경과 달리 깃붙이 장식과 꿩꼬리 유소가 없다. 또한 북 1, 장구 2, 해금 1, 당비파 2, 관악기, 거문고와 비슷한 현악기 3 등을 연주하는 모습이 섬세하게 묘사되어 있다. 〈경수연도〉 16인의 악대 그림에서 해금은 비파와 장구의 사이에 배치어 있는데, 다른 그림에 비해, 해금의 입죽이 곧은 경안해금의 모양이다.

두 번째 건물에서는 자제의 연회가 베풀어지고 있는데, 당堂 밖에서 악공 8명이 앉아서 해금, 대금, 장구, 비파류의 현악기, 거문고와 비슷한 현악기 등을 연주하는 모습이 보인다. 해금이 가장 오른쪽에 배치되어 있으며, 다른 악사들을 바라보듯 약간 비

《기사계첩》〈경현당석연도〉의 악대, 처용 5인, 무동. (국립중앙박물관)

스듬한 자세로 앉아있다. 〈경수연도〉 16인의 악대 그림과 같이 해금은 입죽이 곧은 경안해금의 형태이다.

《기사계첩(耆社契帖)》

《기사계첩》은 1719년숙종 45 숙종의 기로소耆老所 입사入社를 기념하여 제작한 것으로 영의정 김창집金昌集을 비롯한 11명이 기로신耆老臣으로 참여하였다.

이 연향에는 필요한 연주를 위해 악공 29명과 악사 3명이 동

해금의 역사와 여정

순조 28년 〈서연관사연도〉 (서울대학교 규장각한국학연구원, 서울대학교 중앙도서관)

원되었다. 악대는 3열로 배열되어 있어 하나의 악대처럼 보이지만, 덧마루補階에 2열로 배치된 악대와 그 아래 건고를 중심으로 좌우로 배치된 8명의 악공이 있는 악대는 그 성격이 다르다. 제1~2열은 등가이고 그 아래 제3열은 전정헌가이다. 그림에서 정재를 반주한 악대는 덧마루에 배설된 21명으로 구성된 등가로 보아야 한다. 악기 편성은 해금, 당비파, 대쟁또는 거문고, 아쟁또는 가야금, 대금, 퉁소, 교방고 등으로 이루어졌다. 해금과 당비파 모두 2개로 동일 한 것을 알 수 있다.

《기사계첩》〈기사사연도〉의 악대. (국립중앙박물관)

1828년순조 28에 제작된 〈서연관사연도〉에 보이는 정재 반주도 관현합주의 형태로 대금 1, 피리 1, 비파 1, 해금 1, 현악기 1로 편성된 소형 악대가 맡았다. 이는 비록 악대 규모는 작지만 관현합주 형태를 띤 등가의 성격이 내재되었다.

《기사계첩》 중 〈기사사연도〉1720에서 처용무는 해금 4, 교방고 1, 대금 4, 당비파 4, 통소 4, 장고 2로 편성된 악대로 반주되었다.

〈기사사연도〉에서는 당 밖 오른쪽 상단에 집박악사가 있고, 처용무가 공연된다. 양 옆으로 무동이 섰으며, 뒤에는 북을 중심으로 해금, 당비파, 장구, 대금, 통소 혹은 피리류의 종적이 보인

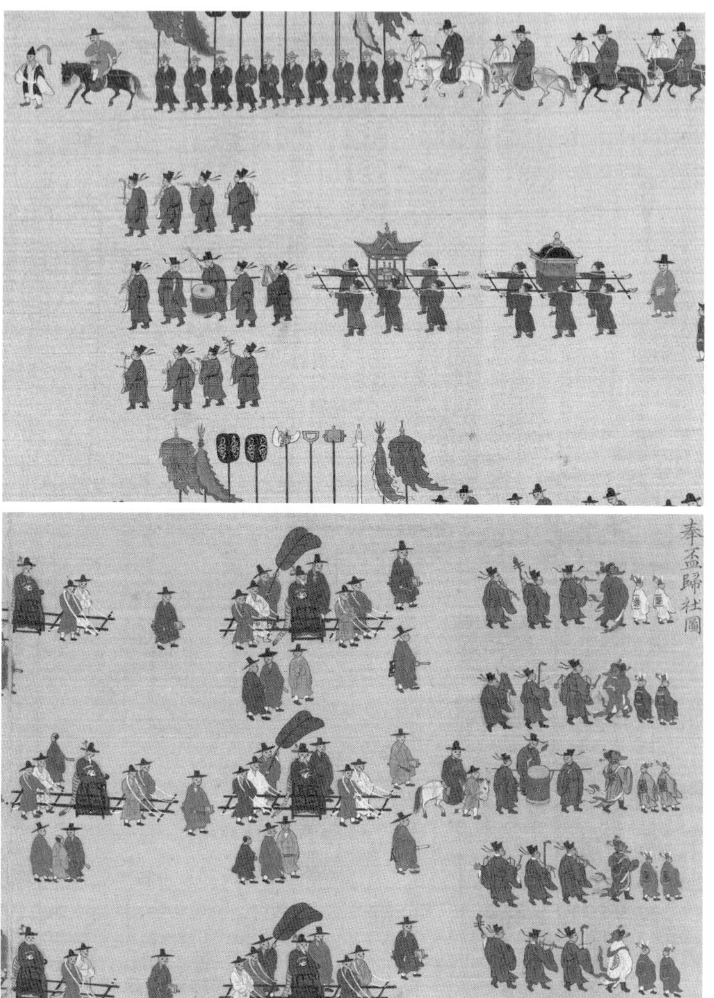

《기사계첩》(국립중앙박물관)
위) 〈어첩봉안도〉의 고취악대.
아래) 〈봉배귀사도〉의 악대·처용 5인·무동.

다. 교방고를 치는 악공은 양손에 채를 각각 하나씩 잡고 서서 연주하고 있다.

〈어첩봉안도〉에서는 박 1, 장구 1, 북 1, 해금 2, 당비파 1, 피리 4, 대금1 등이 보인다. 북에는 앞 뒤로 북을 들어주는 사람도 보인다. 홍포를 입은 악공들이 앞서 가고 녹포를 입은 집박 악사가 뒤따른다.

〈봉배귀사도〉의 악대 행렬에서는 줄마다 무동 2명과 처용무를 추는 인물이 앞장서 간다. 뒤를 이어 장구 2, 당비파 2, 해금 3, 대금 2, 퉁소 혹은 피리류의 종적 2, 북 1, 박 1 등이 따르는데, 집박은 둘째 줄 맨 뒤에 있다.

《기사계첩》에 나타나는 해금의 모습을 살펴보면 〈경현당석연도〉, 〈기사사연도〉, 〈봉배귀사도〉에서는 경안해금의 모습이 나타나고, 〈어첩봉안도〉에는 지금의 해금 형태와 유사한 역안해금의 모습이 보인다.

《갑진기사연회첩(甲辰耆社宴會帖)》

1724년경종 4 왕대비의 병세가 완쾌되자, 경종景宗과 왕세제王世弟가 이를 경하하여 진연進宴을 올렸는데, 그 이튿날인 5월 2일 6명의 기로신耆老臣들이 진연을 기념하여 기로소耆老所에서 진솔회眞率會를 열었다. 이 장면을 그려 서문과 좌목을 함께 장환한 것

이 바로 《갑진기사연회첩》인데 '갑진기사계첩'으로도 불려진다.

《갑진기사연회첩》에서 연회장의 뜰에 기녀가 두 군데로 나누어 앉아있고, 오른쪽 하단에 앉은 기녀 중에 2명은 현악기를 연주하고 있다. 집박 악사는 기녀들 쪽을 향해 서있다.

악공은 모두 9명으로 북이 왼쪽 끝에 있고 대금 2, 피리 혹은 통소류의 종적 1, 당비파 1, 해금 2, 장구 2 등의 악기가 보인다. 18세기 같은 시대의 그림이지만 《갑진기사연회첩》의 해금은 앞서 살펴본 《기사계첩》의 해금과는 다르게 입죽이 곧은 경안해금의 형태이다.

《기사경회첩(耆社慶會帖)》

《기사경회첩》은 영조가 51세 되는 해인 1744년영조 20 9월 기로소耆老所의 입사入社를 기념하여 제작한 것으로 그림과 함께 행례行禮와 의절儀節을 기록한 것이다.

제4면인 〈사악선귀사도〉에는 기사계첩의 〈봉배귀사도〉에서와 같이 무동이 앞장 서고, 뒤에는 처용 5인이 있다. 녹포를 입은 집박전악이 교방고 위에 있는데 한쪽 손에 박을 들고 있다. 이외에 기사계첩에서와 같이 대금, 피리 혹은 통소류의 종적, 해금, 장구, 비파가 보인다. 악공의 수가 《기사계첩》에서 보다 많다.

제5면인 〈본소사연도〉에서는 행렬을 지어온 이들이 기로소에

《기사경회첩》〈본소사연도〉의 악대. (국립중앙박물관)

서 사연을 즐기고 있다. 악대를 살펴보면 녹포를 입은 집박이 처용무 쪽을 바라보면서 박을 잡고, 악공은 한줄로 앉아서 장구, 비파, 해금, 대금, 피리 혹은 퉁소 같은 종적 등을 연주한다. 위의 그림에서 나타나는 해금의 형태는 입죽이 줄 쪽으로 휘어진 역안 해금의 모습이다.

〈종친부사연도(宗親府賜宴圖)〉

조선시대에는 왕실과 친족을 관리하고 품계와 예우, 종친의 의례 등 왕족을 체계적으로 관리하던 부서로 종친부를 두었다.

《기사경회첩》〈사악선귀사도〉의 무동, 처용 5인, 악대 행렬. (국립중앙박물관)

〈종친부사연도〉는 1744년영조 20 9월 영조의 기로소耆老所 입사入社를 기념한 진연進宴을 마친 후 영조가 종친宗親들에게 특별히 술과 음식을 내려준 사연賜宴 장면을 그린 것이다. 〈종친부사연도〉에서는 홍포를 입고 비파, 북, 해금, 대금류의 횡적, 피리 혹은 통소류의 종적을 연주하는 악공 11명이 보인다.

세종 이후 문종과 단종대 거치면서 세종대 예연에 쓰인 아악은 점차 폐지되고 세조대에 이르러 속악이 의례와 연향에 본격적으로 쓰이게 되자 주악을 담당하던 악대도 그에 상응하는 변화가 생겼다. 회례연과 양로연은 물론 크고 작은 연향에 세종대

의 등가와 헌가가 더이상 쓰이지 않게 되었고 속악 연주에 적합한 새로운 악대인 전정헌가가 『국조오례의』에 비로소 등장하게 된다. 그리고 등가는 그 명칭이 세종대나 그 이후가 동일하지만 악기 편성은 판이하게 다르다.

세조대부터 본격적으로 주악활동을 전개하기 시작한 전정헌가는 가례에 속한 조회, 책례, 망궐례, 회례연, 양로연 등에 폭넓게 쓰이게 된다. 전정헌가와 등가는 순조 이전까지 외연外宴에만 쓰였고 내연內宴에는 쓰이지 않았다. 그러나 순조대에 이르러 내연에 여악女樂; 女伶 또는 관현맹인을 대신하여 전정헌가와 등가가 쓰이기 시작하면서 이후에는 내연에도 지속적으로 쓰였다.

진연에서 전정헌가와 등가가 담당한 역할은 서로 차이가 있었으며 악기 편성에서도 뚜렷한 차이가 있었다. 두 악대의 역할이 다른 점은 무엇보다 정재 반주의 역할 여부에 있었다. 즉 전정헌가는 국왕 왕세자의 출궁과 환궁 등의 절차에서 연주하였고, 정재가 상연되는 절차에서는 등가가 연주하였다. 요컨대 정재의 반주는 등가의 고유한 역할이었다.

전정헌가(殿庭軒架)

전정헌가殿庭軒架는 세종 이후 출현하여 세조대에서 성종 초에 이르는 기간에 제도적으로 확립되었다. 전정헌가는 세종대에 조

회와 회례 등의 의례와 연향에 쓰이던 아악이 폐지되고 그 자리를 향악 또는 당악이 대신하는 과정에서 성립되었다.

전정헌가가 문헌에 처음에 나타나는 것은 『국조오례의』이다. 『국조오례의』의 전정헌가는 세조대와 성종 초기에 쓰인 형태로 건고 1, 응고 1, 삭고 1, 진고1, 축 1, 어 1, 생 1, 우 2, 화 1, 소 1, 편종

『국조오례서례』의 전정헌가 도설

```
         삭고              건고              응고
         편경                              편종
    가    가         가    어      축    가         가    가
   월금 가야금 당비파 당비파 방향      방향 당비파 당비파 현금 가야금
 편종 태평소 피리  피리  피리  장고      장고  피리  피리  피리 태평소 편경
      해금  훈   소   관  장고 진고 장고 관   소   훈   해금
 편경  화   우   퉁소  당적 장고      장고 당적  퉁소  우   생   편종
      소금  중금  대금  대금 장고 교방고 장고 대금  대금  중금  소금
```

『악학궤범』,『(기해)진연의궤』의 전정헌가 악기 편성

```
  건 삭 응      편 편 방 당 비 월 통 피 대 해 장 거 가 아
      축 어                                문 야    박 가(歌) 계
  고 고 고      종 경 향 적 파 금 소 리 금 금 고 고 금 쟁
```

	건고	삭고	응고	축	어	편종	편경	방향	당적	비파	월금	통소	피리	대금	해금	장고	거문고	가야금	아쟁	박	가(歌)	계
악학궤범	1	1	1	1	1	3	3	2	4	향2 당6	2	5	5	6	2	8	3	3	아1 대1	1		60
(기해)진연의궤	1	1	1	1	1	2	2	2	2	당2	2	7	6	2	4					1	3	40

3, 편경 3, 훈 2, 관 2, 방향 2, 당적, 당비파 4, 장고 8, 교방고 1, 거문고 1, 태평소 2, 피리 6, 해금 2, 대금 4, 중금 2, 소금 2, 퉁소 2, 현금 1, 가야금 2, 가歌 6으로 편성되었다. 이러한 전정헌가는 성종 말엽에는 아악기의 요소가 줄고 당악기와 향악기가 중심이 된 『악학궤범』에서 전하는 형태로 쓰였다.

이처럼 조선시대 전기의 전정헌가는 관악기와 현악기를 모두 사용하는 관현 편성의 형태였으나 조선시대 후기에 접어들면서 전정헌가의 편성에서 현악기가 제외된다. 숙종 때의 전정헌가는 건고 1, 삭고 1, 응고 1, 축 1, 어 1, 편종 2, 편경 2, 방향 2, 당적 2, 비파 2, 퉁소 2, 피리 7, 대금 6, 해금 2, 장고 4, 노래 3, 박 1로 편성되어 성종대에 사용되었던 거문고, 가야금, 월금, 대쟁, 아쟁, 향비파 등의 현악기가 제외된 관악 편성으로 그 형태가 바뀌었다.

여기서 주목할만한 점은 해금은 그대로 편성했다는 것이다. 이는 조선시대 해금을 관악기로 인식했던 것이 반영된 것이라 할 수 있다. 이러한 숙종대 전정헌가의 악기 편성은 정조, 순조대까지 그대로 유지되었는데, 이 사실은 정조대의 『춘관통고春官通考』, 순조대의 『기사진표리진찬의궤己巳進表裏進饌儀軌』, 『진찬의궤』, 『자경전진작정례의궤慈慶殿進爵整禮儀軌』 등의 문헌에서 알 수 있다.

등가(登歌)

전정헌가殿庭軒架가 의례에 두루 쓰인 것에 비해 등가登歌는 주로 연향에 쓰인 점을 특징으로 한다. 등가의 그러한 특징 때문인지 『국조오례의』나 『춘관통고』와 같은 예서에는 등가의 악기 편성에 대한 기록이 전혀 없다. 전상악으로 명명되기도 하는 등가는 전정헌가가 대뜰 아래 전정에 진설되는 것과 달리 전계殿階 위에 진설된다.

등가의 악기 편성이 처음으로 전하는 것은 『악학궤범』으로 권2의 '정전예연여기악공배립正殿禮宴女妓樂工排立'에 수록되어 있다. 이러한 형태의 등가는 모든 연향에 일률적으로 쓰이지 않고 연향의 성격과 격식에 따라 조절되었으며 곡연曲宴이나 사신연使臣宴에 진설된 등가의 규모는 『악학궤범』의 정전예연여기악공배립에 나타난 것보다 작았다.

『악학궤범』의 정전예연여기악공배립(正殿禮宴女妓樂工排立)

					박					
대쟁	아쟁	방향	당비파	피리	당비파	현금	향비파	가야금	월금	해금
당적	당적	피리	당비파	피리	당비파	현금	향비파	가야금	월금	해금
퉁소	퉁소	피리	장고	장고	장고	장고	대금	대금	대금	
교방고		장고		장고	장고	장고	대금	대금	대금	

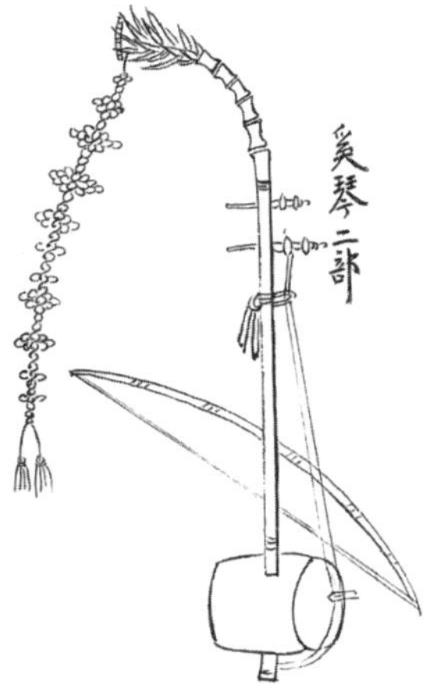

1624년『제기악기도감의궤』의 해금. 1624년(인조 2년) 3월부터 11월에 걸쳐, 제기악기도감에서 제사에 쓰이는 그릇과 복식, 악기, 의장 등을 제작한 사실을 기록한 것이다. 입죽으로 마디가 많은 대나무 사용하고 주아 아래 산성이 달려있다.
(서울대학교 규장각한국학연구원)

진연, 진찬 등의 큰 연향에서 주악은 전정헌가와 등가가 담당하지만 이들 악대가 쓰이지 않는 특수한 경우도 있다. 예컨대 정조 19년 혜경궁 홍씨의 회갑을 맞아 화성에서 행한 진찬에는 전정고취가 주악을 담당하였다. 이때의 전정고취는 조참朝參, 문과 전시文科殿試, 생진방방生進放榜 등의 의례에 쓰인 악기 편성과 다소 차이가 있는데 그 편성은 방향 2, 당적 2, 비파 2, 퉁소 2, 피리 6, 대금 6, 해금 2, 장고 2, 교방고 2, 박 1로 총 27명으로 이루어졌다.

한편 순조 29년 6월 19일 순조의 탄일을 맞아 자경전에서 행한 진찬에는 세취細吹가 주악을 담당하였다. 이때의 세취는 관악기와 타악기가 중심이 되는데 순조의 탄일에 쓰인 세취는 가歌 4,

피리 4, 대금 2, 비파 1, 해금 2, 방향 1, 장고 1, 현금 1, 가야금 1, 아쟁 1, 교방고 1, 갈고 1로 편성되었으나 세취가 연향에 쓰이는 경우는 매우 드물었다. 이러한 몇몇 특수한 사례를 제외한 대부분의 진연, 진찬에서 주악은 전정헌가 또는 등가가 담당하였다.

순조 29년에 순조의 사순四旬과 등극 30년을 기념하여 명정전明政殿에서 외진찬外進饌이, 자경전慈慶殿에서 내진찬內進饌이 설행되었는데, 자경전 내진찬에는 전정헌가는 진설되지 않고 등가가 단독으로 주악을 담당하였다. 이러한 사례를 통해서 진연, 진찬 등의 연향에서 주악은 전정헌가와 등가 두 악대가 담당하는 경우과 등가 단독으로 담당하는 경우로 대별 되었음을 알 수 있다.

가례(嘉禮)음악

좁은 의미의 가례嘉禮는 왕실의 혼례를 말한다. 이는 오례의五禮儀의 하나인 넓은 의미의 가례와 구분되는 가례로서 왕과 세자, 세손 등 이른바 왕통王統과 관계있는 사람의 혼례를 의미한다. 따라서 국혼國婚이라고도 한다.

가례의식에는 전정헌가殿庭軒架, 전후고취殿後鼓吹, 전부고취前部鼓吹, 후부고취後部鼓吹 등의 악대가 사용된다. 이중 전정헌가와 전후고취는 궁중 내전에서의 행사에 사용되는 악대이며, 전부고휘

와 후부고취는 왕(또는 왕세자)의 어가행렬에 따르는 악대이다.

전정헌가殿庭軒架는 궁궐에서 행한 각종 의례와 연향에서 아악이 아닌 향악과 당악을 연주하기 위한 악대로 오례의五禮儀 중 길례를 제외한 가례, 빈례, 군례, 흉례에 폭넓게 쓰임으로써 조선시대 궁정악을 주도했다. 이러한 전정헌가는 『국조오례서례』에 전하는 전정헌가 도설에서 악기 편성을 알 수 있다.

조선시대 전기의 전정헌가는 관악기와 현악기를 모두 갖춘 관현 편성의 형태였다. 『국조오례서례』의 전정헌가 도설을 살펴보면 해금이 좌우로 1개씩, 2개가 편성되어 있다. 그러나 이러한 전정헌가가 숙종 무렵 가야금, 거문고, 월금 등의 현악기가 사용되지 않게 되면서 관악 형태로 바뀌었고, 그러한 형태가 대한제국

『국조오례서례』의 전정헌가 도설

```
              삭고              건고              응고
          편경                          편종
      가   가       가   어      축   가       가   가
    월금 가야금 당비파 당비파 방향    방향 당비파 당비파 현금 가야금
편종                                                      편경
    태평소 피리  피리  피리  장고    장고  피리  피리  피리 태평소
     해금  훈   소   관  장고 진고 장고  관   소   훈   해금
편경                                                      편종
      화   우  통소  당적  장고    장고  당적  통소  우   생
     소금  중금  대금  대금 장고 교방고 장고  대금  대금  중금  소금
```

까지 이어져 현행 국립국악원의 합악 편성의 기틀을 마련하였다.

전후고취는 임금이 근정전에 이를 때 사정문思政門에 이르는 동안 별도로 설치한 고취로 『악학궤범』에 그 편성이 보인다.

『악학궤범』에 나타난 전후고취의 편성에는 해금이 보이지 않는다. 이러한 악기 편성은 숙종대에 피리와 대금 각 1인, 장고가 2인 줄었고 당악기인 퉁소와 당적이 제외되었으며 해금은 오히려 2인이 추가되었다. 이후 영조대에도 악기 편성은 조금씩 변화가 보이는데, 『악학궤범』에서는 편성되지 않았던 해금이 숙종과 영조 때에는 비파와 동일한 수로 2개씩 편성되었음을 알 수 있다.

『악학궤범』의 전후고취

		박		
당비파		방향		당비파
퉁소	피리	피리	피리	퉁소
당적	대금	대금	대금	당적
장고	장고	대고	장고	장고

전후고취(殿後鼓吹) 편성의 비교

	대금	피리	퉁소	당적	비파	장고	교방고	방향	해금	박	합계
악학궤범	3	3	2	2	2	4	1	1		1	18+1
숙종 56년	2	2			2	2	1	1	2	1	12+1
영조 20년	3	3	1	2	2	2	2	1	2	1	18+1

존호(尊號)음악

존호尊號는 가례의식의 하나로 왕과 왕비, 대왕대비, 왕대비 등에게 호를 올리고 그에 따라 책보冊寶와 인印을 제작하여 올리는 의식이다.

존호의식에서는 대부분 전정헌가를 사용하지만 때에 따라서는 등가가 사용되기도 한다. 존호의식에서 전정헌가 다음으로 중요하게 사용되는 악대는 고취악대이다. 고취가 사용되는 경우는 두 가지이다. 첫 번째 임금이 사정전에서 존호의식을 치르기 위해 근정전으로 거동할 때와 두 번째는 보와 인을 운반할 때이다.

임금이 사정전에서 존호를 받는 인정전까지 도착할 때까지 인정문 밖에 대기하고 있는 고취악대, 즉 전후고취가 연주하고 인정문 안으로 들어온 이후에는 모든 음악은 전정헌가가 담당한다.

보와 인을 운반할 때는 전부고취나 후부고취가 사용된다. 즉 보와 인을 운반하는 것은 보와 인을 들고 전내殿內로 인도하는 경우인데, 인정전 밖에서 보와 인을 실은 가마의 앞뒤로 전부고취와 후부고취가 의장과 함께 늘어서서 길게 행진한다. 존호의궤에 남아있는 대부분의 반차도는 이때의 행렬을 그린 것이다. 이 중 선조 37년1604의 반차도에 악기를 들고 행진하는 장면이 뒷모습으로 그려져 있다. 이를 통해 고취악대가 사용하는 악기를 살펴볼 수 있다.

악대가 들고 있는 것은 당비파, 해금, 장고, 교방고 외에 아랫줄 가운데 있는 방향으로 보이는 악기를 들고 간다. 이 행렬에서 사용된 악기는 당비파 2, 해금, 장고, 대금 3, 나발, 교방고, 방향, 피리 2, 박 1이라 할 수 있다. 전·후부 고취의 악기 편성 그림에서는 각각의 악기들이 그 크기가 비교적 과장되게 묘사되었는데 특히 해금은 입죽의 길이가 매우 길게 그려져 있어 경안해금으로 보인다.

빈례(賓禮)에서 연주된 해금

빈례賓禮는 중국, 여진, 일본 등 주변 국가와의 교린과 관련된 것으로 인국隣國의 사신을 영접하는 의례로서 연향적 성격의 의례가 주종을 이룬다. 사신을 영접하는 의례일지라도 중국 황제의 칙서를 맞이하는 의식인 영조서迎詔書와 영조칙迎詔勅, 인국의 사신을 맞이하는 의식은 가례에 속하여 빈례에 속한 의례와 구별되었다. 숙종 27년1701에 일본으로 파견된 조선통신사 행렬에는 규모가 큰 취고수와 세악수가 동원되었는데 그 악기 편성은 다음과 같다.

취고수: 나발수喇叭手, 나각수螺角手, 세악細樂, 동고銅鼓, 고타수鼓
打手, 삼혈수三穴手, 쟁수錚手
세악수: 해금, 고수, 적, 장고, 피리, 동고, 전악

이와 같이 취고수와 세악수의 악기 편성은 일정한 형태로 고정되지 않았는데 일본에 파견된 통신사의 악대 규모는 이보다 훨씬 크고 그 편성에 포함된 악기의 종류도 다음과 같이 다양하다.

전　악: 2명
취고수: 나발수喇叭手 6, 나각수螺角手 6, 태평소太平簫 6, 동고銅
鼓 4, 세 악수細樂手 3, 고타수鼓打手 6, 삼혈수三穴手; 해금
3, 쟁수錚手 7, 고수鼓手 2
세악수: 해금 2, 장고 2, 적 2, 피리 2 이상 8명

조선시대 행악의 모습은 통신사와 관련된 많은 기록에서 찾아 볼 수 있다. 통신사는 1428년부터 1811년까지 조선의 임금이 대일 기본 정책인 교린交隣을 실현하기 위해 일본 막부幕府의 장군將軍에게 보낸 신의信義의 외교사절을 말한다. 통신사는 조선시대 전반에 걸쳐 파견되었지만 일반적으로는 1607년부터 1811년까지 12차례 행해진 통신사를 지칭한다.

통신사의 기록 중 해금 연주에 대한 기록은 조선시대 초기 성종 때 통신사 파견에 해금이 포함된 것을 확인할 수 있다. 당시 통신사의 음악 규모는 임진왜란 이후에 비해 매우 작았던 것으로 보인다.

예조(禮曹)에서 일본국 통신사 사목(日本國通信使事目)을 아뢰기를,… 태평소(太平簫) 2, 대금 1, 해금(奚琴) 1, 당비파(唐琵琶) 1, 장구[杖鼓] 1, 피리 1을 전례에 따라 상의원(尙衣院)을 시켜 제급(題給)한다.

— 성종 8년, 1477년

예조(禮曹)에서 아뢰기를, "이제 통신사(通信使)의 사행(使行)에 응당 해야 할 여러 가지 일들을 을미년의 예(例)를 상고하여 조목조목 기록하여 아룁니다.… 태평소 2, 대금 1, 해금 1, 당비파 1, 장고 1, 피리 1개는 상의원(尙衣院)의 소장(所藏)을 쓰며…

— 성종 10년, 1479년

조선통신사의 행렬도에 나타난 해금은 그 규모에 따라 조선시대 초에는 하나가 편성되었고 임진왜란 이후에는 악대의 규모도 커지고 해금도 둘이 편성되었다. 해금은 특히 숙종 23년1697 이후

1711년(숙종 37) 〈조선통신사 행렬도〉의 취고수와 세악수. (국사편찬위원회)

해금의 역사와 여정

에 대금, 피리, 장구, 북과 함께 세악수로 편성되었고 후에 삼현육각으로 정착된 것으로 추정된다.

1636년인조 14 〈조선통신사 행렬도〉는 제4차 조선통신사인 정사 임광任絖, 부사 김세렴金世濂을 포함한 475명이 일본의 에도성도쿄에 들어가는 모습을 그린 기록화다. 이 행렬도에는 악기 이름을 모두 적어놓았는데 세악수의 악기 편성은 북 3, 장구 3, 피리 6, 해금 3, 대금 3의 5종류 18명으로 구성되었다. 이 행렬도는 세악수가 처음 나타나는 그림으로 취고수의 악기 편성도 다양하다. 피리를 '苾', 대금을 '苗', 해금을 해금 '毲琴'으로 기록했다.

이밖에도 숙종 37년 〈조선통신사 행렬도〉가 전해지는데, 이는 1711년 아리이 하쿠세끼新井白石가 외교 의례 개정에 대한 국가의 체면 유지와 일본과의 계속적인 우호관계를 목적으로 파견한 조선통신사의 행렬을 그린 기록화다. 숙종 37년 〈조선통신사 행렬도〉에 나타나는 세악수의 악기 편성과 규모는 해금 1, 북 1, 대금 1, 피리 1, 장고 1, 동고銅鼓 1로 구성되어 삼현육각 편성과 비슷하지만 삼현육각에 비해 피리가 하나 적고 대신 동고가 추가되었다.

앞서 살펴본 바와 같이 세악수는 후일 삼현육각으로 정착되었다고 추측되는데 "육각六角"이라는 단어가 아래의 통신사 관련 문헌에 기록되어 있어 매우 흥미롭다.

육각(六角)이 정지되자 원역(員役)의 종들이 각기 자기 원역을 따르고 악공(樂工), 취수(吹手), 전도(前導), 사령(使令)들이 모두 줄을 지어 들어가는데 문마다 갈도(喝道) 소리를 낼 뿐이었다. 성 밖에 모두 호를 파서 물을 끌어들였는데 넓이가 수십 간은 되며 판교(板橋)를 걸쳐 놓아 성문과 통하고 그 제도가 장대하다.

— 영조 24년(1748년) 『봉사일본시문견록(奉使日本時聞見錄)』

『봉사일본시문견록奉使日本時聞見錄』의 기록 이외에 1763년 조선통신사의 정사正使였던 조엄趙儼의 『해사일기海槎日記』에는 동래에 거주했던 해금 차비의 이름이 기록되어 있다.

정사(正使) 신(臣) 조엄(趙曮)이 거느린 공인(工人)으로 해금 차비(奚琴差備)인 동래 사는 장복삼(張卜三)과 부사 신 이인배가 거느린 공인으로 장부차비(長缶差備)인 동래 사는 유원봉(劉元奉) 및 격군(格軍)인 영덕(盈德) 사는 유극돌 바위(劉克乭巖回)와 종사관(從事官) 신 김상익(金相翊)이 거느린 격군인 부산 사는 송귀돌(宋貴乭) 등이 신병이 갑자기 위중하여 증세가 매우 위독해서 데리고 가기 어려워, 부득이 따로 비선(飛船)을 정하여 모두 그 원적(原籍) 고을로 돌려보냈기에, 연유를 치

계 하옵나이다.

— 조엄(趙曮)『해사일기(海槎日記)』

앞에서 살펴본 행악에 비해 가장 규모가 큰 것은 1927년의 〈조선열성조 능행도〉에서 볼 수 있다. 악대는 모두 말을 타고 가면서 연주하는 기마대이고 3개의 악대가 편성되어 있다. 행렬의 앞쪽에 나오는 악대가 가장 큰 편성인데 54명으로 구성되어 있다.

다음은 어전취타가 44명, 행렬 뒤쪽의 대취타가 44명이다. 이들 기마악대는 징鉦, 소라螺, 목나발朱喇, 나발太平簫, 바라, 북, 태평소胡笛, 해금, 대금, 피리管, 장고 등으로 편성되어 있다. 붉은 목나발이 따로 편성된 것이 특이하며 나발을 태평소로, 태평소는 호적으로 기록하고 있다. 대금은 笛, 피리는 管이라 적고 있다. 징은 둘씩 편성되며 모든 악기들은 큰 악대는 5명씩, 작은 악대는 4명씩 배치된다. 대취타를 포함한 모든 악대에 해금이 편성되어 있는 점이 눈에 띈다. 이밖에 악대의 지휘관인 계라차지啓螺差知가 둘씩 선두에 편성되는데, 어전취타는 따로 취라차지吹螺差知라 기록되어 있고 취타대의 복색도 현행과 같이 노란색으로 그려져 있는 것이 다르다.

이상 앞에서 살펴본 대로 해금은 여러 형태의 행악에서 사용되었는데 가장 큰 규모의 행악은 왕의 행차에 편성된 것이었다.

조선 말기의 능행도에서 본대로 악대의 편성 규모에 따라 해금은 5명 혹은 4명씩 배치되고 모두 말을 타고 가며 연주하는 기마악대였다. 뿐만 아니라 대취타 악대에도 해금이 편성되어 있는 것이 특징이다. 행악은 일본에 파견한 통신사의 많은 기록에서도 발견된다. 조선시대 초기 성종 때에는 통신사의 음악 규모가 작아서 해금이 하나 포함되어 있었다. 임진왜란 이후에는 통신사의 규모가 커지면서 행악의 편성도 확대되고 해금도 둘이 편성되어 나타난다.

기타 공적 의례에서 연주된 해금

넓은 의미에서는 오례에 포함되지만 궁중 밖에서 행해졌던 사연과 관아에서 행해진 공적 의례 등을 살펴보자.

사연이란 임금이 종친이나 관료 대신들에게 잔치를 내려주는 것을 뜻하며 신하의 공로를 치하하거나 회합의 계기를 마련하기 위한 것과 같이 특별한 명분이 따랐다. 왕이 내려준 연회는 술과 음식뿐만 아니라 악사 및 무용수를 보내 즐길 거리를 제공하는 일련의 공적인 성격의 연회로, 넓은 의미에서 가례로 볼 수 있으며 궁중에서 행해진 진연, 진찬, 진풍정 등과 달리 엄격한 제도에 의해 구해 받지 않는다는 점에서 이들과 구별된다.

관아의 공적의례에 나타난 해금 그림 자료 목록

시기	도판명		내용
18세기	동래부사접왜사도		대금1, 해금1, 장구1, 북1
1745	평양감사 환영도 (平壤監司 歡迎圖)	〈부벽루연회도〉	대금1, 해금1, 장구1, 좌고1, 피리2
		〈월야선유도〉	대금, 생황, 해금, 피리 혹은 통소류의 종적
1786	안릉신영도		대금, 해금1, 피리2, 북, 장구
18세기 후반	신관도임연회도		해금1, 대금1, 피리2, 장구1, 북1
19세기	경기감영도		나발 1, 태평소 1, 자바라 2, 북 1, 장구 1, 징1, 피리 2, 대금 1, 북 1, 장구 1, 해금 1

관아의 공적 의례로는 관리의 부임 및 공무수행 등과 관련된 의식을 살펴볼 것이다. 궁궐 밖에서 행해진 의식이지만 궁중의 음악 문화와 밀접한 연관성이 드러난다. 또한 관아의 의례는 궁중음악과 민간음악이 만나는 지점이라는 점에서 음악사적 의미를 지닌다.

사연에 나타나는 해금 연주 그림자료 목록

시기	도판명		내용
1519	애일당구경첩(愛日堂具慶帖) 기묘계추화산양로연도 (己卯季秋花山養老宴圖)		대금, 비파, 세로로 부는 관악기, 장구, 해금
1605	경수연도첩(慶壽宴圖帖)		해금, 대금 2, 세로로 부는 관 악기, 박, 비파, 생황, 장구
			생황, 비파, 박, 대금, 피리 2, 북, 해금, 장구
1655	선묘조제재경수연도첩 (홍대본) (宣廟朝諸宰慶壽宴圖帖)		북1, 해금1
1730	이원기로계첩 (梨園耆老稧帖)		박, 해금 1, 대금 1, 장구 1, 피 리 2, 북 1
18세 기 모 사	선묘조제재경수연도권 (고대본) (宣廟朝諸宰慶壽宴圖卷)		북 1, 해금 1
19세기 모사	선묘조제재 경수연도첩 (宣廟朝諸宰 慶壽宴圖帖)	셋째 면	피리, 대금, 해금, 당비파, 편경
		다섯째 면	북, 장구, 해금

사연(賜宴)

〈기묘계추화산양로연도(己卯季秋花山養老宴圖)〉

1519년중종 14 9월 안동 부사로 재직하던 이현보가 경내의 80세 이상 노인들을 불러 부정府庭에서 양로연을 열어주는 모습을 그린 것이다. 〈기묘계추화산양로연도〉는 장막 안에서 벌어지는

1519년 《애일당구경첩》 중 〈기묘계추화산양로연도〉 (한국국학진흥원)
해금, 장고, 피리, 비파, 대금의 연주 장면.

남자들의 잔치 모습으로 악인 5명이 기녀들의 뒤에 앉아서 대금, 비파, 세로로 부는 관악기, 장구, 해금을 연주하고 있다. 위의 그림에서 나타나는 해금은 경안해금의 모습을 보이고 있다.

《경수연도첩(慶壽宴圖帖)》

《경수연도첩》은 임진왜란 후 1605년[선조 38] 4월 삼청동에 있는 관아 건물에서 70세 이상의 노모를 모신 13인의 재신들이 열었던 경수연의 장면을 그린 그림이다. 널리 알려진 칠태부인 경수연[1691] 보다 80여 년 전에 이루어진 기록화이다.

〈경수연도 1〉에서 악공들은 천막 뒤에서 악기를 연주하고 있는데 이는 부인들을 보지 못하게 악공들의 시야를 분리·차단하기 위한 것으로 보인다. 악기 구성은 해금, 대금2, 세로로 부는 관악기, 박, 비파, 생황, 장구이다.[244] 이 그림에서 대금 악사들의 옷이 다르다.

〈경수연도 2〉에서는 생황, 비파, 박 대금, 피리 2, 북, 해금, 장구의 악기 구성을 갖는다. 〈경수연도 1〉에서는 대금이 2개로 편성되었는데 〈경수연도 2〉에서는 피리가 2개로 편성됐다. 위의 그림에서 해금은 공명통의 크기가 크게 묘사되어 있는데, 입죽은 휘어져 있지 않고 곧게 뻗어 있다.

《선묘조제재경수연도첩(宣廟朝諸宰慶壽宴圖帖)》

《선묘조제재경수연도첩》은 1605년선조38 4월 삼청동三淸洞 공해公廨에서 70세 이상의 노모를 모신 13인의 재신들이 열었던 경수연의 장면을 그린 것이다. 홍익대 소장본을 보면 악공은 칸막이 뒤에 위치하고, 북 1과 해금 1명이 보인다. 이것은 궁중 진연 혹은 진찬의 내연內宴에서 악공이 칸막이 뒤에서 연주했듯이 사가私家 부인들의 잔치에서도 악공은 칸막이 뒤에서 연주했음을 보여준다.

《이원기로계첩(梨園耆老稧帖)》

《이원기로계첩》은 1730년영조6 4월 13일 이원梨園 즉 조선시대 궁중음악을 관장한 장악원掌樂院에서 시를 읊으며 친목을 도모한 기로연을 기념하여 제작한 계첩이다.

대뜰 아래 오른쪽에 박을 잡은 악사와 해금 1, 대금 1, 장구 1, 피리 2, 북 1명의 삼현육각이 있다. 이 기로연에서는 연주자들이 모두 갓을 쓰고 있으며, 집박의 옷에는 약간 붉은 색으로 채색한 듯 하고, 악공의 옷은 푸른색과 흰색으로 그려져 있다. 그림에서 해금은 박 옆에 자리하고 있는데 악공이 몸을 왼편으로 향하게 하여 박을 바라보듯 앉아 있다. 해금의 형태는 역안해금으로 보인다.

《이원기로회계첩》의 악공.
(서울대학교 규장각한국학연구원, 서울대학교 중앙도서관)

〈선묘조제재경수연도권(宣廟朝諸宰慶壽宴圖卷)〉

18세기 모사본인 선묘조제재경수연도권은 고려대 박물관 소장본으로 장막 뒤 악사들의 악기 구성은 북1, 해금 1명으로 선묘조제재경수연도첩 홍대본과 같다. 해금의 모습은 입죽이 곧게 뻗은 경안해금이다.

《선묘조제재경수연도첩(宣廟朝諸宰慶壽宴圖帖)》

19세기 모사본으로 문화재연구소본은 홍익대 소장본의 셋째 면에서 악기의 모습이 자세히 보이지 않았던 것과 달리, 피리, 대금, 해금, 당비파 등의 악기를 확인할 수 있다. 또한 홍익대 소장

《경이물훼》〈선묘조제재경수연도〉의 해금, 장구, 북. (국립고궁박물관)

《경이물훼》〈선묘조제재경수연도〉 악공들. (국립고궁박물관)

본에서는 왼쪽 끝의 악기는 방향인데 반해 문화재연구소 소장본은 황색과 백색의 경(磬)을 매어 단 편경으로 그려졌다.

다섯째 면에서는 칸막이 뒤의 악기가 문화재연구소본은 북과 해금이 홍대본에서는 북과 장구, 해금으로 바뀌었다. 문화재연구소본 그림의 해금은 홍대본 경안해금과 달리 역안해금의 모습을 하고 있다.

관아의 공적 의례

〈동래부사접왜사도(東萊府使接倭使圖)〉

이 10폭 병풍은 18세기 어느 때 동래부사가 초량왜관에 온 일

〈동래부사접왜사도〉 세악수. (국립중앙박물관)

《평양감사환영도》〈월야선유도〉(국립중앙박물관)
해금, 생황, 대금, 종적.

본 사신을 환영하기 위해 행차하는 모습을 기록한 것이다. 그림의 해설에는 취고수로 나와 있는데, 그림을 살펴보면 취고수가 아닌 세악수의 모습인 것을 알 수 있다. 맨 앞에는 대금과 해금의 악사가 있고, 그 위에는 잘 나타나지 않고, 뒷줄은 장구와 북을 연주하고 있다.

〈평양감사환영도(平壤監司歡迎圖)〉

새로 부임한 평양감사를 평양 백성들이 환영하는 연회 장면을 기록한 것으로 〈부벽루 연회도〉에는 앞마당에 춤과 음악 공연이 펼쳐져 있다. 오른쪽 끝에 녹포를 입은 집박악사가 위치하고, 그

《평양감사환영도》〈부벽루 연회도〉 삼현육각. (국립중앙박물관)

옆으로 해금 1, 대금 1, 장구 1, 좌고 1명이 보이는데 악기가 보이지 않는 나머지 2명은 현행 춤 반주 편성인 삼현육각 편성에 비추어 피리 2명으로 짐작되며, 해금 악사는 집박 옆에 자리하고 있는데, 해금의 모양은 역안해금으로 보인다.

〈월야선유도〉에서는 누선樓船에 평양감사로 보이는 인물이 앉아 있고, 배 앞쪽에 네 명의 악사가 각각 대금, 생황, 해금, 피리 혹은 퉁소류의 종적 등의 악기를 연주한다. 해금 악사는 생황 악사 옆에 배치되어 있는데, 해금의 모습은 〈부벽루 연회도〉와 같이 역안해금으로 보인다.

〈안릉신영도(安陵新迎圖)〉

관리가 부임하는 행차에서도 행악이 연주되었는데 김홍도의 〈안릉신영도安陵新迎圖〉에서 그 모습을 찾아볼 수 있다.

이 기록화권은 조선시대 후기 지방관의 부임행사를 보여주는 중요한 자료이다. 긴 화권의 마지막에 쓰인 제발에 의하면 요산헌樂山軒이라는 사람의 부탁으로 김홍도가 1786년에 그렸다. 행렬의 흐름이 풍부하고 배열방식이 자연스러워 풍속화적인 느낌을준다. 그림에서는 대금, 해금, 피리 2, 북, 장구 즉 삼현육각을 연주하는 세악수와 기생의 모습이 보인다. 세악수들의 복식은 푸른 철릭에 갓을 썼다. 해금 악사는 18세기 주로 보이는 역안해금

〈안릉신영도〉 세악수. (국립중앙박물관)

을 연주하고 있으며 서서 연주하는 행악 형태이다.

〈신관도임연회도(新官到任宴會圖)〉

지방 관아에서 감사監司 혹은 수령守令의 주관하에 베풀어진 연회장면이다. 마당에서는 검무劍舞를 공연하고 악기 편성은 해금 1, 대금 1, 피리 2, 장구 1, 북 1로 구성되는 삼현육각三絃六角이다. 해금 악사는 오른쪽 끝에 자리 하고, 입죽이 줄 방향으로 휘어져 있는 역안해금을 연주하고 있음을 알 수 있다. 이 그림을 통해, 18세기 후반에는 역안해금이 삼현육각 형태의 관악합주에 편성 되었고, 이러한 악기 구성이 무용 반주에서 일반적으로 널리 사용되었음을 알 수 있다.

〈경기감영도(京畿監營圖)〉

〈경기감영도〉에 보이는 연주자는 취고수와 세악수다. 『장용영고사壯勇營古事』에 의하면 경기감영에는 세악수가 1패6명 있었고, 취고수는 어느 정도 규모였는지 알 수 없다. 이 그림에는 취고수가 13명, 세악수가 6명이며, 취고수가 앞쪽, 세악수가 뒤쪽에 배설되었다. 이와 같이 취고수와 세악수를 함께 편성한 것을 대취타라 한다.

조선시대 후기 취고수가 연주한 악기는 대각, 나각, 나발, 발라, 호적, 금, 정, 나, 고, 솔발, 점자, 자바라 등 12종류인데, 이 그림에는 행렬의 순서에 따라 나발 1, 태평소 1, 자바라 2, 북 1, 장구 1 그리고 행렬의 맨 끝의 징 형태 악기 1로 모두 9종류를 13명이 연주하고 있다. 세악수는 삼현육각 편성으로 연주하는데, 그림에는 피리 2, 대금 1, 북 1, 장구 1, 해금 1의 순서로 배치했다.

민간의 해금 기록

민간에서 행하였던 풍류의 기록은 문집과 도상 자료에 의해 확인할 수 있다. 우선 문집에 나타난 해금 연주 기록과 기록된 문헌은 가객歌客 김천택金天澤이 엮은 시조집 『청구영언靑丘永言』이

다. 『청구영언』은 현존하는 시조집 가운데 가장 오래된 대표적 시조집으로 1728년영조 4에 편찬된 것이다.

아래의 풍류 묘사 시기가 구체적으로 언제인지는 알 수 없으나 가집의 편찬 연대보다 이전인 것은 분명하다.

金約正[245] 자늬난 點心(점심)을 추르고… 술을 쟝만ᄒ소…
해금(嵇琴), 비파, 적, 피리, 장고, 巫鼓 工人이란 내가 담당함세
ㅡ『청구영언』, 〈계면낙시조(界面樂時調)〉[246]

다음은 줄타기 재주를 부리면서 해금 연주 모습을 보여주고 있는 것으로, 조선 후기의 실학자 성호 이익李瀷. 1681~1763이 쓴 『성호사설星湖僿說』에 기록된 내용이다. 당시 민중 속에서 해금이 매우 친근했다는 사실을 알 수 있다.

요즈음 와서는 이런 재주가 더욱 교묘해져서 마주 서서 춤을 출 뿐만 아니라 더러는 능란하게 몸을 번드쳐서 재주를 넘고, 손으로 해금(奚琴)을 퉁기는 등 흔들거리고 기울어지기도 하되 능히 아래로 떨어지지 않으니, 교묘한 재주들이 이와 같다. 혹 그 이유를 물으면, "외줄 타기가 쌍줄 타기보다 쉽다."고 대답한다.

—『성호사설』〈만물문(萬物門) 답색연당(踏索緣橦)〉

김수장金壽長. 1690~?[247]의 풍류놀음 기록은 1760년 무렵의 풍류를 묘사한 것으로 추정되는데 두 기록 모두에서 '가즌 해적'이 눈에 띈다. 아마도 '해적'은 해금과 대금 등의 관악기를 함께 지칭한 것이 아닌가 추측된다.『해동가요』의 편찬자답게 당시의 가악歌樂 속에서 해금이 함께 어울렸던 정경을 나타내고 있다.

노릐갓치 죠코 죠흔줄을 벗님네 아돗든가

춘화류(春花柳) 하청풍(夏淸風)과 추명월(秋明月) 동설경(冬雪景)에 필운소격탕춘대(弼雲昭格蕩春臺)와 漢北 絶勝處에 酒肴爛漫한듸

죠흔 벗 가즌 해적(嵇笛) 아름다온 아모가히 제일명창들아

명기가반(名妓歌伴) 기회ㅎ야 세악을 전도하고

수륙진미 오륙 마대 금강산 도라들어…

산영루에 놀라안ㅈ 火箭에 점심ㅎ고

가얏고 거믄고에 가즌 해적(嵇笛) 섯겻는듸

남녀가창으로 종일토록 노니다가…

— 김수장의 풍류놀음 기록

다음 기록은 가야금과 해금 병창이 묘사되어 있다는 점에서 주목된다. 거리의 악사로 보이는 노인의 연주 모습의 기록이며 당시 사회의 음악상을 볼 수 있다.

저녁에 청석동(靑石洞)에서 잠을 잤다. 깊숙한 골짜기는 고요한데 암석에 부딪치는 물소리만이 구슬피 울릴 뿐이다. 황혼이 되자 다리에 반점(斑點)이 있는 모기떼가 앵앵거린다. 연암과 영재 두 분과 함께 길거리로 놀러나오니, 어떤 노인이 가야금을 타고 또 해금(奚琴)을 켜면서 노래를 잘 부른다. 다시 입을 오므려 잎피리를 불자 소리가 웅장하고 구슬퍼 바위와 숲을 메아리친다.

— 이덕무(李德懋)[248]의 〈계사년 봄 유람기(遊覽記)〉

다음 기록은 18세기 후반 유우춘柳遇春이라는 해금 명인에 대한 것이다. 이것을 기록한 실학자 영재冷齋 유득공柳得恭.1748~1807은 앞의 기록에서 연암 박지원과 함께 등장하는 인물로 박지원, 박제가, 이덕무와 교류했다. 「유우춘전」에서는 당시 실학자들이 풍류를 즐기며 거문고와 해금을 배웠던 상황이 그려져 있으며, 걸인들이 해금으로 영감·할멈·어린애, 닭·오리·풀벌레 소리 등을 묘사하는 정황이 나타나 있다. 이같은 구체적인 기록에서 해

금을 배우면서 즐기던 당시의 선비 사회와 해금의 다양한 표현 기법과 이에 대한 대중적인 호감이 있었음을 알 수 있다.

유우춘은 대중적인 음악과 순수 음악 사이의 갈등을 겪고 있고, 이 점에서 「유우춘전」은 단순한 풍류 속 해금 기록을 넘어서는 매우 중요한 사료라고 할 수 있다.

"나는 해금을 얻어 가지고 가서… 유우춘, 호궁기(扈宮其)는 나란히 해금으로 유명하지 않던가? 대개 거지들은 깡깡이를 들고 남의 문전에서 영감, 할멈, 어린애, 닭, 오리, 풀벌레 소리를 내다가 곡식 몇 줌 받아들고 가지 않던가? 자네의 해금은 바로 그런 따윌세."

"작은 아우는 용호영(龍虎營) 구실을 다니는데 해금을 잘 켜서 요즘 세상에서 '유우춘의 해금'이라 일컫는 것이 바로 내 아우라오."

"우춘은 해금을 타는 옆으로 다가 앉아서 해금을 빼앗아 들고, '유우춘의 해금을 안 들을 수 있겠소' 하더니, 능란한 솜씨로 서서히 켜기 시작했다. 그 처절 강개한 곡조는 이루 말로 그려낼 수 없었다."[249]

"내가 처음 해금 공부를 시작한 3년 만에 성취했는데, 다섯 손가락에 못이 다 박혔다우. 기술이 더욱 높아갈 수록 급료는 늘

지 않고 세상 사람들이 몰라주는 것은 더욱 심하답니다.… 저 거지는 허름한 해금 한 벌 가지고 하루의 벌이가 말 곡식에 돈 한 웅큼이 모인다오.… 지금 유우춘의 해금을 온 나라가 알고 있다지만 이름만 듣고 아는 따름이요, 정작 해금을 듣고 아는 자 몇이나 되겠습니까?"[250]

"처음에 요취곡(鐃吹曲)을 타다가 가락이 바뀌어 영산회상이 울립니다. 이때에 손을 재게 놀려 한 새로운 곡조를 켜면 엉켰다가 다시 사르르 녹고, 목이 메었다가 다시 트이지요.… 좋다, 좋다! 하며, 그 곡이 가장 호탕한 양 여기고 오히려 하잘 것 없는 것임을 깨닫지 못합니다.… 이제 선생이 공력이 적게 들이고도 금방 세상 사람들이 날 알아주는 것을 버리고 공력은 많이 들지만 세상 사람들이 알아주지 않는 것을 구태여 배우려 하시니 또한 딱하지 않습니까?… 우춘의 말에 '기술이 더욱 높아갈 수록 세상 사람들이 더욱 알아주지 못한다' 고 한 것이 어찌 해금에서만 그칠 것인가!"[251]

— 유득공(柳得恭)의 「유우춘전」[252]

　앞의 「유우춘전」에서 해금이 묘사한 영감·할멈·어린애, 닭·오리·풀벌레 소리 외에도 다음 기록에서는 해금으로 한층 더 다양한 표현을 묘사했음을 볼 수 있다.

"해금을 켜면서 쌀을 구걸하던 사람을 보았는데… 그는 여러 가지 흉내를 해금으로 그려냈는데, 이를테면 음식을 과식한 사람이 배가 아파 소리지르는 시늉, 장독 밑으로 쥐가 들어갔노라고 외치는 소리, 남한산성의 도둑이 이 구석 저 구석으로 달아나는 시늉 등을 내었다"

— 조수삼(趙秀三)[253]의 〈해금수(稽琴叟)〉

해금이 조선시대 민중들에게 친근한 악기였다는 것은 다산茶山 정약용丁若鏞. 1762~1836의 문집에서도 찾아볼 수 있다. 정약용이 18년만에 유배에서 풀려나 그의 나이 66세가 된 1872년 천진암을 찾아가 지은 「천진소요집天眞逍遙集」에는 당시 어린이가 해금을 다루는 내용의 시가 실려있다.

초막집은 예전대로 푸른 강가에 있는데　　茅茨依舊碧江潯

늦바탕 복을 잘 지키어 내 마음 위로되누나　晚福溫存慰此心

늙은 마부는 수척해도 달마를 잘 부리고　　羸僕老能調猦馬

어린 손자는 영리하여 해금을 다룰 줄 아네　穉孫黠已弄奚琴

— 정약용(丁若鏞)의 「천진소요집」

1840년헌종 6에 지은 한산거사의 〈한양가〉는 당시의 풍류를 표

현하고 있다. 거문고, 피리, 해금, 장구 등의 풍류 모습과 소리의
느낌을 실감나게 기록하고 있다.

화려한 거문고는 안족을 옮겨놓고

문무현 다스리니 농현소리 더욱 좋다

한만(閑漫)한 저 다스림 길고 길고 구슬프다

피리는 춤을 받고 해금은 송진 긁고

장고는 굴네 조여 더덕을 크게 치니

관현의 좋은 소리 심신이 황홀하다

— 한산거사(漢山居士)의 〈한양가〉[254]

해금은 일반 민중으로부터 양반들의 풍류에 이르기까지 폭넓
게 애용되었는데, 1853년에 지은 김진형金鎭衡. 1801~?의 〈북천가北
遷歌〉에는 명천明川의 기생이 해금을 연주한 정경을 그리고 있다.
이를 통해 매우 다양한 계층에서 해금을 즐긴 것을 알 수 있다.

방으로 들라 하여 이름 묻고 나 물으니 한 년은 매홍인데

방년이 십팔이요 하나는 군산월이 십구세 꽃이로다.

화상 불러 음식하고 노래시켜 들어 보니

매홍이 평우조는 운로(雲露)가 흩어지고

군산월(君山月)이 해금소리 만학천봉 푸르도다.

— 김진형(金鎭衡)의 〈북천가(北遷歌)〉[255]

다음의 사설시조에서도 거문고, 생황, 양금, 해금, 대금, 피리 등의 기악에 가곡을 풍류로 즐겼던 모습을 그려내고 있다.

林泉의 초당짓고 만권 서책 싸아놋코

오추마 살지게 메계 흐르는 물가의 굽씩겨 세고

보라매 길드리며 절대 佳人 겻헤 두고

碧梧거문고 새쥴언저 세워두고

생황 양금 奚琴 저 피리

일등미색전후唱夫 좌우로 안저 어쪼로 弄樂헐제

아마도 耳目之所好와 無窮之至所樂은 나뿐인가 ᄒ노라

— 작자 미상, 사설시조

지금까지 조선시대 문집에서 민간 풍류 속에서의 다양한 해금 연주 기록을 살펴보았다. 이를 통해 당시 선비들이 풍류를 즐기며 해금을 직접 배웠으며, 걸인들은 해금으로 다양한 소리를 묘사했음을 알 수 있다. 다음은 조선시대 민간의 기록에 나타난 해금의 그림 자료를 연대별로 살펴보자.

민간의 기록에 나타난 해금 그림 자료 목록

시기	도판명		내용
16세기	기영회도(耆英會圖)		박1, 북1, 해금1, 장구1, 당비파1, 대금1
1585~1590	인동감시시관계회도 (仁同監試試官禊會圖)		피리1, 거문고1, 해금1, 장구1, 대금1
1724	담락연도(湛樂宴圖)		박1, 해금1, 대금1, 피리2, 장구1, 북1
18세기	회혼례도(回婚禮圖)		피리2, 대금1, 해금1, 장구1, 북1
조선 후기	태평성시도 (太平城市圖)		장구1, 북1, 피리2, 대금1, 해금1, 생황1
조선 후기	무동(舞童)		피리2, 대금1, 해금1, 장구1, 좌고1
18세기 후반	평양감사 향연도 (平壤監司 饗宴圖)	〈연광야연〉	박1, 피리1, 해금1, 대금1, 장구1, 북1
		〈월야선유〉	대금1, 해금1, 북1, 피리1, 장구1
1804	기로세련계도 (耆老世聯禊圖)		대금1, 해금1, 장구1, 북1, 피리2
1814	수갑계첩(壽甲禊帖)		대금1, 피리2, 해금1, 장구1, 가야금1
19세기 초	상춘야흥(賞春野興)		거문고1, 해금1, 대금1
19세기 초	납량만흥(納凉漫興)		장구1, 해금1, 피리2
19세기 말	기산풍속도		피리2, 대금1, 해금1, 장구1, 북1

〈기영회도〉 (국립중앙박물관)
악공들.

〈기영회도(耆英會圖)〉

〈기영회도〉는 우의정右議政 홍섬洪暹. 1504~1585을 비롯한 7인이 참여한 기영회 장면을 그린 것이다.

악기 편성은 중앙에 박 1명을 중심으로 오른쪽에 장구 1, 해금 1, 거문고와 비슷한 현악기 1, 북과 같은 타악기 1이 보이고 왼쪽으로 당비파 1, 대금 1, 피리류 관악기 2 등 악공 9명이 보인다. 현행과 달리 박도 다른 악기와 마찬가지로 앉아서 치는 것으로 표현되었다.

〈인동감시시관계회도(仁同監試試官稧會圖)〉

경상도 인동현에서 감시監試를 주관하는 시관試官들이 계회를 열고, 이를 기념해 만드는 계회도契會圖이다.

〈인동감시시관계회도〉에 기록된 악기는 피리, 거문고, 해금, 장구, 대금의 다섯 가지로 이는 현재의 삼현육각 편성인 피리2, 대금, 해금, 장구, 북의 구성 이전에 있었던 여러 형태의 악기 구성 가운데 하나이다. 위의 그림에서 나타나는 해금은 역안해금으로 보인다.

〈담락연도(湛樂宴圖)〉

〈담락연도〉는 1724년 월성 이씨 이종애李鐘厓의 8남매가 모두

〈담락연도〉 삼현육각 1.
(국립중앙박물관)

〈담락연도〉 삼현육각 2. (국립중앙박물관)

건강하게 생존하고 있는 것을 기념하여 그 후손들이 이틀간 잔치를 베푼 것을 기록하여 만들어진 것이다.

박과 해금, 대금, 피리 2, 장구, 북 구성의 삼현육각 악기로 구성된 악대가 춤 반주를 하는 모습이다. 해금은 박과 장구의 사이에 위치해 있는데 어떤 형태의 해금인지 자세히 알 수는 없지만 18세기에는 역안해금이 도상에 주로 등장하는 것으로 보아 역안해금으로 추측할 수 있다.

〈담락연도〉의 삼현육각 두번째 그림도 첫번째 그림과 동일하게 박, 대금 2, 피리와 같은 종적 2, 해금, 장구, 북의 삼현육각 연주가 춤 반주를 하는 모습이다. 두 번째 그림에서 해금은 장구의

〈회혼례도〉 악대. (국립중앙박물관)

옆에 위치해 있는데 그 형태는 역안해금으로 보인다.

〈회혼례도(回婚禮圖)〉

혼례한 지 60년이 되는 해에 다시 치르는 혼례인 회혼례를 그린 기록화다. 〈회혼례도〉에 보이는 악기 편성은 피리 2, 대금, 해금, 장구, 북으로 현재의 삼현육각 편성과 동일하다.

입고 있는 복장이 군복인 것으로 보아 이들은 세악수細樂手들임을 알 수 있다. 세악수는 조선시대 후기 군영 표하군 소속의 악대로 피리 2, 대금, 해금, 장구, 북으로 구성된 삼현육각 편성으로 음악을 연주했다. 이들은 왕의 성외城外 행차, 관찰사의 행차, 유가遊街, 사신행렬 등의 행진과 궁중이나 군영, 관아, 민간의 연향宴享의 음악을 담당한 악대였다.

〈회혼례도〉는 세악수들이 민가의 연향음악을 담당했음을 보여주고 있다. 연주하고 있는 악기의 형태가 현재와 유사하나, 다만 북의 형태가 현재까지 전승되는 좌고座鼓의 형태가 아니라, 절고節鼓의 형태와 유사한 모양인 것이 독특하다. 해금은 장구의 옆에 위치해 있는데, 어떤 형태의 해금인지는 잘 보이지 않는다.

〈태평성시도(太平城市圖)〉

정자 안에서 기녀가 검무를 추고 악대는 장구, 북, 피리 2, 대

〈태평성시도〉 6폭. (국립중앙박물관)

금, 해금, 생황으로 구성되어 있다. 북은 매달아 2개의 채로 친다.
〈태평성시도〉 속의 해금은 장구의 옆에 위치해 있으며, 입죽이
줄 방향으로 휘어진 역안해금의 형태를 띄고 있다.

〈무동(舞童)〉

〈무동〉은 단원檀園 김홍도金弘道. 1745~1806가 30대말 경에 그린
것으로 추정되는 풍속화첩 25폭 중 한 폭이다. 이 그림에서는 무

김홍도의 〈무동〉 (국립중앙박물관)

동이 삼현육각 반주에 따라 춤을 추고 있다. 악대는 피리 2, 대금 1, 해금 1, 장구 1, 좌고 1로 구성되었는데 좌고는 양손에 채를 각각 하나씩 들고 친다. 그림 속에서 해금은 대금의 옆에 자리하고 있는데, 이 당시 주로 사용되었던 역안해금의 형태를 보인다.

〈평양감사향연도(平壤監司饗宴圖)〉

석북石北 신광수申光洙는 1774년영조 50 죽마고우인 번암樊巖 채제공蔡濟恭이 평양감사로 부임하자 유흥에 빠지지 말고 정사에 힘쓰라고 경계하기 위해 「관서악부關西樂府」를 지었다. 이 병풍 그림은 바로 이 「관서악부」를 묘사한 그림이다, 즉 〈관서악부도關西樂府圖〉가 〈평양감사향연도〉이다.

제4폭 〈연광야연〉에서는 홍주의를 입은 악사 6명이 춤을 추고 있는 두 명의 무녀를 반주하고 있다. 악사들은 오른쪽에서 청삼 대신 홍주의를 입고 박을 연주하고 있는 집박이 있고 왼쪽으로 피리, 해금, 대금, 장구, 북의 순서로 앉아서 연주하고 있다. 민간에서의 삼현육각 편성에서는 피리가 두 명 편성되는 것이 일반적인 삼현육각의 악기 구성이었으나, 이렇게 박이 편성될 경우 피리연주자 한 명이 생략되는 예가 종종 있다.

제7폭 〈월야선유〉에서는 두 명의 무녀가 평상복 차림으로 손에 짧고 흰 수건을 들고 마주보며 춤을 추고 있고, 홍주의를 입은

악사들은 음악을 연주하고 있다. 악기 편성을 보면 서서 박을 연주하고 있는 왼쪽부터 차례대로 대금, 해금, 북, 피리, 장구를 연주하고 있다.

대개 관아와 같은 정식 공연장이 아닌 거리에서나 선상에서 공연할 때에는 세악수들에 의해 음악이 연주되는 경우가 많은데, 위의 두 공연 모두 악사들이 홍주의를 입고 있는 것으로 보아 관아에 소속된 악사들이 연주한 것을 알 수 있다.

〈기로세련계도(耆老世聯楔圖)〉

김홍도가 1804년 지금의 개성인 송도의 고려 궁궐터인 만월대滿月臺에서 벌였던 기로세련계회의 장면을 그린 계회도이다.

〈기로세련계도〉에 기록된 악사들은 왼쪽부터 대금, 해금, 피리 2, 장구, 북을 연주하고 있다. 이는 현재의 삼현육각 편성과 동일한 것으로 1800년대에 이미 현대와 동일한 형태의 악기 편성으로 연주하고 있음을 알게 해준다. 해금은 대금 옆에 자리하고 있는데, 입죽이 줄 방향으로 휘어진 역안해금의 형태로 보인다.

《수갑계첩(壽甲楔帖)》

이 그림은 1758년 무인년에 태어난 22인의 동갑내기 중인들이 1814년에 당시 57세인 한성의 중부 약석방藥石坊 정윤상丁允祥의

《수갑계첩》 (국립중앙박물관)

집에서 모인 계회를 그린 기록화다.

악사들을 오른쪽부터 보면, 가야금을 연주하고 있는 사람이 조금 떨어져서 넓은 공간을 차지하고 있으며, 대금, 피리 2, 해금과 장구를 연주하는 이들은 비교적 좁은 공간에 둥그렇게 둘러앉아 있다. 장구를 연주하는 악사 옆으로 가야금을 연주하는 악사를 마주보 면서 소리하는 남녀가 함께 앉았다. 관악기를 연주하는 악사들이 촘촘하게 앉아 있기는 하나 전체적으로 6명의 악사와 소리하는 사람들이 원을 그리면서 앉아 있는 형태다.《수갑계첩》에서 해금의 형태는 역안해금으로 보인다.

〈상춘야흥(賞春野興)〉

혜원蕙園 신윤복申潤福. 1758~?의 《혜원전신첩》은 도시의 관, 양반, 중인, 승려 그리고 기생을 둘러싼 여러가지 유흥문화를 그린 풍속화첩이다. 모두 30폭의 그림이 수록되어 있고, 이 화첩이 제작된 연도는 18세기 말이나 19세기 초로 추정된다.《혜원풍속화첩》 가운데 〈상춘야흥〉은 전문 악사들의 연주를 감상하며 유흥의 자리를 만끽하고 있는 양반들의 모습을 담고 있다.

봄날 양반과 기녀가 버드나무 아래서 자연과 더불어 봄을 즐기는 장면이다. 악사들이 거문고, 해금, 대금을 연주하고 있다.

〈상춘야흥(賞春野興)〉(wikimedia commons)

〈납량만흥(納凉漫興)〉(wikimedia commons)

〈납량만흥(納凉漫興)〉

신윤복의 또다른 풍속화 〈납량만흥〉에 나타난 삼현육각의 가락에 얹힌 정적인 춤사위는 동일한 상황이라 할 수 있는 김홍도의 〈무동〉에서의 역동적인 춤사위와 예술적 아름다움이 다르다.

그림은 일렬구도로 젓대나 좌고를 연주하는 악사는 생략한 것인지 아니면 실제로 연주 자리에 참석하지 않은 것인지는 분명치 않으나 장고, 해금과 2명의 피리 연주자만이 그림에 표현되어 있다. 해금 연주자는 그림에서 가장 오른쪽에 자리잡고 있으며, 입죽이 줄 방향으로 휘어진 역안해금을 연주하고 있다.

〈기산풍속도〉 스왈른본

〈기산풍속도〉 스왈른 수집본은 미국 북장로교의 스왈른Rev. W. L. Swallen 목사가 1896년 부터 1899년 까지 원산에서 수집한 것으로 수묵채색, 수묵으로 조선의 풍속과 풍물을 그린 147장면으로 구성되어 있다. 그림을 살펴보면 피리 2, 대금 1, 해금 1, 장구 1, 북 1로 삼현육각의 전형적인 연주 형태임을 알 수 있다. 해금은 현재의 모습과 유사하며 역안해금의 모습을 보인다.

지금까지 조선시대의 궁중, 관아 및 양반 사가私家의 연회도를 살펴본 결과 악기 편성은 크게 네 가지로 분류되는 것을 알 수 있다.[256]

첫째, 궁중 진연 및 진찬에서와 같이 전상악殿上樂과 함께, 전정殿庭에 건고建鼓, 편종編鐘, 편경編磬 등의 헌가軒架를 갖춘 경우이다.

둘째, 방향, 박, 교방고, 그 밖의 관현악기로 구성된 것으로 첫째의 악기 편성에서 전상악殿上樂과 유사한 악대만으로 편성된 경우이다.

셋째, 전후고취前後鼓吹에서와 같이 해금, 비파, 장구, 교방고, 대금, 그리고 피리, 당적 혹은 퉁소와 비슷한 종적縱笛으로 구성되는 편성이다.

넷째, 관현악기의 소편성이나 피리 2, 대금 1, 해금 1, 장구 1, 북 1로 구성되는 삼현육각三絃六角편성이다.

이 중 정재의 반주는 둘째와 넷째의 악기 편성이 주로 나타나는데, 조선시대 연회도의 악기 편성을 살펴보면 해금과 비파가 함께 연주되는 경우, 비파만 연주되는 경우, 그리고 비파가 없이 해금만 편성되는 경우로 나누어진다.

궁중정재는 회례연, 양로연, 진연, 진찬 등 규모가 큰 연향에는 등가로 주악되었고, 그보다 규모가 작은 곡연, 사연 등에는 등가

를 축소한 소규모의 악대로 주악되었다. 또한 악기 편성을 살펴보면, 규모가 큰 진연과 진찬에서는 해금이 비파보다 2배 많은 악기수를 가졌지만, 이를 축소한 곡연과 사연 등에서는 동일한 숫자로 편성되었음을 알 수 있다. 이는 해금이 조선시대 후기에 이르러서는 신라시대부터 조선시대 전기에 이르기까지 주요한 악기로 여겨졌던 당비파와 동일하게 중요한 악기로 자리매김 했음을 보여주는 것이라 할 수 있다.

조선시대 후기에는 피리 2, 대금 1, 해금 1, 장구 1, 북 1의 악기 편성과 그 음악을 뜻하는 용어로 삼현육각이 쓰이는데, 조선시대 정재 반주 음악의 악기 편성을 통해, 해금이 삼현육각의 악기 편성에 들어가게 된 과정을 살펴보았다.

지방의 교방정재는 궁중의 것과 동일 계통의 종목이 많다. 그 가운데에는 지방에서 형성되어 연행되다가 후일 궁중으로 이입된 것도 있고, 궁중의 것이 지방으로 전파된 것도 있다.

金約正자뇌난술을장만ㅎ고
盧風憲孫堂長은安酒를만이장만ㅎ쇼
奚琴琵琶笛피리長鼓巫鼓工人 으란뇌다 擔當흠셰
九十月丹楓明月夜에 모혀 醉코놀니라

김천택의『靑丘永言』
계면낙시조(界面樂時調)에 기록된 '奚琴'
(서울대학교 규장각한국학연구원)

맺으며

해금의 기원과 유입 및 시대별 연주 양상을 알아보기 위해 앞선 선행 연구들을 고찰하고, 새로운 자료를 해석하고 검토하여 기원설을 종합하여 정리하고 새로운 유입설을 제시하였다. 그리고 해금이 고려시대에 유입되어 조선시대까지 연주 양상이 어떻게 변화했는지 그 정착 과정을 고찰해 보았다.

해금의 기원을 살펴보면

첫째, 현도紘鼗는 기원전 3세기경 진시황의 만리장성 노역에서 호인胡人이 연주한 발현악기였으며 이후 비파류 악기와 해금류 악기의 모체가 된 악기이다.

둘째, 현도를 모체로 혜강嵇康이 혜금嵇琴을 제작했다고 추정된다. 혜금의 기록이 해금奚琴보다 360년 더 앞서 나타난다.

셋째, 해족奚族의 해금으로 명칭이 바뀌었으나 혼용되다가 현재의 해금으로 정착되었다.

넷째, 대나무쪽으로 활을 쓰다가 뒤에 말총활로 바뀌었다. 악서1104년 전후로 유목지역인 변경에서 변화가 시작된 것으로 보인다.

해금의 유입설을 살펴보면

첫째, 송나라 교방악사敎坊樂士 유입설은 11세기에 고려로 해금이 전해졌을 수도 있을 것이라는 추측이지만 『고려도경高麗圖經』의 기록을 살펴보면 고려시대 악기 이름에 해금은 없다. 따라서 송나라 교방악사 유입설은 설득력이 약하다고 판단된다.

둘째, 쌍현雙絃유입설은 고려 예종 때 송에서 들어온 "쌍현雙絃"이 해금일 수도 있다는 가능성은 열어둘 수 있으나 고려의 다른 기록에도 쌍현은 찾아볼 수 없으며 중국의 음악과 관련된 문헌에서 조차 쌍현에 대한 기록은 존재하지 않는다. 따라서 송신사악기宋新賜樂器의 쌍현유입설은 여전히 의문이 남는다.

셋째, 남송南宋 유입설은 12세기 후반 남송 시기에 고려와의 문물교류를 통해 해금이 유입되었을 것이라는 추측이다. 고려시대

의 해금에 관한 첫 기록인 〈한림별곡〉의 연대보다 앞서지만 이를 뒷받침하는 기록은 없었다.

넷째, 원나라 호금胡琴 유입설은 원나라의 호금이 고려로 유입되어 해금으로 정착했을 것이라는 주장이다. 그러나 해금이 원나라에서 고려로 유입되었다는 기록이 없다. 또한 〈한림별곡〉 해금 기록의 연대가 고려가 원나라로부터 정치적 영향을 받기 이전이기 때문에 시기적으로 맞지 않으며, 원나라의 해금과 호금은 중국이나 우리나라의 해금과는 그 모양과 제도가 전혀 다르다. 따라서 원나라 해금 유입설은 타당성이 없다.

다섯째, 본 연구를 통해 새롭게 제시하는 유입설은 해인奚人들의 고려귀화설이다.

『고려사』에 따르면 1030년 이후 1117년까지 87년 동안 해인奚人들이 고려에 귀화하였으며, 그 시기는 해나라가 요나라의 지배하에 있었던 요나라 말기이다. 해인들의 고려 귀화는 우리나라 최고最古의 해금 기록인 〈한림별곡〉보다 85년~200년이 앞선 시점이다. 따라서 해인들이 고려로 귀화할 때 자연스럽게 해금을 가져오고, 그 이후 해금이 고려의 민간에 정착하여 〈한림별곡〉에 기록되었을 것이라는 추측이 가능하다.

또한 『고려사』를 보면 당시 고려는 귀화인들의 전통과 문화를 존중하며 매우 적극적으로 포용하는 자세를 보여주고 있다.

해금은 그 이름이 말해주듯이 해나라를 대표하는 상징적인 악기로 망국의 시기에 고려로 귀화한 해인들이 가장 사랑하고 아꼈던 해금을 지니고 왔으며 고려는 이를 자국의 문화로 포용하였을 것이라는 추측은 충분히 가능하다. 이러한 기록들을 종합하여 검토해보면 이러한 해인들의 귀화를 통해 해금이 고려에 유입되었을 것이다.

해금의 정착 과정을 고려시대와 조선시대의 문헌 자료와 도상을 통해 살펴본 결과, 고려시대부터 조선시대까지 해금의 명칭이 혜금嵇琴 또는 해금奚琴으로 병용된 사실을 알 수 있다. 또한 〈세종실록〉의 관왕묘 제사 기록에서 당시 해금이 관악기의 편성에 속했다는 사실로 보아 이는 해금을 관악기로 인식하였고, 최초의 기록으로 추정된다. 또한 『악학궤범』과 도상 자료의 기록을 통해 해금이 아악, 당악, 향악에 모두 사용된 것을 알 수 있다.

이와 더불어 해금은 제례악, 진연, 행악, 사가 주관의 연향악 등에서 두루 사용되었다. 조선시대 후기로 갈수록 당비파를 대신하는 악기가 되었고, 17세기 이후에는 삼현육각의 악기 편성에 속하게 되면서 정재 반주와 삼일유가 등 궁중과 민간의 여러 연향에서 다채로운 모습을 보여주는 주요한 악기로 자리매김한 것으로 보여진다.

해금은 고려시대에 유입된 이후, 현재까지 900년이 넘는 시간 동안 우리의 삶 속에 함께해 온 악기였다. 외래에서 유입되었던 해금이 이렇듯 현재 우리나라를 대표하는 전통악기가 될 수 있었던 이유는 가장 낮은 곳의 음악인 걸인 악사의 음악에서부터 가장 높은 곳의 음악인 왕실 음악에 이르기까지 끊임없이 우리의 삶에서 연주되었기 때문이다.

A Study on the Introduction
and Development of the Haegeum

This paper examines the existing theories regarding the origin and introduction of the Haegeum, proposing a new theory through an analysis of materials from the 『Goryeosa』 and 『Goryeosajeolyo』. The analysis suggests that the Haegeum was introduced by the Haejok. Additionally, it investigates the process of changes in performance styles of the Haegeum from its introduction in the Goryeo Dynasty to Joseon Dynasty, through court and folk literary sources and iconographic materials.

The existing theories regarding the introduction of the

Haegeum studied in academia so far include the 'introduction by Gyobang musicians' during the Song Dynasty, the 'introduction of the Ssanghyeon' during the reign of King Yejong of Goryeo, the 'introduction from the Southern Song Dynasty', and the 'introduction of the Huqin' from the Yuan Dynasty. However, due to the limitations of available data, these theories have led to differing opinions among scholars. Additionally, this paper identifies the following limitations in these theories.

The theory of introduction by Song Dynasty Gyobang musicians speculates that the Haegeum might have been introduced to Goryeo in the eleventh century, but an examination of the 『Goryeodogyeong』 (1123) records reveals no mention of the Haegeum among Goryeo instruments, making this theory less convincing.

The theory of the introduction of the "Ssanghyeon (double string)" during King Yejong's reign suggests the possibility that the Ssanghyeon introduced from Song Dynasty might have been the Haegeum. However, there are no records of the Ssanghyeon in other Goryeo records or Chinese musical literature. Therefore, the theory of the introduction of the

Ssanghyeon among the newly granted instruments of the Song Dynasty remains open to question.

The theory of introduction from the Southern Song Dynasty speculates that the Haegeum might have been introduced through cultural exchanges between Goryeo and the Southern Song Dynasty in the late twelfth century. Nevertheless, there is no evidence to substantiate this theory, even though it predates the initial documentation of the Haegeum in the <Halimbyeolgok>.

The theory of introduction from the Yuan Dynasty lacks any records indicating that the Haegeum was introduced from the Yuan Dynasty to Goryeo. Furthermore, the timeline of the first mention of the Haegeum in the <Halimbyeolgok> precedes the political influence of the Yuan Dynasty, rendering this theory chronologically implausible. Additionally, the Haegeum and Huqin from the Yuan Dynasty are significantly different in shape and system from the Haegeum in China and Korea. Therefore, the 'introduction from the Yuan Dynasty' theory is deemed implausible.

After examining these existing theories, this paper proposes a new theory: the naturalization of the Hae people into Goryeo. According to the 『Goryeosa』, the Hae people were naturalized into Goryeo over 87 years from 1030 to 1117, during the late Liao Dynasty when the Hae State was under Liao's control. The naturalization of the Hae people took place 85 to 200 years before the earliest Korean record of the Haegeum in the <Halimbyeolgok>. Therefore, it is plausible to speculate that the Hae people naturally brought the Haegeum with them when they were naturalized, and that the Haegeum subsequently settled into the folk music of Goryeo, eventually being recorded in the <Halimbyeolgok>. Additionally, the 『Goryeosa』 shows that Goryeo actively embraced and respected the traditions and cultures of migrants at that time. The Haegeum, as its name suggests, was a symbolic instrument representing the Hae State. It is plausible to speculate that the Hae people, who were naturalized into Goryeo during the collapse of their nation, brought with them their cherished Haegeum. Considering these records, the theory that the Haegeum was introduced to Goryeo through the naturalization of the Hae people seems sufficient.

Subsequently, the settlement process of the Haegeum was

examined through literary materials and iconographic sources from the Goryeo and Joseon Dynasties. It was found that from the Goryeo to the Joseon Dynasty, the names "Jiqin" (嵇琴) or "Xiqin" (奚琴) were used interchangeably for the Haegeum. Additionally, records of the GwanWang Shrine Ritual in the 『Sejong Silok』 indicate that the Haegeum was classified as part of the wind instrument ensemble at that time, which is considered the earliest record of the Haegeum being recognized as a wind instrument. Furthermore, records from the 『Akhakgwebeom』 and iconographic materials show that the Haegeum was used in Aak · Dangak · Hyangak. Additionally, the Haegeum was widely used in Jeryeak, Jinyeon, Haengak, and Yeonhyangak. In the late Joseon period, it gradually replaced the Tang pipa. After the 17th century, the Haegeum became part of the Samhyeon Yookgak and established itself as a significant instrument in various Yeonhyang, such as the accompanying music for court dance and the Samilyuga.

해금의 기원

001 "문헌통고에는 현도가 秦琵琶의 원형인 것 같다 하였고, 현도가 해금의 원형이라고 하였는데, 현도가 어떻게 생겼는지 모르는 까닭에 그 기원설은 의심스럽다." 이혜구,『신역 악학궤범』(서울: 국립국악원, 2000), 431쪽.

002 현도의 현은 현악기를 나타내고, 도는 타악기를 나타내는 것으로 해금은 현악기와 타악기를 합해서 만들어진 것이다. 그러므로 해금 종류의 악기에서 울림통에 가죽을 씌운 것은 자루달린 북, 즉 도를 의미하고, 이 도에 줄을 얹어 찰현악기로 만든 것이 해금이라고 하겠다. 이러한 모습은 현재까지 아시아 여러나라의 해금 종류의 악기가 울림통에 가죽을 메우고, 그 위에 원산으로 줄을 받혀주는 모습에서 볼 수 있다. 우리나라의 해금은 울림통에 가죽을 씌우는 대신에 오동나무 판을 덮은 것이다. 다른 나라에서는 흔히 뱀 가죽을 이용하는데, 우리나라는 기후 조건이 해금에 이용할 수 있는 큰 뱀 가죽을 구하기가 어렵기 때문에 이와 같이 오동나무를 이용한 것으로 보인다.; 전인평,「현도에 관한 고찰」,『국악원 논문집』5집, 1993, 105쪽.

003 "기시베 시게오는 『고대 실크로드의 음악』에서 완함을 설명하면
　　서 통전의 기록을 다음과 같이 소개한다. 완함은 원래 진비파라
　　든가 진한자라고 말하고 진나라 시황제(기원전 3세기) 시대의 현
　　도에서 발달한 것이라고 일컬어진다. 도에 줄을 팽팽히 펼친것이
　　현도이다. 발달 과정에서 2현에서 3현으로, 3현에서 4현으로 변
　　했다. 여기에서 주목되는 점은 '도에 줄을 팽팽히 펼친 것이 현도
　　이다.'라는 대목이다. 현재의 해금은 통에 가죽을 메우고 줄을 얹
　　은 것인데 해금의 울림통은 통에 가죽을 메웠음으로 울림통만을
　　따로 떼어 살펴본다면 이것은 타악기에 속한다. 그래서 통전의 기
　　록을 미루어 짐작해 본다면 도라는 타악기에 줄을 얹어서 현도를
　　만들 것이라는 것을 알 수 있다. 그러므로 현도는 도라는 현악기
　　와 타악기가 합해진 악기라는 것이라고 유추할 수 있다." 전인평,
　　앞의 논문, 96쪽.

004 이강산, 「해금의 역사적 변천 연구 ― 기원, 형태, 운지법을 중심으
　　로 ―」, 한양대학교 박사학위논문, 2022, 16~21쪽.

005 奚琴本胡樂也　出於絃鼗而形亦類焉　奚部所好之樂也　蓋其制兩絃
　　間以竹片軋之至今民間用焉, 『악서』 128권. 악도론　호부(樂圖論
　　胡部).

006 송나라의 고승(高丞)이 편찬한 『사물기원』은 중국 고대의 백과
　　사전 중 하나로 다양한 사물과 그 기원에 대한 기록을 담고 있다.

007 "嵇琴, 爲弦鼗遺象"

008 WANG Xiao-jun(王曉俊), 「마미호금구조고변(馬尾胡琴形制考
　　辯)」, 『우한음악원학보(武漢音樂學院學報)』, 2008, 116쪽.

009 华夫. 中国古代名物大典 下 [M]. 济南 : 济南出版社 1993 : 371.

010 杜摯云, 長成之役 , 弦鼗而鼓之. 並未詳孰實. 其器不列四廂.; 『宋
　　書』券19 樂1.

011 杜摯以爲嬴秦之末, 蓋苦長成之役 , 百姓弦鼗而鼓之. 〈傅玄의 琵

琶賦〉 당중육 편, 『中國樂舞詩』 악기편(성도출판사, 1995) 495쪽.

012 이 악기는 당비파가 아니고 당비파의 원형이라고 생각하는 진나라의 현도(絃鼗)를 가리킨다. 이혜구 역주, 앞의 책, 429쪽.

013 秦末 苦於長城之役故 百姓絃鼗『산당사고(山堂肆考)』(明 팽대익(彭大翼) 撰) 徵集 권18. 이혜구 역주, 앞의 책, 429쪽.

014 唐鼓吹部有鹵簿鉦鼓及角樂用絃鼗笳簫凶用哀笳---〈『악서』 188권 樂圖論 俗部 鼓吹部〉.

015 487년(齊나라 永明 5년)에 심약(沈約)이 편찬.

016 琵琶, 四絃, 漢樂也. 初, 秦長成之役, 有弦鼗而鼓之者.;『舊唐書』 권21 예악11.

017 初, 隋有法曲, 其音淸而近雅. 其器有鐃, 鈸, 鐘, 磬, 幢簫, 琵琶. 琵琶圓體修頸而小, 號曰秦漢子, 蓋絃鼗之遺制, 出於胡中, 傳爲秦, 漢所作.;『新唐書』 권21 예악11.

018 今淸樂奏琵琶, 俗謂之 秦漢子, 圓體修頸而小, 疑是弦鼗之遺制. 其他皆充上銳下, 曲頸, 刑制稍大, 疑此是漢制. 兼似兩制者, 謂之 秦漢, 蓋謂通用秦漢之法.;『구당서』 권29 음악 2.

019 阮咸, 亦秦琵琶也, 而項長過於今制, 列十有三柱. 武太后時, 蜀人蒯朗於古墓中得之, 晉竹林七賢圖阮咸所彈與此類, 因謂之阮咸.『구당서』 권29 음악 2.

020 秦漢琵琶本出於胡人絃鼗---〈『악서』 128권. 악도론 호부(樂圖論 胡部)〉陳暘, 『樂書』 한국음악학자료총서 제9집(국립국악원, 1982), 261쪽.

021 중국예술연구원 음악연구소, 『중국음악사전』(북경: 포크음악출판사, 1985), 332쪽.

022 Shao yi, 「한국과 중국 몽골족 찰현악기 비교연구 - 해금, 마두금, 사호를 중심으로 -」, 전남대학교 박사학위논문, 2023.

023 '혜금(嵇琴)'의 최초 기록은 맹호연의 『연영산인지정시(宴榮山人

池亭詩)』이며 해금을 대나 무쪽으로 연주하는 정경을 묘사하고 있다. "대나무로 혜금(嵆琴)을 당기니.(竹引嵆琴入, 花邀戴客過)" 〈孟浩然의 宴榮山人池亭詩〉.; 설종명, 『중국음악사 악기편』(대만, 1983), 865쪽.

024 元 至元 6년인 1340년 간행되었으며 원제목은 〈纂圖增新群書類要事林廣記〉이다.

025 金文達, 『중국고대음악사』(인민음악출판사, 1994), 330쪽.

026 竹引嵆琴入, 花邀戴客過 〈孟浩然의 宴榮山人 池亭詩〉 설종명, 『중국음악사 악기편』(대만, 1983), 865쪽.

027 熙寧中, 宮宴敎坊伶人徐衍戞嵆琴方進酒, 而一弦絶, 衍更不易琴, 只用一弦終其曲, 自此始爲一弦嵆琴格, 『몽계필담(夢溪筆談)』

028 신대철, "한국·중국·일본의 해금류 악기" 『한국음악연구』(한국국악학회) 제26집, 1994, 228쪽.

029 阿陽 琴 文卓 笛 宗武 中笒 帶御香 玉肌香 雙伽倻琴 金善 琵琶 宗智 嵆琴 薛原 杖鼓 위 過夜景 긔 어떠하니잇고. 차주환 역, 『고려사 악지』(서울: 을유문화사, 1974), 243~244쪽.

030 碧玉杯深味酒香 嵆琴聲緩笛聲長 箇中又有歌喉細 七老想歡鬢似霜, 黃石奇, 「淸州 元巖宴集」『국역 동문선Ⅱ』(민족문화추진회, 1984), 476쪽.

031 한국음악학자료총서 38 『조선시대 음악풍속도Ⅱ』(국립국악원, 2003), 86쪽, 89쪽.

032 조선통신사문화사업회·국사편찬위원회, 『조선시대 통신사 행렬』(부산: 2005) 42, 116쪽.

033 1104년의 『악서』에는 죽편(竹片)으로 활을 사용했으나, 말총활로 바뀐 시기는 정확하게 알 수 없으나 악서 전후로 서서히 변화하였을 것으로 추측할 수 있다.

034 호궁: 일본의 찰현악기로 유일하며, 3현 또는 4현으로 고또, 샤

미센 등과 합주하는 데에 쓰였다. 후에는 샤쿠하치가 대신 쓰이게 되었다.; 한만영·전인평, 『동양음악』(서울: 삼호출판사, 1989), 141쪽

035　5호(五胡)는 흉노(匈奴), 갈(羯, 흉노의 별종), 선비(鮮卑, 투르크족), 저(氐, 티베트계), 강(羌, 티베트계)의 이민족을 말하는데, 실제로는 비 한족계 여러 민족으로 해석하면 될 것이다. 16국이란 말도 실제로 이 시기에 세워진 나라는 16개가 된다.

036　奚를 ‘部’로 기록하기도 하지만 해를 ‘國’으로 기록한 사서는 다음과 같다. “奚·霫. 國名. 中京地也.” 『遼史』 권116, 국어해, 1534쪽.; “庫莫奚國之先, 東部宇文之別種也.” 『魏書』 권100, 列傳 제88, 2222쪽.; “奚國, 蓋匈奴之別種也,” 『舊唐書』 권199 하, 열전 149 하, 北狄, 5354쪽.

037　“奚琴本胡樂也 出於絃鼗而形亦類焉 奚部所好之樂也.” 해금은 본래 호악이다. 현도에서 나왔고 모양 역시 비슷하다. 해족이 즐기는 악기이다. 陳陽, 『樂書』 128권, 악도론호부(樂圖論胡部), 2a1-2. 이처럼 악기에 나라의 명칭이 붙은 예는 가야금, 신라금, 고려적, 당비파 등이다. 가야금은 가야에서 비롯되었기 때문이고, 신라금·고려적은 일본에 전해진 우리 악기 명칭이며, 당비파는 중국(당)의 비파이다.

038　“奚琴 胡中奚部所好之樂 出於奚鼗而形亦類焉” 해금은 호족 중 해부족이 즐기는 악기이다. 해도에서 나왔으며 그 모양 역시 같다. 馬端臨, 『文獻通考』, 권137.

039　《구양문충공집(歐陽文忠公集)》은 남송(南宋)의 주필대(周必大) 등이 북송(北宋)의 구양수(歐陽脩)가 지은 저작을 구양수의 시호(諡號)인 문충(文忠)을 넣어 153권과 부록 5권으로 편집한 책이다. 본문의 시는 4권에 담겨있다.

040　전통예술원, 『조선 후기 문집의 음악사료』(서울: 민속원, 2002),

90쪽.

041 齐慧庆『奚琴的起源和发展』, 68쪽.

042 王晓俊『马尾胡琴形制考辩』, 119쪽.

043 "贊曰 庫莫奚·契丹起於漢末, 盛於隋·唐之間, 俱强爲隣國, 合幷爲
君臣, 歷八百餘年, 相爲終始."『金史』권67, 1588쪽.

044 "至隋始去「庫眞」, 但曰奚."『唐書』권219, 열전 144, 北狄, 6173쪽.
『魏書』,『北史』,『隋書』,『周書』에는 '고막해(庫莫奚)'로 되어 있는
데,『唐書』에만 '고진해(庫眞奚)'로 되어 있다.

045 "庫莫奚國之先, 東部宇文之別種也." 고막해의 조상은 원래 동
부 우문의 별종이다.『魏書』권100, 列傳 제88, 2222쪽.; "奚本曰
庫莫奚, 其先東部胡宇文之別種也."『北史』권94, 열전 제82, 奚,
3126~3127쪽.

046 "庫莫奚, 鮮卑之別種也."『周書』권47, 열전 제41, 異域 上, 898
~899쪽.

047 『隋書』권84, 열전 제49, 北狄, 1880~1881쪽. "奚本曰庫莫奚, 東
部胡之種也."

048 『舊唐書』권199 하, 열전 149 하, 北狄, 5354쪽. "奚國, 蓋匈奴之
別種也,"『唐書』권219, 열전 144, 北狄, 6173쪽. "奚亦東胡種, 爲
匈奴所破. 保烏丸山."『新五代史』권74 四夷, 부록 제3, 909쪽. "
奚, 本匈奴之別種."

049 사와다 이사오(澤田勳), 김숙경 옮김,『흉노: 지금은 사라진 고대
유목국가 이야기』(서울: 아이필드, 2007), 231쪽.

050 르네 그루쎄(Grousset, René), 김호동·유원수·정재훈 공역,『유
라시아 유목제국사』(서울: 사계절출판사, 1998), 106쪽.

051 사와다 이사오(澤田勳), 김숙경 옮김, 앞의 책, 17쪽.

052 이정훈,『발로 쓴 反 동북공정: 동북아시아 문명사는 다시 써야 한
다』(파주: 지식산업사, 2009), 409쪽.

053　이정훈,『발로 쓴 反 동북공정: 동북아시아 문명사는 다시 써야 한
　　다』(파주: 지식산업사, 2009), 385쪽. 몽골어로 '누런 강'이라는
　　뜻으로 이 지역의 고운 흙 때문에 누런색을 띤다. 요하의 지류로
　　서 적봉 지역을 흐르는 가장 큰 강이다.

054　이공범,『위진남북조사』(서울: 지식산업사, 2003), 119쪽.

055　이정훈,『발로 쓴 反 동북공정: 동북아시아 문명사는 다시 써야 한
　　다』(파주: 지식산업사, 2009), 121쪽.

056　"初爲慕容元眞所破, 遺落者竄匿松漠之間."『魏書』권100, 列傳
　　제88, 庫莫奚, 2222쪽.; "其先爲慕容晃所破, 竄於松漠之間."『周
　　書』권47, 열전 제41, 異域 上, 庫莫奚, 898쪽. 慕容元眞은 慕容
　　晃의 字이다.

057　"登國三年, 太祖親自出討, 至弱洛水南, 大破之, 獲其四部落, 馬牛
　　羊豕十餘萬. (中略) 十數年間, 諸種與庫莫奚亦皆滋盛."『魏書』권
　　100, 列傳 제88, 庫莫奚, 2222쪽.; "登國三年, 道武親自出討, 至弱
　　洛水南大破之, 獲其馬, 牛, 羊, 豕十餘萬."『北史』권94, 열전 제
　　82, 奚, 3126쪽.

058　"文成, 獻文之世, 庫莫奚歲致名馬, 文皮."『北史』권94, 열전 제
　　82 奚, 3126쪽.

059　"二十二年, 入寇安州, 營燕幽三州兵數千人擊走之."『魏書』권
　　100, 列傳 제88, 庫莫奚, 2223쪽. "二十二年, 入寇安州, 時營, 燕,
　　幽三州兵數千人擊走之."『北史』권94, 열전 제82 奚, 3126쪽.

060　"大統五年, 遣使獻其方物."『周書』권47, 열전 제41, 異域 上, 899
　　쪽.; "自是已後, 歲常朝獻, 至於武定末不絶."『魏書』권100, 列傳
　　제88, 庫莫奚.

061　"後種類漸多, 分爲五部. 一曰辱紇主, 二曰莫賀弗, 三曰 契箇, 四曰
　　木昆, 五曰 室得. 每部置俟斤一人."『周書』권47, 열전 제41, 異域
　　上, 898쪽.; "其後種類漸多, 分爲五部 一曰辱紇王, 二曰莫賀弗, 三

日契箇, 四曰木昆, 五曰室得. 每部俟斤一人爲其帥." 『北史』 권94, 열전 제82 奚, 3126쪽.

062 "有阿會氏者, 最爲豪帥, 五部皆受其節度." 『周書』 권47, 열전 제41, 異域 上, 898쪽.; "有阿會氏, 五部中最盛, 諸部皆歸之." 『北史』 권94, 열전 제82 奚, 3126쪽.

063 "役屬於突厥, 而數與契丹相攻. 虜獲財畜, 因而行賞." 『周書』 권47, 열전 제41, 異域 上, 898쪽.

064 사와다 이사오(澤田勳), 김숙경 옮김, 앞의 책, 127쪽.

065 "隨逐水草, 頗同突厥." 『北史』 권94, 열전 제82 奚, 3126쪽.

066 토마스 바필드(Thomas J. Barfield), 윤영인 옮김, 『위태로운 변경: 기원전 221년에서 기원후 1757년까지의 유목제국과 중원』(서울: 동북아역사재단, 2009), 63~64쪽.

067 장진퀘이(張金奎), 남은숙 옮김, 『흉노제국 이야기: 유라시아 대륙 양단에 강력한 흔적을 남기고 사라진 흉노를 찾아서』(서울: 아이필드, 2010), 64쪽.

068 이공범, 앞의 책, 141~142쪽.

069 "而善射獵, 好爲寇鈔." 『魏書』 권100, 列傳 제88, 2222쪽.

070 사와다 이사오(澤田勳), 김숙경 옮김, 앞의 책, 168~172쪽.

071 "初爲慕容元眞所破, 遺落者竄匿松漠之間." 『魏書』 권100, 列傳 제88, 庫莫奚, 2222쪽.; "其先爲慕容晃所破, 竄於松漠之間." 『周書』 권47, 열전 제41, 異域 上, 庫莫奚, 898쪽.

072 "卽平地松林, 又稱千里松林." 魏嵩山(위숭산) 주편, 『中國歷史地名大辭典』(광동교육출판사, 1995), 619쪽.

073 潭其驤(담기양) 주편, 『中國歷史地圖集』 제6책(중국지도출판사, 1982), 7쪽.

074 潭其驤(담기양) 주편, 『中國歷史地圖集』 제4책(중국지도출판사, 1982), 10쪽.

075 郭沫若(곽말약) 주편,『中國史稿地圖集 上冊』(지도출판사, 1985), 61쪽.

076 현재의 시라무룬강을 말한다. 魏嵩山(위숭산) 주편,『中國歷史地名大辭典』(광동교육출판사, 1995), 973쪽. "卽今西拉木倫河."

077 魏嵩山(위숭산 주편,『中國歷史地名大辭典』(광동교육출판사, 1995), 65쪽.

078 潭其驤(담기양) 주편,『中國歷史地圖集』제4책(중국지도출판사, 1982), 22쪽.

079 현재의 발해만을 말한다. 발해만은 서해의 북쪽 끝에 있는 만으로 중국의 랴오둥 반도와 산둥 반도에 둘러싸여 있다.

080 이정훈,『발로 쓴 反 동북공정: 동북아시아 문명사는 다시 써야 한다』(파주: 지식산업사, 2009), 331쪽.

081 이정훈, 앞의 책, 220쪽.

082 우실하,『동북공정 너머 요하문명론』(서울: 소나무, 2007), 313쪽.

083 이정훈, 앞의 책, 372~373쪽.

084 북조(北朝)시기의 위국(魏國)이다. 효문제가 낙양으로 천도한 후 원래의 성씨 '탁발(拓跋)'을 '원(元)'으로 고쳤으므로 사서에서는 원위(元魏)라고 칭한다.; 장진근 역주,『만주원류고』(서울: 파워북, 2008), 31쪽.

085 『金史』권67, 열전 제5, 奚王回离保, 1587쪽. "奚, 與契丹俱起, 在元魏時號庫莫奚, 歷宇文周 . 隋 . 唐, 皆號兵强."

086 『隋書』권84, 열전 제49, 北狄, 1881쪽. "大業時, 歲遣使貢方物."

087 『唐書』권219, 열전 144, 北狄, 6173쪽. "武德中, 高開道借其兵再寇幽州, 長史王詵擊破之."

088 『舊唐書』권199 하, 열전 149 하, 北狄, 5354쪽. "武德中 遣使朝貢."『唐書』권219, 열전 144, 北狄. 6173쪽, 奚. "太宗貞觀三年始來朝, 閱十七歲, 凡四朝貢."

089 Thomas J. Barfield, 윤영인 옮김, 앞의 책, 32쪽, 144쪽.

090 『舊唐書』권199 하, 열전 149 하, 北狄, 5354쪽. "其每歲朝賀, 常各遣數百人至幽州, 則選其酋渠三五十人赴闕, 引見於麟德殿, 錫以金帛遣還."

091 『唐書』권219, 열전 144, 北狄, 6173쪽. "不數年, 其長可度者內附, 帝爲置饒樂都督府, 拜可度者使持節六州諸軍事, 饒樂都督, 封樓煩縣公, 賜李氏. 以阿會部爲弱水州, 處和部爲祁黎州, 奧失部爲洛瓖州, 度稽部爲太魯州, 元俟折部爲渴野州, 各以酋領辱紇主爲刺史, 隷饒樂府."

092 『舊唐書』권199 하, 열전 149 하, 北狄, 5354쪽. "顯慶初 又授右監門大將軍."

093 『唐書』권219, 열전 144, 北狄, 6173쪽. "顯慶間可度者死, 奚遂叛. 五年, 以定襄都督阿史德樞賓, 左武候將軍延陀梯眞, 居延州都督李含珠冷陘道行軍總管. 明年, 詔尙書右丞崔餘慶持節總護定襄等三都督討之, 奚懼乞降, 斬其王匹帝."

094 『唐書』권219, 열전 144, 北狄, 6173쪽. "萬歲通天中, 契丹反, 奚亦叛, 與突厥相表裏, 號「兩蕃」." 『舊唐書』권199 하, 열전 149 하, 北狄, 5354쪽. "萬歲通天年, 契丹叛後, 奚衆管屬突厥, 兩國常遞爲表裏, 號曰「兩蕃」."

095 『舊唐書』에는 '李大輔', 『唐書』에는 '李大酺'로 기록되어 있다.

096 『舊唐書』권199 하, 열전 149 하, 北狄, 5354쪽. "景雲元年, 其首領李大輔遣使貢方物, 睿宗嘉之, 宴賜甚厚."

097 『舊唐書』권199 하, 열전 149 하, 北狄, 5354쪽. "延和元年, 左羽林將軍 檢校幽州大都督孫儉, 率兵十二萬以襲其部落, 師次冷硎, 前軍左驍衛將軍李楷洛等與大輔會戰, 我師敗積." 『唐書』권219, 열전 144, 北狄, 6173쪽. "延和元年, 以左羽林衛大將軍幽州都督孫佺, 左驍衛將軍李楷洛, 左威衛將軍周以悌帥兵十二萬, 爲三軍, 襲

擊其部, 次冷陘, 前軍楷洛與奚酋李大酺戰不利."

098 『唐書』권219, 열전 144, 北狄, 6173쪽. "玄宗開元二年, 使奧蘇悔落丐降, 封饒樂郡王, 左金吾衛大將軍, 饒樂都督. 詔宗室出女辛爲固安公主, 妻大酺. 明年, 身入朝成昏." 『舊唐書』권199 하, 열전 149, 하 北狄, 5354쪽. "開元三年, 大輔遣其大臣奧蘇海落來請降, 詔復立其地爲饒樂州, 封大補爲饒樂郡王, 仍拜左金吾員外大將軍, 饒樂州都督.(中略) 其年, 大輔入朝, 詔封從外甥女固安公主以妻之, 賜物一千五百疋, 遣右領軍將軍李濟持節送還蕃."

099 장진퀘이(張金奎), 남은숙 옮김, 앞의 책, 155쪽.

100 사와다 이사오(澤田勳), 김숙경 옮김, 앞의 책, 83쪽.

101 『舊唐書』권199 하, 열전 149 하, 北狄, 5354쪽. "(玄宗開元)五年, 大輔與契丹首領松漠郡王李失活咸請於柳城依舊置營州都督府, 上從之."

102 『舊唐書』권199 하, 열전 149 하, 北狄, 5354쪽. "(玄宗開元)八年, 大輔率兵救契丹, 戰死, 其弟魯蘇嗣立."

103 『唐書』권219, 열전 144, 北狄, 6173쪽. "詔兼保塞軍經略大使. (中略) 會與其母相告訐得罪, 更以盛安公主女韋爲東光公主妻之."

104 『唐書』권219, 열전 144, 北狄, 6173쪽. "後三年, 封魯蘇奉誠郡王, 右羽林衛將軍, 擢其首領無慮二百人, 皆位郎將." 『舊唐書』권199 하, 열전 149, 하 北狄, 5354쪽. "(開元)十四年, 又改封魯蘇爲奉誠王, 授右羽林軍員外將軍."

105 『舊唐書』권199 하, 열전 149 하, 北狄, 5354쪽. "(玄宗開元)十八年, 奚衆爲契丹衙官可突于所脅, 復叛降突厥. (中略) 二十年, 信安王禕奉詔討叛奚. 奚尊長李詩瑣高等以其部落五千帳來降. 詔奉李詩爲歸義王兼特進, 左羽林軍大將軍同正, 仍充歸義州都督, 賜物十萬段, 移其部落於幽州界安置."

106 『唐書』권219, 열전 144, 北狄, 6173쪽. "李詩死, 子延寵嗣, 與契丹

又叛, 爲幽州張守珪所困. 延寵降, 復拜饒樂都督, 懷信王, 以宗室
出女楊爲宣芳公主妻之. 延寵殺公主復叛, 詔立它附婆固爲昭信王,
饒樂都督, 以定其部."

107 『舊唐書』권199 하, 열전 149 하, 北狄, 5354쪽. "自大曆後, 朝貢
時至."

108 『舊唐書』권199 하, 열전 149 하, 北狄, 5354쪽. "貞元四年七月, 奚
及室韋寇振武."

109 『舊唐書』권199 하, 열전 149 하, 北狄, 5354쪽. "十一年四月, 幽
州奏郤奚六萬餘衆." 『唐書』권219, 열전 144, 北狄, 6173쪽. "後七
年, 幽州殘其衆六萬."

110 『舊唐書』권199 하, 열전 149 하, 北狄, 5354쪽. "元和元年, 其王饒
樂府都督 襲歸誠王梅落來朝, 加檢校司空, 放還蕃. 三年, 以奚首領
索低爲右武威衛將軍同正, 充檀 薊兩州遊奕兵馬使, 仍賜姓李氏.
八年, 遣使來朝. 十一年, 遣使獻名馬."

111 락(落)은 유목민의 이동식 천막인 게르에 해당하며 중원의 '호(
戶)'와 비슷한 개념이다. 토마스 바필드(Thomas J. Barfield), 윤
영인 옮김, 앞의 책, 184쪽.; 락(落)은 궁려(窮廬; 천막) 군(群)의 뜻
이며 1락은 평균 2~3천막, 한 궁려의 인구는 10~20명 정도이다.
이공범, 『위진남북조사』(서울: 지식산업사, 2004), 113쪽.

112 『唐書』권219, 열전 144, 北狄, 6173쪽. "太和四年, 復盜邊, 盧龍
李載義破之, 執大將二百餘人, 縛其帥茹羯來獻, 文宗賜冠帶, 授右
驍衛將軍. 後五年, 大首領匿舍朗來朝. 大中元年, 北部諸山奚悉叛,
盧龍張仲武禽酋渠, 燒帳落二十萬, 取其刺使以下面耳三百, 羊牛
七萬, 輜貯五百乘, 獻京師."

113 『唐書』권219, 열전 144, 北狄, 6173쪽. "咸通九年, 其王突董蘇使
大都督薩葛入朝. 是後契丹方彊, 奚不敢亢, 而擧部役屬. 虜政苛, 奚
怨之, 其酋去諸引別部內附, 保嬀州北山, 遂爲東, 西奚."

114 『金史』권67, 열전 제5, 奚王回离保, 1587쪽. "其後契丹破走奚, 奚西保冷陘, 其留者臣服于契丹, 號東. 西奚."

115 『唐書』권219, 열전 144, 北狄, 6173쪽. "盛夏必徒保冷陘山, 山直嬀州西北."

116 『新五代史』권74 四夷, 부록 제3, 909쪽. "自去諸徒嬀州, 自別爲西奚, 而東奚在琵琶川者, 亦爲契丹所幷, 不復能自見云.", "後徒居琵琶川, 在幽州東北數百里."

117 아회부, 철미부, 월질부, 노개부, 흑흘지부. 『新五代史』권74 四夷, 부록 제3, 909쪽. "分爲五部 一曰阿薈部, 二曰啜米部, 三曰粤質部, 四曰奴皆部, 五曰黑訖支部."

118 『舊唐書』권199 하, 열전 149 하, 北狄, 5354쪽. "勝兵三萬餘人, 分爲五部, 每部置俟斤一人. 風俗並於突厥, 每隨逐水草, 以畜牧爲業, 遷徙無常. 居有氈帳, 兼用車爲營, 牙中常五百人持兵自衛."

119 장진퀘이(張金奎), 남은숙 옮김, 앞의 책, 55쪽.

120 사와다 이사오(澤田勳), 김숙경 옮김, 앞의 책, 122쪽.

121 『舊唐書』권199 하, 열전 149 하, 北狄, 5354쪽. "此外部落皆散居山谷, 無賦稅. 其人善射獵, 好與契丹戰爭."

122 『唐書』권219, 열전 144, 北狄, 6173쪽. "其馬善登, 其羊黑."

123 서병국, 『거란제국사연구』(파주: 한국학술정보, 2006), 25쪽.

124 장진퀘이(張金奎), 匈奴帝國傳奇, 남은숙 옮김, 앞의 책, 66쪽.

125 『唐書』권219, 열전 144, 北狄, 6173쪽. "稼多穄, 已穫, 窖山下. 斷木爲臼, 瓦鼎爲餁, 雜寒水而食."

126 사와다 이사오(澤田勳), 김숙경 옮김, 앞의 책, 116쪽.

127 『新五代史』권74 四夷, 부록 제3, 909쪽. "其族至數千帳, 始分爲東, 西奚. 去諸之族, 頗知耕種, 歲借邊民荒地種穄."

128 르네 그루쎄(Grousset, René), 김호동·유원수·정재훈 공역, 앞의 책, 234쪽.

129 『北史』권94, 열전 제82, 契丹, 3127쪽. "契丹國在庫莫奚東, 與庫莫奚異種同類."『魏書』거란전에 몽골계인 거란과 해에 대하여 "種은 다르지만 類는 같다"라고 기록되어 있고,『晉書』북적 흉노전 서두에 "흉노의 類는 전부 북적이라고 한다"라고 했듯이 種은 類보다 범위가 한정되어 있다. 사와다 이사오(澤田勳), 김숙경 옮김, 앞의 책, 140쪽.

130 서병국, 앞의 책, 378~379쪽.

131 『金史』권67 열전, 제5, 奚王回离保, 1588쪽. "贊曰 庫莫奚·契丹起於漢末, 盛於隋·唐之間, 俱强爲隣國, 合幷爲君臣, 歷八百餘年, 相爲終始."

132 『遼史』권1, 본기 제1, 태조 상, 2쪽. "明年二月, 復擊劉仁恭. 還, 襲山北奚, 破之. 十一月, 遣偏師討奚·霤諸部及東北女直之未附者, 悉破降之."

133 『遼史』권1, 본기 제1, 태조 상, 4쪽. "(太祖 四年)冬十月, 烏馬山奚庫支及查剌底·鋤勃德等叛, 討平之."

134 『遼史』권1, 본기 제1, 태조 상, 5쪽. "五年春正月丙申, 上親征西部奚. 奚阻險, 叛服不常, 數招諭弗聽. 是役所向輒下, 遂分兵討東部奚, 亦平之. 於是盡有奚·霤之地."

135 『遼史』권2, 본기 제2, 태조 하, 18쪽. "天贊二年三月戊寅, 軍于箭笴山, 討叛奚胡損, 獲之, 射以鬼箭. 誅其黨三百人, 沉之狗河."

136 『遼史』권32, 지제3, 營衛志 下, 부족 하, 太祖二十部. "初爲五部 曰遙里, 曰伯德, 曰奧里, 曰梅只, 曰楚里. 太祖盡降之, 號五部奚. (中略) 太祖滅之, 以奚府給役戶, 倂括諸部隱丁, 收合流散, 置墮瑰部, 因墮瑰門之語爲名, 遂號六部奚. 命勃魯恩主之, 仍號奚王."

137 『遼史』권46, 지제16, 백관지 2, 北面部族官. "奚六部. 在朝曰奚王府. 有二常袞, 有二宰相, 又有吐里太尉, 有奚六部漢軍詳穩, 有奚搜剌常穩, 有先離撻覽官."

   해금의 역사와 여정

138 이리근은 군마를 통괄하는 대관으로 회동(938~946) 초에 대왕으로 바뀌었다. 『遼史』 권116, 국어해, 1534쪽. "夷離菫 統軍馬大官. 會同初, 改爲大王."

139 『遼史』 권33, 지제3, 營衛志 하, 부족 하. "太祖伐奚, 乞降, 願爲著帳子弟, 籍于宮分, 皆設夷離菫."

140 『新五代史』 권74 四夷, 부록 제3, 909쪽. "莊宗破劉守光, 賜掃刺姓李, 更其名紹威. 紹威卒, 子捜刺立. 同光以後, 紹威父子數遣使朝貢."

141 『遼史』 권32, 지제3, 營衛志 하, 부족 하, 388쪽. "迭刺迭達部. 本鮮質可汗所俘奚七百戶, 太祖卽位, 以爲十四石烈, 置爲部. 隷南府, 節度使屬西南路招討司, 戍黑山北, 部民居慶州南. 乙室奧隗部. 神冊六年, 太祖以所俘奚戶置. 隷南府, 節度使屬東北路兵馬司."

142 『遼史』 권36, 지제6, 병위지 하, 429쪽. "屬國軍 五十九國 (中略) 西奚. 東部奚. 烏馬山奚."

143 서병국, 앞의 책, 358쪽.

144 『遼史』 권32, 지제2, 營衛志 중, 부족 상, 376쪽. "部落曰部, 氏族曰族. 有部而族者, 奚王·室韋之類是也."

145 사와다 이사오(澤田勳), 김숙경 옮김, 앞의 책, 141쪽.

146 『遼史』 권32, 지제3, 營衛志 하, 부족 하, 390쪽. "統和十二年, 以奚府二剋分置二部."

147 『遼史』 권32, 지제3, 營衛志 하, 부족 하, 390쪽. "奚王和朔奴討兀惹, 敗績, 籍六部隷北府."

148 『遼史』 권13, 본기 제13, 성종4, 149쪽. "十五年夏四月乙未朔, 罷奚五部歲貢鷹."

149 『遼史』 권13, 본기 제13, 성종4, 150쪽. "冬十月壬辰朔, 駐蹕駝山, 罷奚王諸部貢物."

150 『遼史』 권33, 지제3, 營衛志 하, 부족 하. "聖宗各置爲部, 改設節度

使, 皆隸南府, 以備畋獵之役."

151 서병국, 앞의 책, 31쪽.

152 이정훈, 앞의 책, 364쪽.

153 이정훈, 앞의 책, 351쪽.

해금의 유입

154 송방송, 『증보한국음악통사』(서울: 민속원, 2007), 94쪽, 통일신
라의 고고학 자료에 나오는 악기 일람표.

155 당악정재가 송(宋)나라에서 고려로 유입된 시기는 송 신종(神宗,
재위 1067~ 1085) 고려 문종(文宗, 재위 1046~1083) 즈음이라 추
정한다. 당악정재 유입과정에 관한 자세한 내용은 차주환,『고려
당악의 연구』(서울: 동화출판공사, 1983), 27~30쪽; 신태영,「고려
당악정재의 전래와 수용」「국악원 논문집」제31집, 2015, 67~99
쪽 참조. 송방송은 광종(光宗, 997~1009) 때 왕립음악기관에서
송나라의 교방악이 연주되었으며, 문종 때 교방악이 대악서와 관
현방에 본격적으로 뿌리를 내렸다고 보았다. 송방송, 『한국전통
음악의 전승양상』(서울: 보고사, 2008), 142쪽 참조.

156 남송(南宋): 수도는 임안(오늘날의 항저우). 1127년~1279년까지
152년간 존속.

157 『고려도경(高麗圖經)』은 고려, 북송 시절 쓰여진 서적으로 원 제
목은 《선화봉사고려도경》(宣和奉使高麗圖經)을 줄여서 『고려도
경』이라고 한다. 원 제목의 '선화'(宣和)는 북송의 실질적인 마지
막 황제였던 휘종의 마지막 연호이다. 선화 연간에 휘종 황제의
명을 받들어 고려에 사신으로 다녀온 것을 글과 그림으로 정리한
책이라는 뜻이다.

158 희령 중에 궁궐의 잔치에서 교방 영인 서연이 혜금(嵇琴)을 연주
하며 술을 올리자 한 줄이 끊어지니, 연이 곧 혜금(嵇琴)을 바꾸
지 않고 다만 한 줄만 써서 곡을 끝마치매, 이때부터 한 줄 혜금(
嵇琴)이 비롯되었다. 熙寧中, 宮宴敎坊伶人徐衍戞嵇琴方進酒, 而
一弦絶, 衍更不易琴, 只用一弦終其曲, 自此始爲一弦嵇琴格.『몽
계필담(夢溪筆談)』.

159 이강산, 앞의 논문, 31쪽.

160 서긍 저, 조동원 역.『(중국 송나라 사신의 눈에 비친 고려 풍경) 고
려도경』(서울: 황소자리출판사, 2005), 482쪽.

161 이강산, 앞의 논문, 32쪽.

162 이강산, 앞의 논문, 32~34쪽.; '고려 이전 통일신라의 기록에서는
해금이라는 명칭뿐만 아니라 2줄을 가진 현악기의 기록은 찾아
볼 수 없으므로 고려의 사신 안직숭(安稷崇)이 송나라의 신악기
로써 가져올 당시 해금은 매우 생소한 형태의 악기였을 가능성이
크다. 때문에 '쌍현(雙絃)'이라는 명칭은 해금이 유입될 당시 받아
들이는 고려의 시점에서 기록되었다고 가정했을 때, 악기의 명칭
이 아닌 그저 두 줄의 구조를 가지고 있는 현악기를 의미하는 것
이었을 가능성이 있다'.

163 차주환 역,『고려사 樂志』(서울: 을유문화사, 1974), 118~121쪽,
 273~274쪽.

164 송권준,「해금의 한국 유입에 관한 고찰」,『예술논문집』9집, 부산
대학교 예술대학, 1993, 261쪽.

165 김종태 역.『허백당집』(서울: 한국고전번역원, 2015), 5권 552쪽.

166 조선 전기 1439(세종 21)~1504(연산군 10) 때의 학자.

167 성현의 아들 세창이 편집하였으며, 총 36권 8책으로 구성되어있
고 3편의 전을 남겼다.

168 한자 '어루만질 무(撫)'는 '치다', '두드리다'라는 뜻으로 해석할

수도 있지만 '어루만지다', '손으로 누르다', '손으로 쥐다' 등의 의미도 있으므로 '뜯으며 연주'하는 발현악기가 아닌 두 줄의 현악기를 연주하였다고 해석되어야 바람직하다, 이강산, 앞의 논문 34쪽.

169 『고려사』 권70, 지24, 악1, 아악(雅樂), 송신사악기(宋新賜樂器).

170 신대철, 앞의 논문, 129~164쪽.

171 〈한림별곡〉의 제작년대가 고종 2년~3년이라는 설은 주로 〈한림별곡〉의 노랫말에 나오는 인사들이 당대의 인사들이라는 사실에 근거한 글이며 최근 〈한림별곡〉의 제작년대는 13세기 후반에서 14세기 동안일 것이라는 설이 제기되었다. 그러나 이 설에서도 〈한림별곡〉의 노랫말에 나오는 인사들은 고종대의 인사들로 보고 있다.

172 송권준, 「해금의 한국 유입에 관한 고찰」, 『예술논문집』 9집, 부산대학교 예술대학, 1993.

173 『흠정사고전서(欽定四庫全書)』 어제 율려정의(御製 律呂正義) 후편(後篇) 권73. 악기고 12.

174 (前略) 予在鄜延時 曾製數十曲 令士卒歌之 今粗記得數篇---其三 馬尾胡琴隨漢車--- 『몽계필담』(대만 상무인서관, 1968) 권5. 악률1. 29쪽.

175 林謙三, "찰주현악기의 동점(擦奏弦樂器의 東漸)" 『東亞樂器考』(홍콩서점, 1978), 306쪽.

176 熙寧中, 宮宴教坊伶人徐衍憂嵇琴方進酒, 而一弦絶, 衍更不易琴, 只用一弦終其曲, 自此始爲一弦嵇琴格. 『몽계보필담』(대만 상무인서관, 1968), 11쪽.

177 '品'은 비파에서 왼손으로 음정을 짚어낼 때 쓰이는 낮게 붙어 있는 괘를 말한다.

178 林謙三, "당대의 호금 명칭" 『東亞樂器考』(홍콩서점, 1978), 254

~256쪽.

179 林謙三, "당대의 호금 명칭"『東亞樂器考』(홍콩서점, 1978), 254
~256쪽.

180 胡琴, 制如火不思, 卷頸, 龍首, 二絃, 用弓捩之, 弓之絃以馬尾.『元
史』권71 예악5, 宴樂之器.

181 『元史』권79, 지제29, 輿服2, 1981쪽.

182 『흠정사고전서(欽定四庫全書)』어제 율려정의(御製 律呂正義) 후
편(後篇) 권73, 악기고 12.

183 『흠정사고전서(欽定四庫全書)』어제 율려정의(御製 律呂正義) 후
편(後篇) 권73, 악기고 13.

184 『흠정사고전서(欽定四庫全書)』어제 율려정의(御製 律呂正義) 후
편(後篇) 권73, 악기고 13.

185 奚를 '部'로 기록하기도 하지만 해를 '國'으로 기록한 사서는 다
음과 같다. "奚·霫. 國名. 中京地也."『遼史』권116, 국어해, 1534
쪽.; "庫莫奚國之先, 東部宇文之別種也."『魏書』권100, 列傳 제
88, 2222쪽.; "奚國, 蓋匈奴之別種也,"『舊唐書』권199 하, 열전
149 하, 北狄, 5354쪽.

186 『이위공문대(李衛公問對)』는　당(唐)나라의　명장　이정(李靖,
571~649)이 당태종(唐太宗, 599~649)과 군사문제 전반에 걸쳐
토론한 문답(問答)을 후인(後人)이 기록한 3권의 병서인데,『당태
종이위공문대(唐太宗李衛公問對)』, 약칭하여『당리문대(唐李問
對)』,『문대(問對)』로 부르기도 한다.

187 『고려사』권5, 世家 권제5, 顯宗2, 91쪽.

188 哥; 우리나라 성(姓)의 뒤에 붙어 그 성임을 나타내거나, 그 성
을 가진 개별적(個別的)인 사람을 낮보아 가리키는 뜻을 나타내
는 말.

189 『고려사』권5, 世家 권제5, 德宗, 96쪽.

190 『고려사』권5, 世家 권제5, 德宗, 96쪽.

191 『고려사』권6, 世家 권제6, 靖宗, 112쪽.

192 『고려사』권12. 世家 권제12, 睿宗1, 33쪽.

193 북쪽의 이민족을 도적으로 낮추어 나타낸 말.

194 『고려사』권14. 世家 권제14, 睿宗3, 73쪽.

195 『고려사』권14. 世家 권제14, 睿宗3, 74쪽.

196 차주환 역, 『고려사 악지』(서울: 을유문화사, 1974), 243~244쪽.

197 『고려사』世家 권제14, 睿宗12.

기록에 나타난 해금

198 송방송, 『고려음악사연구』(서울: 일지사, 1992), 172쪽.

199 작자, 연대 미상.

200 李霽亭先生。以賀誕日入京。明日。與廉東亭，　韓柳巷。各携酒果。邀至李開城宅。開城具盛饌。侑以歌者奚琴。適洪二相又以酒果來。極懽而罷。明日錄之。이제정(李霽亭)　선생이　주상의 탄일을 하례하기 위하여 경성(京城)에 들어왔으므로, 그다음 날에 염동정(廉東亭), 한유항(韓柳巷)과 함께 각각 주과(酒果)를 휴대하여 이 개성(李開城) 댁으로 초청을 받고 가니, 이 개성이 성찬(盛饌)을 마련하고 가인(歌人)의 노래와 해금(奚琴) 연주로 권주(勸酒)를 하도록 했는데, 이때 마침 홍 이상(洪二相)이 또 주과를 가지고 와서 실컷 즐기고 파하였다. 다음 날에 그 사실을 기록하다. 『목은시고』제24권.

201 회산군(檜山君). 충혜왕부터 공민왕까지 5대에 걸쳐 문하시랑동중서 문하평장사를 지냈음.

202 『동문선』, 東文選卷之二十一, 七言絶句.

203 차주환 역,『고려사 樂志』(서울: 을유문화사, 1974), 289~290쪽.

204 樂學: 雅樂, 琴瑟、編鍾、編磬、管籲、笙、竽、和、鳳簫、笛、
箎塤、柷、敔、特鍾、特磬、雷鼓、雷鼗、靈鼓、靈鼗、路鼓、
路鼗、應雅、相、牘、錞、鐲、鐃、鐸、晉鼓、登歌、文舞、武
舞。典樂,　唐琵琶、牙箏、大箏、唐觱篥、唐笛、洞簫、鳳簫、
龍管、笙、竽、和、琴、瑟、杖鼓、教坊鼓、方響　【已上唐樂】
玄琴、伽倻琴、琵琶、大笒、杖鼓、嵇琴、唐琵琶、鄕觱篥。

205 文昭殿親行祭,　堂上樂拍在中。第一行琴、瑟、笙、方響在左,
琴、瑟、和、方響在右。第二行歌六在左, 六在右。第三行龍管、
觱篥、唐笛、洞簫、牙箏、唐琵琶在左,　龍管、觱篥、唐笛、洞
簫、大箏、唐琵琶在右。第四行教坊鼓在中, 杖鼓二在左, 二在右,
堂下樂拍在中。第一行玄琴一在左,　一在右。鄕琵琶一在左, 一在
右。加倻琴一在左, 一在右。唐琵琶一在左, 一在右。嵇琴一在左,
一在右。第二行歌四在左,　四在右。鄕觱篥一在左,　一在右。大
笛一在左, 一在右。第三行教坊鼓在中, 杖鼓二在左, 二在右。第
四行及五行,　竝龍管、唐觱篥、唐笛、洞簫、唐琵琶、方響分左
右。第六行教坊鼓一在左, 一在右。杖鼓四在左, 四在右。攝行時
堂上樂拍在。第一行琴笙在左, 琴和在右。第二行方響在中, 歌三
在左, 三在右。第三行觱篥、洞簫、唐琵琶在左, 唐笛、龍管、唐
琵琶在右。第四行教坊鼓在中, 牙箏杖鼓在左, 大箏、杖鼓在右。
堂下拍在中。第一行方響在中, 玄琴、加倻琴在左, 鄕琵琶、唐琵
琶在右。第二行大笛一在左,　一在右。歌二在左,　二在右。第三
行教坊鼓在中, 杖鼓一在左, 一在右。第四行方響在中, 龍管、唐
笛、唐琵琶在左, 觱篥、簫、唐琵琶在右 第五行教坊鼓在中, 杖鼓
二在左, 二在右。

206 慣習都監啓: "御前禮宴, 鄕樂在東, 第一行嵇琴、唐琵琶、玄琴、
鄕琵琶、伽倻琴各一, 第二行同, 第三行大笒四、鄕觱琵篥一, 第

四行杖鼓四。右鄉樂內在前, 唐琵琶一、嵇琴一, 今各加一。唐樂在西, 第一行唐琵琶六、方響二, 第二行大箏二、牙箏二, 第三行觱篥六、笙和各一, 第四行龍管二、唐笛四、洞簫二, 第五行杖鼓八, 第六行教坊鼓一。右唐樂內在前, 牙箏大箏各一, 今各加一。"命下禮曹。

207 大平簫二, 大笒一, 嵇(笭) 一, 唐琵琶一, 杖鼓, 觱篥一, 依前例令尙衣院題給。

208 大平簫二、大笒一、嵇琴一、唐琵瑟一、杖鼓一、觱篥一, 用尙衣院所(莊)。

209 '還京時' 到森溪副正家, 令玉京調嵇琴, 素饌飮酒而已。

210 拍一、玄琴三、笛二、牙箏三、草笛二、杖鼓一、唐琵琶三、伽倻琴三、嵇琴觱笛二、善歌者六, 鼓一入內。

211 掌樂院羯鼓二、觱篥二、伽倻琴二、嵇琴二、玄(今)二、大琵琶二、拍一、鼓二入內。

212 傳曰: "其造唐琵琶十七, 伽倻琴十三, 玄琴十二, 牙箏三, 嵇琴二, 杖鼓二, 納于聚紅院."

213 都提調金尙喆請進皷吹, 上命只進嵇琴一雙。

214 大抵百工技藝之事, 非日鍜月鍊, 必無入妙之理。然慣習都監倡妓, 類皆貧窶, 謀生之不暇, 勿論祁寒暑雨, 常令肄業, 則生理可慮。請分爲四番, 每年除寒暑六月外, 自二月至四月, 八月至十月, 輪日(隷) 業, 教之以玄琴 · 伽倻琴 · 鄉琵琶 · 杖鼓 · 牙箏 · 奚琴 · 觱篥 · 大琴 · 小琴等樂, 能者兼治他技, 不能者專守一藝。

215 殿上拍、教坊鼓各一居中。左一行方響、笙、唐琵琶、牙(事) 各一, 二行歌工四人, 三行洞簫、唐笛、唐觱篥、龍管各一, 四行杖鼓二。右一行大箏唐琵琶和方響各一, 二行歌工四人, 三行龍管唐觱篥唐笛洞簫各一, 四行杖鼓二。殿庭拍、方響、大琴、教場鼓、方響各一居中。左一行奚琴、伽耶琴、琵琶、玄琴各一, 二

行鄕觱篥一、歌工三人，　三行唐琵琶、杖鼓各一，　四行洞簫、唐笛、唐觱篥、龍管各一，五行洞簫、唐笛、唐觱篥、龍管各一，六行杖鼓二。右一行玄琴、鄕琵琶、伽耶琴、奚琴各一，　二行歌工三人、鄕觱篥一，三行杖鼓、唐琵琶各一，四行龍管、唐觱篥、唐笛、洞簫各一，五行龍管、唐觱、唐笛、洞簫各一，六行杖鼓二。

216　輝德殿攝行祭堂上樂，　第一行笙牙錚方響大錚和，　第二行歌工六人，第三行唐琵琶、洞簫、唐觱篥、管、唐笛、唐琵琶，第四行杖鼓、敎坊鼓各二。堂下第一行鄕琵琶、玄琴、方響、伽耶琴、鄕琵琶一，第二行鄕觱篥、歌工二、大笒二、歌工二、奚琴，第三行杖皷一、敎坊鼓二，　第四行唐琵琶、唐笛、管、方響、唐觱篥、洞簫、唐琵琶，第五行杖鼓五。從之。

217　又語事目之意，達罕等叩頭，仍饋臣以炙雞、燒酒，相與酬酢，或彈琵琶，或引屎屎音，其制與奚琴略同。或擊拍板。

218　明日兩殿進小宴時，擇妓善奚琴者，勿着紅裙，便服入內。若文綺紅裙，則可着。

219　王自擊鼓、歌舞，令群妓和之。又令入侍諸臣，或歌或舞，或手脫其帽，捽髮而戲辱之，極褻慢，無復有君臣之禮。酒闌，王入內，亨允、希輔扶侍，至內庭地坐，王引廣寒仙坐其側，奏奚琴，呼亨允爲參判曰：“以汝爲吏曹參判。”遂脫靴賜之。

220　唐琵琶、玄琴、伽倻琴各四十，腰鼓、奚琴、笛、觱篥各三十四，拍十、大鼓二、小鼓六、牙箏三十，及時畫金造入。

221　命造羯鼓、玄琴、拍、笛、奚琴、伽倻琴樂器數十部，竝以沈香、純金爲飾。

222　禮曹又以宗廟祭享時，奠幣進饌，旣有樂章，今永昭殿亦有奠幣進饌之節，則不可無樂章。奠幣進饌樂章，亦請撰出，上從之。其樂器日殿上樂，　唐琵琶二、方響一、杖皷二、觱栗一、牙錚一、敎坊鼓一、唐笛一、洞簫一、歌四、執拍一。殿庭樂，　鄕琵琶一、

伽倻琴一、大筝二、敎坊鼓一、玄琴一、唐琵琶一、觱栗三、唐笛一、方響一、奚琴一、杖鼓二、洞簫一、歌二、執拍一、麾一。

223 命彈伽倻琴。又命合彈琵琶、牙箏、奚琴。又命吹大筝、觱篥。

224 이재숙 외, 『조선조 궁중의례와 음악』(서울: 서울대학교 출판부, 1998), 1쪽.

225 이재숙 외, 위의 책, 4쪽.

226 이재숙 외, 위의 책, 30쪽.

227 김종수, 「경모궁(景慕宮) 제례악 연구」『동양음악』18집(서울대학교 동양음악연구소, 1996), 27쪽.

228 김종수, 앞의 논문, 14쪽.

229 이재숙 외, 앞의 책, 65쪽.

230 조선 태조·태종·세종·세조·예종 등 왕가 조고(祖考)들의 신위를 모신 사당; 장사훈, 『국악대사전』(서울: 세광음악출판사, 1984).

231   중국 삼국시대 촉한(蜀漢)의 무장 관우(關羽)를 모신 사당.

232 이재숙 외, 앞의 책, 65쪽.

233 연대는 미상이나 세종(1418~50 재위) 무렵으로 추측된다.

234 이재숙 외, 앞의 책, 69쪽.

235 오례란 나라에서 지내는 다섯가지 의례. 모든 제사에 관한 길례(吉禮), 국상이나 국장에 관한 흉례(凶禮), 출정에 관한 군례(軍禮), 국빈 접대에 관한 빈례(賓禮), 책봉·국혼·연회·노부에 관한 가례(嘉禮)를 말한다. 이희승, 『국어대사전』(서울: 민중서림, 1982).

236 한국음악학자료총서 29『종묘의궤』(서울: 국립국악원, 1990), 25쪽.

237 세종(1418~50 재위) 때 신숙주(申叔舟)가 편찬한 국조보감의 내용과 같다.

238 이재숙 외, 앞의 책, 77쪽.

239 이정훈, 앞의 책, 81쪽.

240 이재숙 외, 앞의 책, 82쪽.

241 이정훈, 앞의 책, 84쪽.

242 이정훈, 앞의 책, 84~85쪽.

243 이정훈, 앞의 책, 85쪽 표 인용.

244 도판 설명에서는 세로로 부는 관악기라고 했으나, 논자가 보기에는 피리가 아닐까 추정된다. 비파도 목이 굽어있어 당비파로 볼 수 있다.

245 조선시대 권선징악과 상부상조를 목적으로 만든 향촌의 자치 규약이었던 향약의 일을 맡은 직책.

246 이혜구 역주, 앞의 책, 424쪽.

247 조선 숙종·영조 때 활약한 대표적 가객·시조작가. 자는 자평(子平), 호는 노가재(老歌齋). 김천택과 함께 경정산 가단을 결성하여 시조 보급에 힘썼고 3대 시조집의 하나인 〈해동가요 海東歌謠〉를 편찬했으며, 1760년 서울 화개동(花開洞)에 노가재(老歌齋)를 짓고 가악활동을 주도했다. 숙종 때 기성서리(騎省書吏)를 지냈다.

248 이덕무(1741(영조 17)~1793(정조 17)). 조선 후기의 실학자. 규장각에서 활동하면서 많은 서적을 정리·교감했고, 고증학을 바탕으로 한 많은 저서를 남겼다. 본관은 전주. 자는 무관(懋官), 호는 아정(雅亭)·청장관(靑莊館)·형암(炯庵)·영처(嬰處)·동방일사(東方一士). 1778년(정조 2) 사은 겸 진주사(謝恩兼陳奏使) 심염조(沈念祖)의 서장관으로 청의 연경(燕京)에 갔다.

249 한국예술학과 음악사료강독회, 앞의 책, 88쪽.

250 이정훈, 앞의 책, 89쪽.

251 이정훈, 앞의 책, 90~91쪽.

252 한국예술학과 음악사료강독회, 『조선 후기 문집의 음악사료』(서울: 한국예술종합학교 전통예술원, 2002).

253 1762(영조 38)~1849(헌종 15). 조선 후기의 중인 출신 위항시인.
청나라를 6차례나 다녀왔으며, 전국 각지를 여행하며 자연과 풍
물을 읊은 시를 많이 남겼다.
254 민족문화추진회,『국역 동문선Ⅱ』(서울: 솔, 1998), 216쪽.
255 민족문화추진회, 앞의 책, 256쪽.
256 국립국악원,『조선시대 연회도』(서울: 민속원, 2001), 230~231쪽.

참고문헌

단행본

— 고승 저, 김만원 역, 『사물기원 역주』, 서울: 역락, 2015.
— 국립국악원, 『조선시대 연회도』, 서울: 민속원, 2001.
— 국사편찬위원회, 조선통신사문화사업회, 『조선시대 통신사 행렬』, 과천: 국사편찬위원회, 조선통신사문화사업회, 2005.
— 김기동 외, 『국역 동문선 II』, 민족문화추진회, 1984.
— 김종태 역, 『허백당집』, 서울: 한국고전번역원, 2015.
— 동북아역사재단, 『魏書 外國傳 譯註』, 서울: 동북아역사재단, 2010.
— 동북아역사재단, 『周書·隋書 外國傳 譯註』, 서울: 동북아역사재단, 2010.
— 동북아역사재단, 『舊唐書 外國傳 譯註』, 서울: 동북아역사재단, 2011.
— 동북아역사재단, 『新唐書 外國傳 譯註』, 서울: 동북아역사재단, 2011.
— Grousset, René(르네 그루쎄) 저 김호동·유원수·정재훈 공역, 『유라시아 유목제국사』, 서울: 사계절출판사, 1998.
— 민속원 편집부, 『흠정사고전서(欽定四庫全書)』, 서울: 민속원, 1998.
— 민태혜·안소정·박유민, 『조선의 연희와 놀이』, 서울: 민속원, 2018.

— 사와다 이사오(澤田勳) 저 김숙경 옮김,『흉노: 지금은 사라진 고대 유목국가 이야기』, 서울: 아이필드, 2007.
— 서병국,『거란제국사연구』, 파주: 한국학술정보, 2006.
— 서인화, 윤진영,『조선시대 연회도』. 서울: 민속원, 2001.
— 서인화, 진준현,『조선시대 음악풍속도Ⅰ,Ⅱ』, 서울: 민속원, 2002~2004.
— 成均館大學校 大東文化研究院,『고려명현집3』, 서울: 대동문화연구원, 1980.
— 송방송,『고려음악사연구』, 서울: 일지사, 1992.
— 송방송,『증보한국음악통사』, 서울: 민속원, 2007.
— 송방송,『한국전통음악의 전승양상』, 파주: 보고사, 2008.
— 여운필 역,『역주 고려사악지』, 서울: 도서출판 월인, 2011.
— 여운필, 성범중, 최재남 역주,『목은시고』, 서울: 月印, 2000~2007
— 우실하,『동북공정 너머 요하문명론』, 서울: 소나무, 2007
— 이공범,『위진남북조사』, 서울: 지식산업사, 2003.
— 이재숙 외,『조선조 궁중의례와 음악』, 서울: 서울대학교 출판부, 1998.
— 이정훈,『발로 쓴 反 동북공정: 동북아시아 문명사는 다시 써야 한다』, 파주: 지식산업사, 2009.
— 이혜구 역주,『신역 악학궤범』, 서울: 국립국악원, 2000.
— 장사훈,『국악대사전』, 서울: 세광음악출판사, 1984.
— 장진근 역주,『만주원류고』, 서울: 파워북, 2008.
— 전통예술원 편,『조선후기 문집의 음악사료』, 서울: 민속원 2002.
— 조동원 옮김,『고려도경』서울: 황소자리출판사, 2005.
— 차주환 역,『고려사 악지』, 서울: 을유문화사, 1974.
— 차주환 역,『고려 당악의 연구』, 동화출판공사, 1983.
— 최병규 옮김,『몽계필담(夢溪筆談)』, 파주: 범우, 2021.

— 토마스 바필드(Thomas J. Barfield) 저 윤영인 옮김, 『위태로운 변경: 기원전 221년에서 기원 후 1757년까지의 유목제국과 중원』, 서울: 동북아역사재단, 2009.
— 黃石奇, 『淸州 元巖宴集』, 『국역 동문선Ⅱ』, 서울: 민족문화추진회, 1984.
— 한만영·전인평, 『동양음악』, 서울: 삼호출판사, 1989.
— 『고려사』, 규장각 소장, 도서번호 奎26637.
— 『국조오례서례』, 규장각 소장, 도서번호, 奎1120.
— 『악서』, 『한국음악자료총서』 제9집, 서울: 국립국악원, 1982.
— 『조선왕조실록』, 규장각 소장, 도서번호, 奎26661.
— 『종묘의궤』, 『한국음악학자료총서』 제29집, 서울: 국립국악원, 1990.

중국 고서

— 『舊唐書』 권199 하, 열전 149 하, 北狄.
— 『金史』 권67, 열전 제5, 奚王回离保.
— 『金史』 권67.
— 『唐書』 권219, 열전 144, 北狄.
— 『北史』 권94, 열전 제82, 奚.
— 『隋書』 권84, 열전 제49, 北狄.
— 『新五代史』 권74 四夷, 부록 제3.
— 『遼史』 권1, 본기 제1, 태조 상.
— 『遼史』 권116, 국어해.
— 『遼史』 권13, 본기 제13, 성종4.
— 『遼史』 권2, 본기 제2, 태조 하.
— 『遼史』 권32, 지 제2, 營衛志 중, 부족 상,

— 『遼史』 권32, 지 제3, 營衛志 하, 부족 하.

— 『遼史』 권33, 지 제3, 營衛志 하, 부족 하.

— 『遼史』 권36, 지 제6, 병위지 하.

— 『遼史』 권46, 지 제16, 백관지 2, 北面部族官.

— 『元史』 권71, 예악5, 宴樂之器.

— 『元史』 권79, 지 제29, 興服2.

— 『魏書』 권100, 列傳 제88, 庫莫奚.

— 『周書』 권47, 열전 제41, 異域 上, 庫莫奚.

— 『周書』 권47, 열전 제41, 異域 上.

— 『後漢書』 권90, 烏桓鮮卑列傳 제80.

해외 단행본

— 郭沫若(곽말약) 주편, 『中國史稿地圖集 上冊』, 지도출판사, 1985.

— 金文達, 『중국고대음악사』, 인민음악출판사, 1994.

— 潭其驤 주편, 『中國歷史地圖集』 제4책, 중국지도출판사, 1982.

— 潭其驤 주편, 『中國歷史地圖集』 제6책, 중국지도출판사, 1982.

— 설종명, 『중국음악사 악기편』, 대만, 1983.

— 魏嵩山 주편, 『中國歷史地名大辭典』, 광동교육출판사, 1995.

— 중국예술연구원 음악연구소, 『중국음악사전』, 북경: 포크음악출판사, 1985.

— 华夫. 中国古代名物大典 下 [M]. 济南: 济南出版社 1993: 371 .

— 『東亞樂器考』, 홍콩서점, 1978.

— 『몽계 보필담』, 대만: 상무인서관, 1968.

— 『몽계필담』 권5. 악률1, 대만: 상무인서관, 1968.

— 『중국음악사전』, 인민음악출판사, 1985.

—『宋書』券19 樂1.
—〈傳玄의 琵琶賦〉당중육 편, 『中國樂舞詩』악기편, 성도출판사, 1995.

해외 논문

— 왕샤오쥔(王曉俊), 「마미호금구조고변(馬尾胡琴形制考辯)」『우한음
악원학보(武漢音樂 學院學報)』, 2008.
— 林謙三, 「찰주현악기의 동점(擦奏弦樂器의 東漸)」『東亞樂器考』, 홍
콩서점, 1978.

국내 논문

— 강사준, 「해금 관련 자료고」, 『민족음악학』 16집, 서울대학교 음악대
학부설 동양음악연구소, 1994.
— 김종수, 「경모궁(景慕宮) 제례악 연구」, 『동양음악』 18집, 서울대학
교 동양음악연구소, 1996.
— 송권준, 「해금의 한국 유입에 관한 고찰」, 『예술논문집』 9집, 부산대
학교 예술대학, 1993.
— 신대철, 「한국·중국·일본 해금류 악기」, 『한국음악연구』 26집, 韓國
國樂學會, 1998.
— 신태영, 「고려 당악정재의 전래와 수용」, 『국악원 논문집』 제31집,
2015.
— 이강산, 「해금의 역사적 변천 연구 -기원, 형태, 운지법을 중심으로」,
한양대학교 박사학위논문, 2022.
— 이익주, 「『목은집』의 간행과 사료적 가치」, 『진단학보』 102권, 진단

학회, 2006.
— 이현정, 「해금의 由來에 관한 圖像 考察」, 『한국음악문화연구』 제7
  집, 한국음악문화학회, 2015.
— 전인평, 「현도에 관한 고찰」, 『국악원 논문집』, 국립국악원 5집, 1993.
— 정은경, 「해금 음악의 미학적 고찰: 21세기 한국의 소리」, 『음악과 문
  화』 14집, 세계음악학회, 2006.
— Peng, Yeqi, 「한국과 중국의 찰현악기 비교연구 -한국 해금과 중국
  얼후를 중심으로」, 원광대학교 박사학위논문, 2020.
— Shao yi, 「한국과 중국 몽골족 찰현악기 비교연구 -해금, 마두금, 사
  호를 중심으로」, 전남대학교 박사학위논문, 2023.

웹사이트

— 국사편찬위원회 승정원일기, http://sjw.history.go.kr
— 국사편찬위원회 조선왕조실록, http://sillok.history.go.kr
— 동북아역사넷, http://contents.nahf.or.kr
— 두피디아, https://www.doopedia.co.kr
— 한국고전종합db, https://db.itkc.or.kr

해금의 역사와 여정

해금의 유입과 전개양상에 대한 연구

초판 1쇄 발행 2025년 6월 30일

지은이   최유리
기 획   봄이야기 이정숙 김효정
펴낸이   장지숙
펴낸곳   도서출판 사계
등 록   333 2024 000012
주 소   부산 해운대구 해운대해변로 346 #1102
전 화   051-747-1894
이메일   seasoncom@hanmail.net

ISBN 979-11-987752-1-4 (93670)